刘中建 陈伟／著

法学视野下的我国地方税改革研究

FAXUE SHIYE XIA DE
WOGUO DIFANGSHUI
GAIGE YANJIU

知识产权出版社
全国百佳图书出版单位

图书在版编目（CIP）数据

法学视野下的我国地方税改革研究/刘中建，陈伟著. —北京：知识产权出版社，2017.12
ISBN 978-7-5130-5358-7

Ⅰ.①法… Ⅱ.①刘…②陈… Ⅲ.①地方税收—税法—研究—中国 Ⅳ.①D922.220.4

中国版本图书馆 CIP 数据核字（2017）第 319402 号

责任编辑：李学军　　　　　　　　　责任出版：卢运霞
封面设计：刘　伟

法学视野下的我国地方税改革研究
刘中建　陈　伟　著

出版发行	知识产权出版社有限责任公司	网　　址	http://www.ipph.cn
社　　址	北京市海淀区气象路50号院	邮　　编	100081
责编电话	15611868862	责编邮箱	752606025@qq.com
发行电话	010-82000860 转 8101/8102	发行传真	010-82000893/82005070/82000270
印　　刷	北京虎彩文化传播有限公司	经　　销	各大网上书店、新华书店及相关专业书店
开　　本	787mm×1092mm　1/16	印　　张	17.25
版　　次	2017年12月第1版	印　　次	2017年12月第1次印刷
字　　数	312千字	定　　价	88.00元
ISBN 978-7-5130-5358-7			

出版权专有　侵权必究
如有印装质量问题，本社负责调换。

目 录

导 论 ··· 1
   一、研究背景及意义 ··· 3
   二、文献综述 ··· 7
   三、地方税研究的法学视野 ··· 23
   四、本书的基本思路与内容 ··· 24

第一章 法学视野下的地方税基本理论 ································· 27
  第一节 地方税的概念 ·· 29
   一、地方税的概念 ·· 29
   二、地方税的特点 ·· 30
  第二节 地方税体系的概念 ··· 31
   一、地方税体系的概念 ·· 31
   二、地方税体系的构成 ·· 31
  第三节 构建地方税体系的理论基础 ··································· 33
   一、财政分权理论 ·· 33
   二、公共产品理论 ·· 34
   三、行政管理层级理论 ·· 34
   四、委托—代理理论 ·· 35

第二章 我国地方税制度的改革历程及现状——以山东为例 ········ 37
  第一节 我国地方税法律制度的历史演变 ······························ 39
   一、我国地方税体系的雏形期：1949—1994 年 ····················· 39
   二、我国地方税体系的建立及完善：1994 年之后 ··················· 40
   三、对分税制改革及现行地方税收制度的评价 ······················ 42
  第二节 近年来我国地方税收制度改革的成就——以山东为例 ······· 46
   一、税制改革向纵深推进，税制体系不断完善 ······················ 46
   二、地方税收收入规模逐年增长，收入结构不断优化 ··············· 47

三、结构性减税政策成效凸显，税收宏观调控能力日趋增强 ………… 48
　　四、税收优惠政策日益规范、完善，力促经济结构优化与
　　　　发展方式转变 ……………………………………………………… 49
第三节　山东地方税体系现状 ……………………………………………… 49
　　一、山东地方财政收入规模 ……………………………………………… 50
　　二、山东地方税税制结构分析 …………………………………………… 56
第四节　我国地方税收制度存在的主要问题——以山东为例 …………… 60
　　一、地方税收入规模偏小，地方财力与事权不匹配 ………………… 60
　　二、地方税税制结构不合理，缺乏主体税种 ………………………… 61
　　三、税种陈旧老化，分散重叠 ………………………………………… 62
　　四、中央高度集权的法律规定与地方政府过度分权的现实相冲突 … 62
　　五、地方税征收管理改革不到位 ……………………………………… 64
　　六、地方税法制建设滞后，税制立法层次低 ………………………… 64

第三章　完善我国地方税收制度的经济、社会及政治法律环境分析 …… 67
第一节　中国经济发展模式及结构特点分析 ……………………………… 69
　　一、中国经济发展模式的特点 ………………………………………… 69
　　二、中国经济发展模式的不足 ………………………………………… 74
　　三、现行中国经济结构分析 …………………………………………… 80
第二节　税制改革对经济转轨的影响 ……………………………………… 87
　　一、税制改革在转变经济发展模式中的作用 ………………………… 87
　　二、税制改革在调整经济结构中的作用 ……………………………… 90
第三节　中国税制改革的外在政治、社会及法制环境分析 ……………… 92
　　一、政治环境 …………………………………………………………… 93
　　二、社会环境 …………………………………………………………… 95
　　三、法制环境 …………………………………………………………… 99
第四节　新一轮税制改革对山东省税制结构的影响 ……………………… 101
　　一、新一轮税制改革的主要内容 ……………………………………… 101
　　二、新一轮税制改革对山东省税制结构的影响——以"营改增"
　　　　为例 ………………………………………………………………… 106

第四章　完善我国地方税收法律制度的指导思想及基本路线图 ………… 111
第一节　新一轮税制改革的时代特征 ……………………………………… 113
　　一、新一轮税改体现了国家经济发展的需要 ………………………… 113

二、新一轮税改适应了国家政治社会发展的新阶段 …………… 114
　　三、新一轮税改契合了税收征管现代化的客观要求 …………… 115
　　四、新一轮税改顺应了国际税收发展的新趋势 ………………… 115
　第二节　完善我国地方税体系的指导思想与基本理念 …………… 116
　　一、要按照建立现代财政制度的标准构建地方税体系 ………… 116
　　二、要着力培育地方主体税种 …………………………………… 117
　　三、要真正实现宏观税负的综合平衡 …………………………… 118
　　四、要符合完善分税制财政体制的需要 ………………………… 119
　　五、要切实提高税收征管效率 …………………………………… 119
　第三节　十八届三中全会规定了中国税制改革的基本"路线图" … 120
　　一、稳定税负 ……………………………………………………… 120
　　二、逐步提高直接税比重 ………………………………………… 121
　　三、逐步减少间接税比重 ………………………………………… 123
　　四、完善地方税体系 ……………………………………………… 124

第五章　西方典型国家地方税收法律制度建设的基本经验 ………… 127
　第一节　分权型的美国地方税体系 ………………………………… 129
　　一、税制结构 ……………………………………………………… 129
　　二、税种划分 ……………………………………………………… 130
　　三、税收征管 ……………………………………………………… 132
　第二节　集权型的法国地方税体系 ………………………………… 132
　　一、税制结构 ……………………………………………………… 132
　　二、税种划分 ……………………………………………………… 133
　　三、税收征管 ……………………………………………………… 135
　第三节　集权与分权混合型的德国、日本地方税体系 …………… 135
　　一、德国地方税制 ………………………………………………… 135
　　二、日本地方税制 ………………………………………………… 140
　第四节　经验与借鉴 ………………………………………………… 143
　　一、税收法定 ……………………………………………………… 144
　　二、税收收入归属合理分配 ……………………………………… 144
　　三、地方主体税种的地位突出 …………………………………… 145
　　四、合理的税收征管机构设置 …………………………………… 145

第六章　法学视野下我国地方税改革的基本路径 ········· 147
第一节　地方税建设的目标定位和基本原则 ········· 149
一、我国地方税制建设的目标定位 ········· 149
二、我国地方税制建设的基本原则 ········· 150
第二节　地方税收入体系 ········· 154
一、选择地方税主体税种的考虑因素 ········· 154
二、地方税主要税种设计 ········· 156
三、地方税主要税种具体优化措施 ········· 159
第三节　地方税税权体系 ········· 167
一、地方税税权配置的方向 ········· 167
二、地方税税权配置的原则 ········· 168
三、现行税权配置格局与特点 ········· 169
四、地方税税权配置的策略 ········· 170
第四节　地方税税制体系 ········· 174
一、地方税税制体系建设原则 ········· 174
二、完善地方税税制体系的策略 ········· 175

第七章　我国省级政府税权配置研究 ········· 177
第一节　省级政府税权配置概述 ········· 179
一、税权配置基本理论 ········· 179
二、省级政府税权配置 ········· 184
三、省级政府税权配置的理论基础 ········· 185
第二节　我国省级政府税权配置现状 ········· 187
一、我国省级政府税权配置现状——基于央地关系 ········· 187
二、我国省以下各级政府税权配置现状 ········· 191
三、我国省级政府税权配置所面临的问题 ········· 193
第三节　优化省级政府税权配置的方案 ········· 195
一、优化省级政府税权配置的指导思想 ········· 195
二、优化省级政府税权配置的路线图 ········· 197
三、省级政府税收立法权的配置 ········· 198
四、省级政府税收征管权的配置 ········· 199
五、省级政府税收收益权配置 ········· 200
六、省级政府税权配置的相关制度保障 ········· 202

七、中央与省级政府税权争议解决法治机制的构建 …………… 203

第八章 税收法定主义与我国地方税收立法权之配置 …………… 205
第一节 赋予地方税收立法权的必要性分析 ………………… 207
一、社会公共产品理论要求地方享有税收立法权 …………… 207
二、完善分税制的财政体制要求地方享有税收立法权 ……… 208
三、赋予地方税收立法权为构建地方税体系的基本要求 …… 209
四、赋予地方税收立法权是地方因地制宜配置资源的需要 … 210
五、赋予地方税收立法权合乎国际趋势亦切合我国历史 …… 211
第二节 围绕落实税收法定主义与赋予地方税收立法权产生的争议 … 212
一、税收法定主义前提下赋予地方税收立法权的必要性 …… 213
二、税收法定主义前提下实现地方税收立法权的路径选择 … 214
第三节 国家治理现代化与赋予地方税收立法权的必要性 …… 214
一、赋予地方税收立法权是实现国家分级治理、实现地方财政自主权的需要 ……………………………………………… 215
二、赋予地方税收立法权是国家治理法治化、落实税收法定主义的需要 …………………………………………………… 216
第四节 "依宪治国"背景下税收法定主义之新解读 ………… 217
一、税收法定主义应遵从人民主权及基本人权保障原则 …… 218
二、税收法定主义应服从权力宪定、依宪治国的基本精神 … 219
第五节 税收法定主义与授权立法：赋予地方税收立法权的路径选择 ……………………………………………………… 221
一、依宪治国视野下授权立法的新解读 …………………… 221
二、税收授权立法符合税收法定主义的基本原则 …………… 222
第六节 赋予地方税收立法权的基本方案 ……………………… 223
一、赋予地方税收立法权的基本思路 ………………………… 224
二、赋予地方税收立法权的具体方案 ………………………… 226
三、地方税收立法的监督机制 ………………………………… 227

第九章 地方税征管体系的构建与完善 …………………………… 229
第一节 现行地方税征管体系的不足 …………………………… 231
一、征管制度总体落后 ………………………………………… 231
二、国、地税两套征管机构关系不顺 ………………………… 233
三、税收信息化程度不尽理想 ………………………………… 236

四、《税收征管法》相关条款亟待修改 …………………… 237
　第二节　完善地方税征管体系的思路 …………………………… 243
　　一、建立符合国情、地情的税收征管制度 ………………… 243
　　二、建立与地方税体系相适应的国、地税关系 …………… 246
　　三、充分利用信息技术，实现信息化税收 ………………… 249
　　四、调整修订现行《税收征管法》相关条款 ……………… 253
　　五、更新征管理念，创建服务型税务征管体制 …………… 258

主要参考文献 ……………………………………………………… 263
后　记 ……………………………………………………………… 265

导 论

一、研究背景及意义

党的十八届三中全会通过的《中共中央关于全面深化改革若干重大问题的决定》（以下简称《决定》）明确指出：全面深化改革的总目标是完善和发展中国特色社会主义制度，推进国家治理体系和治理能力现代化。与之同时，该《决定》对新时期财政工作赋予了全新的内涵，将其视为"国家治理的基础和重要支柱"。在实现国家治理现代化的总目标下，财税体制改革成为新时期全面深化改革的重要突破口，科学的财税体制，必将成为优化资源配置、维护市场统一、促进社会公平、实现国家长治久安的制度保障。税收制度是财税体制改革的重点领域，为此《决定》提出了"深化税收制度改革，完善地方税体系，逐步提高直接税比重"的明确要求。显然，深化税收制度改革、完善地方税体系成为十八届三中全会全面深化改革战略部署的重要一环。为落实十八届三中全会精神，2014年6月30日中共中央政治局审议通过《关于深化财税体制改革总体方案》，明确提出新一轮财税体制改革需于2016年基本完成重点工作和任务，并于2020年基本建立现代财政制度。

新一轮税制改革及地方税体系建设是财税体制顶层设计的重要内容，就其战略意义而言，直接关系到未来财税体制改革的成败，影响到我国国家治理能力的提高；就其内涵而言，以完善地方税体系为重要内容的新一轮税制改革也是我国税收制度现代化、规范化、法治化的必然要求，直接影响到国家治理体系的现代化水平。本书拟通过对山东省的典型分析，剖析我国税制尤其是地方税体系的现状及不足，并在深入领会十八届三中全会精神的基础上，由法学的视角提出一系列优化我国税制及完善我国地方税体系建设的建议。

1994年分税制财政管理体制改革以来，我国地方税体系基本框架已经建立，对加强宏观调控，促进社会主义市场经济发展发挥了重要作用。但经过二十余年的发展，随着社会经济形势的变化，特别在经济提质换挡的"新常态"下，面对国民收入分配严重不公、生态环境恶化、人口老龄化等系列社会问题，地方税体系仍存在诸多亟待完善的问题。十八届三中全会以来，以"完善立法、明确事权、改革税制、稳定税负"为指导原则的新一轮税制改革正在积极有序地进行。在新一轮税制改革的大背景下，构建优化我国地方税体系，对于促进地方经济发展，调整经济结构与满足人们的公共需要具有重要意义。

营改增试点全面推开后，为了不影响地方财政的平稳运行，不对地方财力带来冲击，国务院决定自2016年5月1日起，在现有税制暂时不变的前提下，中央和地方增值税收入实行五五分成的过渡方案，过渡期暂定2～3年。过渡方案仅仅是临时之举，它形成了对完善地方税体系的倒逼之势，随着中央与地方财政事权和支出责任划分的推进、税收制度的完善，地方税体系的税权划分、税收收入在中央和地方之间的分配以及地方税主体税种的建设等方方面面的改革都将会尽快启动。

概言之，新形势下加强地方税体系相关研究的意义在于：

（一）构建、完善地方税体系是深化分税制财政体制改革的重要内容

分税制财政体制是在各级政府之间进行分税、分权、分征和分管，处理中央和地方政府税收收入分配关系的制度，其中，分税是关键一环。总之，规范的地方税体系的确立，是分税制财政体制建设的重要内容之一。

从我国分税制改革实践来看，1994年税制改革划分了中央税、地方税和共享税，第一次比较明确地形成了地方税体系的基本框架。但是，分税制改革以提高"两个比重"❶和增强宏观调控能力为主要目标，改革后中央财政收入所占比重显著提高，从1993年的22.0%急遽提高到1994年的54.7%，并在之后一直维持着50%以上的水平（表1）。相对而言，地方政府的税收收入支配能力被极大削弱。因此，尽管这次改革使地方税体系初现端倪，但存在着收入规模偏小、税权高度集中于中央、事权与财权严重不对称等问题，稳定、规范的地方税体系并未形成，尤其在预算管理改革、营业税改征增值税试点工作等深入推进的背景下，地方税收不足问题更为凸显。鉴于此，健全地方税体系，形成地方政府以税收为主的稳定可靠的收入来源，成为深化我国分税制财政体制的迫切需要。

表1　1994—2015我国地方税与中央税收入规模❷

年份	地方税收收入 数额（亿元）	地方税收收入 占全国税收总收入的比重（%）	中央税收收入 数额（亿元）	中央税收收入 占全国税收总收入的比重（%）
1994	2294.91	45.26	2775.89	54.74
1995	2832.77	47.42	3140.93	52.58

---

❶ 即财政收入占GDP比重、中央财政收入占全国财政收入比重。
❷ 数据来源：历年《中国统计年鉴》《中国财政年鉴》及财政部网站。

续表

年份	地方税收收入 数额（亿元）	占全国税收总收入的比重（%）	中央税收收入 数额（亿元）	占全国税收总收入的比重（%）
1996	3448.99	48.92	3601.61	51.08
1997	4002.04	48.65	4223.46	51.35
1998	4438.45	48.81	4654.55	51.19
1999	4934.93	47.84	5380.07	52.16
2000	5688.86	44.92	6976.94	55.08
2001	6962.76	45.91	8202.74	54.09
2002	7406.16	43.57	9590.44	56.43
2003	8413.27	41.11	12052.83	58.89
2004	9999.59	38.88	15718.41	61.12
2005	12726.73	41.23	18139.1	58.77
2006	15233.58	40.48	22402.69	59.52
2007	19252.12	38.93	30197.17	61.07
2008	23255.11	42.89	30968.68	57.11
2009	26157.44	43.95	33364.15	56.05
2010	32701.49	44.67	40509.3	55.33
2011	41106.74	45.81	48631.65	54.19
2012	47319.08	47.03	53295.2	52.97
2013	53890.88	48.76	56639.82	51.24
2014	59139.91	49.62	60035.40	50.38
2015	62661.93	50.16	62260.27	49.84

（二）构建地方税体系是保障地方财政收入、规范地方政府行为的重要举措

建立分税制财政体制的重要原则之一是实现事权与财权的对称，确保地方政府拥有为实现其职能所需要的基本财力。现代国家大都以法律明定的形式进行政府间财权和事权划分，以明确各级财政的收入权限和支出责任。我国分税制财政体制改革在增强中央财政收入支配能力的同时，支出的责任却进一步下放，地方政府收支的不平衡，导致地方政府事权与财权的不对称。由于地方财政收入不足，为满足支出需要，地方高度依赖于中央财政，从而导致大量的转移支付和"跑部钱进"现象的频频发生；另一方面，在中央对

地方的转移支付制度尚不完善的情况下，地方政府被迫采取一些非正规的手段（如隐性负债、乱收费等）满足其基本财力的需要。税收应是地方财政的主要收入形式，只有通过健全地方税体系，形成地方稳定、可靠的财政收入保障机制，才能促进地方政府事权与财权相统一，从根本上防范和制止地方政府的越轨行为。

（三）构建地方税体系是调控经济和调节收入分配的重要手段

地方税体系，不仅是地方政府组织收入的主要来源，而且也应成为地方政府促进本地经济发展、进行宏观调控和收入分配的重要工具。一方面，地方政府承担着促进区域经济和社会协调发展的责任。在市场经济条件下，对地方经济发展中出现的一些问题，地方政府不能单纯依靠行政手段进行调节，更多地需要其在职能范围内尽可能运用经济手段和法律手段来解决和实现。在政府的诸多政策工具中，税收无疑是其中一个重要方面。通过健全地方税体系，赋予地方政府必要的税收立法权和征收管理权，地方政府就可以择机运用不同的地方税来发挥税收对地方经济的调控功能，营造协调发展和公平竞争的发展环境，促进区域经济健康、持续发展。比如，为了鼓励地方各类企业进行创新改革，发展优势项目，加快新型技术发展，从而实现地方产业的优化升级，地方政府可以采取相对应的行业、产业税收优惠减免政策，加快地方区域经济发展。另一方面，地方政府收入关系到地方各项事业的有效运行，同时也影响着社会居民的收入。地方财政收入是政府调节社会各阶层居民收入分配的有力保障。地方政府可以通过财产税、所得税和转移支付等手段实现社会财富的公平分配。与之同时，充足的财力保障也有利于地方政府大力发展慈善事业，救济扶助社会底层的弱势群体。

（四）构建地方税体系是满足地方性公共产品需要的重要保障

我国幅员辽阔，民族众多，各地区都有不同的政治、社会、经济环境和公共产品消费偏好，对社会公共产品的需求有明显的层次性和差异性，如果由中央统一提供同一数量的公共产品，这不符合公共产品最佳配比原则，导致不同地区的民众承受效率损失。相对于中央政府的统一供给，地方政府更能了解当地社会经济发展的现状和当地居民偏好，提供医疗、教育、治安等满足当地居民社会需求的公共物品。只有中央和地方各级政府各司其职，合理有效地提供各层次的公共产品，才能使整个国家提供社会公共产品达到帕累托最优，满足各类人群的需求。由于地方政府在了解当地社会经济发展情况、居民需求偏好方面有天然的优势，国家应该以立法形式保证各级地方政府拥有一定的事权。然而,仅仅有事权是不能充分发挥地方政府提供公共物品的优越性,按照事权与财力相结合的原则,中央政府应该下放一定财权到地方,做到中央财政集权与分权相结合,允许地方政府在法律法规规定的范围内,实施财政预算与决算,保证地方的税收收入,因此,地方税体系是在这种分级政府、分级财政的体制下必然存在的。

二、文献综述

(一) 国外文献综述

总体而言,国外学者对于地方税体系的研究主要是基于公共产品理论而展开的,内容侧重于政府间财政分权、税收分配与税收征收效率等。

在公共产品理论研究方面,Lindahl 以林达尔均衡理论表达了社会个体依意愿价格购买公共产品的思想;❶ Samuelson 给出纯粹公共产品的经典定义。❷ Tiebout 最早提出财政分权理论。❸ 乔治·施蒂格勒(George Stigler)关于最优分权的理论,则着重从公共需要的角度论述分权的必要。❹ 理查德·阿贝尔·马斯格雷夫(Richard Abel Musgrave)认为,由于地方政府缺乏充足的财力不能对宏观经济进行稳定有效的控制,并且由于经济主体的流动性束缚了地方政府的收入再分配,因此,这两个职能应由中央负责。而资源配置职能因各地居民的偏好不同而有所差别,由地方政府负责更可行,也更有利于经济效率的提高和社会福利水平的改进。此外,他还指出,中央政府和地方政府间的分权是可行的,这种分权可以通过税种在各级政府间的分配固定下来,从而赋予地方政府相对独立的权力。❺之后,关于地方税体系、地方公共产品的研究成果大量涌现。Buchanan 拓宽了公共产品的概念;❻ 奥茨提出中央政府应提供全国范围内具有广泛偏好的公共产品,地方政府应提供不同区域间公民偏好差异性较大的公共产品,使资源分配更具效率。❼ 特里希(Richard W.

---

❶ 转引自李晶、赵余、张美美、魏永华:《营改增后中国地方税体系重构》,载《宏观经济研究》2016 年 4 期。

❷ Samuelson, P. A., The Pure Theory of Public ex Penditure. Review of Economics and Statistics, Vol. 36, No. 4, 1954.

❸ Tiebout, C. M., A Pure Theory of Local Expendi Tures. Journal of Political Economy, Vol. 64, No. 5, 1956.

❹ George Stigler. Perfect Competition, Historically Contemplated. Social Sciences, 1957.

❺ Richard Abel Musgrave. Income Tax Progression. Political Economy, 1959 (6): 136 - 274.

❻ Buchanan, J. M., An Economic Theory of Clubs. Economica, Vol. 32, No. 125, 1965.

❼ [美] 华莱士·E. 奥茨:《财政联邦主义》,陆符嘉译,译林出版社 2012 年版。

Tresch)的偏好误识分权论认为,"由于社会在经济活动中并不是完全具有确定性的,中央政府对全体公众的偏好不如地方政府对当地居民的偏好了解的清楚,那么,中央政府在确定公众的边际消费替代率时是带有随机性的,因此它在提供公共产品的过程中就会发生偏差,不是过多就是不足。在此情况下,回避风险的社会就会偏向于让地方政府来提供公共产品"。❶ 在中央地方政府间税收分配原则研究方面,塞利格曼认为政府间税收收入分配应着重于效率、适应、恰当。❷ Keen & Kotsogiannis 认为,中央政府和地方政府之间的税基重叠导致在不同级政府间存在外部性,地方政府会为了同上级政府争夺财政资源而过度课税。❸ Musgrave 认为,以稳定经济、调节收入分配为目标的税种以及税源分布不均的税种应划归为中央税,税基流动性小的税收应当划归为地方税。❹ 鲍德威认为应将与不动产有关的税种和只征收一道环节的销售税划为地方税。❺〔美〕罗伊·鲍尔则指出,"理论上应当是由事权来决定财权,首先中央政府必须明确地方的支出责任,然后再达成对税收收入的合理分配"。❻ 此外,与本书主题最为相关的,近些年来,外国学者对于地方税权及地方税种亦有所研究。❼

综上,国外学者主要从公共产品和财政分权的理论来研究地方税,他们丰富的研究成果为地方税体系的存在和发展提供了依据。西方学者普遍

---

❶ Richard W. Tresch. Public Finance. Business publications, Inc, 1981: 330 – 389.

❷ 〔美〕埃德温·罗伯特·安德森·塞利格曼:《所得税研究——历史、理论与实务》,经济科学出版社 2014 年版。

❸ Keen, Kotsogiannis. Does Federalism Lead to Excessively High Taxes?. American Economic Review, 2002, (92).) CAI & TREISMAN (2004).

❹ 转引自邓子基:《地方税制研究》,经济科学出版社 2007 年版。

❺〔美〕罗宾·鲍德威:《公共部门经济学(第2版)》,邓力平译,中国人民大学出版社 2000 年版。

❻〔美〕罗伊·鲍尔:《财政分权的基本原则》,中国财政经济出版社 2004 年版,第 160 – 204 页。

❼ Mankiw et al. Optimal Taxation in Theory and Practice. Journal of Economic Perspectives, 2009.
Cabral M, Hoxby C. The Hated Property Tax: Salience, Tax Rates, and Tax Revolts. National Bureau of Economic Research, 2012.
Revelli F. A Comparative View of Local Tax and Expenditure Limitations and Their Consequences. Comparative Law and Economics, 2016: 161.
Fujii M. The Japanese Tax System. Routledge Handbook of Japanese Business and Management, 2016.
Braid R M. State and Local Tax Competition in a Spatial Model with Sales Taxes and Residential Property Taxes. Journal of Urban Economics, 2013, 75: 57 – 67.
McLure, Charles E. "Tax Assignment and Subnational Fiscal Autonomy." Bulletin for International Fiscal Documentation 54. 12 (2000).
Oates W E. Taxation in a Federal System: The Tax – assignment Problem. Universityof Maryland, Department of Economics, 1996.

认为，将财权适当下放给地方政府，使地方政府将事权和财权相结合，可以调动地方政府的积极性，促进资源的有效配置和社会福利等内容，税收应归哪级政府应建立在税收属性和政府职能相结合的基础之上。总之，国外理论研究起点早，已经形成了比较完善的理论体系，与之同时，这些研究缺少与中国实际情况的有机结合，因此，某种程度上也缺少对中国地方税体系建设的有效指导。

（二）国内文献综述

国内对于地方税体系的研究主要基于分税制，始于20世纪80年代，盛行于90年代。近年来，随着"营改增"的推进以及十八届三中全会的召开，地方税体系再次成为我国财税领域的热点问题。由法学视角而言，现行我国地方税的研究成果主要体现为如下几个方面：

1. 我国地方税体系现状的研究

在肯定分税制以来我国税收法律制度建设成绩的基础上，部分学者对我国现行地方税制度之不足进行了系统分析。学者们的观点主要体现在如下几个方面。

（1）地方税缺乏总体设计，制度化水平低。史伟认为我国地方税存在缺乏总体规划、税制结构不合理。❶ 马海涛、李升指出，我国中央与地方的财政收入划分不合理，共享税太多，而且以共享税为主的财政分配形式容易导致税收与税源的背离。目前我国央、地共享税中，税种税基流动性较强，这在一定程度上又扩大了地区间财力差异。❷ 赵宁认为，我国地方税各税种间存在相互交叉征收的问题。比如，我国仅房地产税类就包括房产税、契税、土地增值税、耕地占用税、城镇土地使用税五个税种，同时还涉及个人所得税、营业税和城市建设维护税；在房地产使用权和所有权转移时，除了征印花税，还有一道契税，存在重复征税。❸ 厦门市地方税务局课题组认为，我国地方税目前存在税种老化且不断减少、收入规模偏小财政功能不明显、税源分散脆弱等不足。❹ 刘蓉则强调了现行地方收入缺乏效率，并对税收政策和管理产生

---

❶ 史伟：《现行地方税制度存在的问题和改进建议》，载《中国财政》2011年第17期。
❷ 马海涛、李升：《对分税制改革的再认识》，载《税务研究》2014年第1期。
❸ 赵宁：《加快构建我国地方税体系的思考》，载《财会月刊》2013年第12期。
❹ 厦门市地方税务局课题组：《新一轮财税改革与地方税体系建设的复合构想》，载《福建论坛》2014年7期。

一定程度的扭曲效应。❶

（2）税权过度集中于中央，地方缺乏相应税权。林志勇等认为，中央拥有绝大多数地方税收的管理权，这制约了地方根据本地实际情况筹集财政收入的主动性。❷厦门市地方税务局课题组认为，从中央与地方的税权配置而言，我国地方税的税收立法权过于集中于中央，而且法律层次较低。❸王乔等从如下几个方面着重分析了我国央、地税权配置的不足：地方税立法权配置不当，有违依法治国方略；税收执法权配置失衡；地方税司法保障体系不健全，削弱了税法的严肃性。❹陈国堂等则由"地方税的立法权、税政管理权限现状""地方税的立法权、税政管理权限的法律视角""地方税的立法权、税政管理权限的经济视角"等多个角度分析了地方税立法权、税政管理权限存在的问题。❺

（3）地方财力与事权不配套，地方缺乏主体税种。刘群、林志勇、赵宁等均认为，我国地方政府缺乏有效的主体税种，除营业税外，多是些诸如城镇土地使用税、房产税、印花税、契税等税源分散、收入零星、征管不易的小税种。❻广东地税课题组提出，随着"营改增"的全面推进，地方税体系丧失主体税种。除却营业税，地方其他税种难以弥补取消营业税产生的财力缺口。❼刘蓉认为，我国地方税的主体税种不明确，收入划分难以保障地方政府有充足的收入，完成其支出责任。❽

---

❶ 刘蓉：《论我国分税制体制与地方税改革》，载《税务研究》2016年8期。相当一批学者持同样观点，诸如陈国堂等。见陈国堂、童伟：《完善我国地方税体系研究》，中国发展出版社2015年版。

❷ 林志勇等：《借鉴国际经验完善我国地方税制》，载《税务研究》2005年第3期。

❸ 厦门市地方税务局课题组：《新一轮财税改革与地方税体系建设的复合构想》，载《福建论坛》2014年7期。对于地方税的立法层次低等不足，李克桥亦持同样的观点。见李克桥：《我国地方税体系建设的制约因素与完善对策》，载《河北大学学报》2016年5期。

❹ 王乔、席卫群、张东升：《对我国地方税体系模式和建构的思考》，载《税务研究》2016年第8期。

❺ 陈国堂、童伟：《完善我国地方税体系研究》，中国发展出版社2015年版，第127-137页。

❻ 分别见刘群：《地方税制的国际比较及其借鉴》，载《经济体制改革》1997年第3期；林志勇等：《借鉴国际经验完善我国地方税制》，载《税务研究》2005年第3期；赵宁：《加快构建我国地方税体系的思考》，载《财会月刊》2013年第12期。

❼ 广东地税课题组：《我国地方税体系构建与完善研究》，载《中国税务报》2013年11月11日。

❽ 刘蓉：《论我国分税制体制与地方税改革》，载《税务研究》2016年8期。持同样的观点的还有好多，如卿玲丽、刘济勇、许建国等。见卿玲丽等：《"营改增"后地方税体系的完善对策》，载《税收经济研究》2016年第3期；刘济勇：《地方税体系研究》，武汉理工大学出版社2015年版；许建国：《中国地方税体系研究》，中国财政经济出版社2014年版。

2. 完善地方税体系的目标及指导原则

许建国认为，完善我国地方税体系的总体目标为："以保持中央和地方税收分配格局总体稳定为前提，以优化税制结构为基础，构建能够稳定地保障地方各级政府公共基本支出需要、有利于加强地方税源控管、维护市场统一、促进社会公平、合理引导地方政府行为的具有中国特色的地方税体系。"❶ 厦门市地方税务局课题组认为，改革与构建地方税体系不管采取什么样式，必须从顶层设计出发，全局把握，注重处理好以下若干关系平衡：税制视角的优化平衡；宏观税负的综合平衡；经济视角的发展平衡；财税视角的统筹平衡；征管机制的合理平衡。❷ 贾康等则提出，完善地方税体系应坚持如下原则：需全方位、多层次理解地方税体系；地方税体系完善目标应考虑其对其他改革和制度创新的推动作用；地方税体系的完善要正确认识和把握各税种属性，遵循一般原则，也需要适度考虑我国国情特点和现实制约因素；地方税体系完善应与非税收入等其他税费制度改革统筹配套、协调联动。❸ 费茂清、石坚认为，重建地方税体系的总体思路是：在分税制财政体制改革的框架内，合理划分事权，确定地方财权，分步扩大地方税收管理权；并以此推进按税种特征划分中央与地方税收收入的进程，扩大地方税源，充实地方性税种，增加地方性稳定收入。围绕这一总体思路，至少要实现如下四个目标：一是应有利于推进财政体制改革，充分调动中央和地方政府两个积极性；二是应有利于优化税制结构，深化结构性减税；三是应有利于控制地方债务规模，化解财税风险；四是应有利于促进地方政府加快建立稳定的税源。❹ 王乔等从国家治理现代化的角度提出了构建地方税体系的五项基本原则：加快转变政府职能、促进现代国家治理体系构建；财权与事权相匹配、支出与责任相适应；保持宏观税负稳定、中央财力相对集中；有利于税制结构优化、调动中央和地方两个积极性；整体设计、稳步推进。❺ 熊英从法学的角度提出了地方税法律体系的完善思路：完善我国目前的地方税法律体系的第一任务是建立统一的、多层级的地方税收规范体系；目前不仅急需解决立法层次低的

---

❶ 许建国：《中国地方税体系研究》，中国财政经济出版社2014年版，第137页。
❷ 厦门市地方税务局课题组：《新一轮财税改革与地方税体系建设的复合构想》，载《福建论坛》2014年第7期。
❸ 贾康、梁季：《我国地方税体系的现实选择：一个总体架构》，载《改革》2014年7期。
❹ 费茂清、石坚：《论我国地方税体系重构的目标与途径》，载《税务研究》2014年4期。
❺ 王乔、席卫群、张东升：《对我国地方税体系模式和建构的思考》，载《税务研究》2016年第8期。

问题，还要协调好不同层级之间的地方税收关系，并处理好与相关法律部门之间的关系，以达到依法治税的目的。❶

3. 地方税及地方税体系的内涵

关于地方税的内涵，目前尚无统一的权威表述，但基本围绕立法权、征收管理权和收入归属权"三要素"进行界定，对于三要素是否必须同时具备，以及是否必须完全归属于地方则成为学者们争议的焦点，各家之言大致可归为三类：（1）从税种角度来界定，认为地方税就是中央税的对称，是为了实现地方政府职能、满足地方政府公共支出需要，由地方政府拥有一定立法权，完全由地方政府负责征收管理和支配的各税种（不包括共享税种）的总称，即通称的纯地方税。如高亚军认为："地方税是依据中央立法或者经过法定程序由地方立法，收入由地方政府征收并归属地方政府支配的税种的总称。"❷ 许建国认为："地方税是指根据中央与地方政府事权划分状况，按照财政管理体制的规定，由中央政府或地方政府立法，地方政府负责征收管理，收入归地方政府支配的各类税收的总称。"❸（2）从收入归属角度来界定，认为地方税就是地方政府税收收入，是地方政府在现有的财政体制框架下，能够获得的税收收入总和，包括前述纯地方税的收入和中央与地方共享税中地方政府获得的部分。如韩晓琴、曹永旭认为："地方税，就是收入划归地方由地方政府支配使用的税种，包括现行财税体制下的纯地方税和共享税中收入归地方政府的部分税种。"❹ 孙文基认为地方税"为由中央政府或地方政府立法，由地方税务部门或中央税务部门负责征收，收入归地方所有各种税收的统称。从我国的情况看，既包括地方独享税，又包括中央与地方共享税。"❺ 王志杨等亦认为："在我国现行的分税制财政管理体制下，收入划归省及以下政府的税收即是地方税。"❻（3）从征管角度来界定，认为由地方税务机关征收管理的税就是地方税。如刘济勇认为："地方税是指依据分税制财政管理体制所确立的中央政府与地方政府事权划分的基本原则，由中央政府或地方政府立法，并由地方政府负责征收管理，主要收入或全部收入划归地方地方政府自行支

---

❶ 熊英：《完善地方税收法律体系的相关问题》，载《北京行政学院学报》2003 年第 5 期。
❷ 高亚军：《中国地方税研究》，中国社会科学出版社 2012 年版，第 18 页。
❸ 许建国：《中国地方税体系研究》，中国财政经济出版社 2014 年版，第 3 页。
❹ 韩晓琴、曹永旭：《"营改增"背景下地方税体系建设的路径选择》，载《哈尔滨商业大学学报（社会科学版）》2016 年第 1 期。
❺ 孙文基：《完善我国地方税体系的研究》，载《苏州大学学报》2016 年 3 期。
❻ 王志扬、张平竺：《地方税体系建设：理论基础和主体框架分析》，载《税务研究》2016 年 8 期。

配的各类税收的总称。"❶

此外，部分学者还对地方税的内涵有过更深入的分析。如涂京骞等认为，地方税的基本内涵至少应含有三个层面的内容：首先，从起源角度看，地方税是1994年"分税制"改革的产物，是中央税的对称。其次，从内容方面看，地方税包含有税种的划分、税收的征收与使用。再次，从法律层面看，地方税包括如何其划分立法权和执法权，即指中央与地方两级政府关于税收立法权的分配以及国家和地方两个税务征收机关之间关于税收征收管理权的分配。❷ 高亚军认为，地方税的内涵包括四方面内涵：其一，地方税不同于地方税收入，其实质是一国财政管理体制的范畴；其二，地方税所规范的是中央与地方的税收分配关系；其三，地方税的核心问题是税权划分问题；其四，地方税是地方财政收入的重要组成部分。❸ 朱为群等认为："地方税应主要承担筹集地方财政收入的职责，并应用于地方自主决策的当地民众普遍受益的公共支出项目；地方税的合理规模主要取决于合理的地方自主性支出规模和其他可支配的非税收入数额；地方税的负担要与地方公共支出的受益范围相对应，并以适当的税基构建地方主体税种。"❹

对于地方税体系的内涵，学者们的观点亦不尽相同。有的学者"就税论税"，认为地方税体系就是一种与地方有关的税收体系。如朱青就认为，所谓地方税体系，就是由多种地方税组成的一个税收系统，其中一个或多个充当主体税种，其他税种发挥辅助作用，其组成税种既可以是地方共享税，也可以是独享税。❺ 陈国堂、童伟认为："地方税体系作为一国根据其社会经济条件、经济发展水平、财政支出需求和税收征管水平等，合理划分税权、科学设置税制、明确税收征管等形式的地方层级的相互协调、相互补充的税收体系。"❻ 另有学者由制度尤其是法律制度的角度来界定税收体系。如李堃认为："地方税体系就可以被看作是切实发挥地方税为地方政府筹集收入、调节分配和促进经济结构优化作用的制度集合。"❼ 陈必和则认为，所谓地方税体系，是指包括地方税制、征收管理以及司法保障在内的整个地方税的立法、执法

---

❶ 刘济勇：《地方税体系研究》，武汉理工大学出版社2015年版，第11页。
❷ 涂京骞、涂龙力：《法律视角下地方税体系的构建》，中国法学会财税法学研究会2007年会暨第五届全国财税法学学术研讨会，2007年10月。
❸ 高亚军：《中国地方税研究》，中国社会科学出版社2012年版，第18－19页。
❹ 朱为群、唐善永、缑长艳：《地方税的定位逻辑及其改革设想》，载《税务研究》2015年2期。
❺ 朱青：《完善我国地方税体系的构想》，载《财贸经济》2014年第5期。
❻ 陈国堂、童伟：《完善我国地方税体系研究》，中国发展出版社2015年版，第25页。
❼ 李堃：《中国地方税体系改革研究》，吉林大学2015年博士学位论文，第15页。

和司法所组成的统一体，具体包括地方税制体系、地方税征管体系、地方税保障体系。❶ 此外，还有学者认为税收体系是一种管理体系、一种秩序或机制。如刘济勇认为："地方税体系是一个与中央税体系相关联的财政管理体制系统，是根据一国经济发展水平、财政支出需求而形成的有关税种设置、收入划分、税权划分、征收管理等税收管理体系的综合体。"❷ 王乔、席卫群认为："地方税体系是以中央与地方政府、各级地方政府间税权的划分为依据，以调控国家经济、优化地方发展环境、保证地方各级政府财政收入为目的，通过制度化的建立由地方税和保障税款得以有效实施的各种法律、法规、规章制度以及执行和遵守这些规则的单位和个人所构成的有序整体。"❸

4. 中央、地方的税权配置研究

中央与地方之间的税权配置是学界研究地方税问题的一个重要视角。学者普遍主张，针对地方缺乏税权的基本国情，赋予地方更多的税权当为地方税建设的重要内容之一，尤其是对于作为税权核心内容的税收立法权的配置，不少学者提出了自己的看法。

李冬梅主张要赋予地方更大税收管理权，并逐步理顺国地税机关的关系。❹ 许志瑜在系统总结西方典型国家经验的基础上提出，地方政府需要一定的税收管理权限。他认为，国际上多数国家是由中央掌握绝对的税收立法权，但是将税种调整权等征管权限赋予地方。❺ 李克桥主张赋予地方一定的税收自治权。❻ 高亚军在《中国地方税研究》一书中指出，中央和地方之间在税收立法权问题上，中央应赋予地方政府一定程度上的税收立法权，以克服税收立法权高度集权于中央所带来的一系列弊端。❼ 郑璐认为，由于地方政府事权财权不对称，财税立法层次不高，财税法律体系中以行政法规为主体，法律效力较低，并且地方区域性差异大，应当赋予地方税收立法权。❽ 涂京骞等认为，构建地方税收立法制度的核心问题是适当下放税收立法权。目前，我国现有的地方税的法律、法规绝大部分都由中央政府制定与颁布，这与真正的

---

❶ 陈必和：《完善我国地方税体系的研究》，载《发展研究》2009 年第 12 期。
❷ 刘济勇：《地方税体系研究》，武汉理工大学出版社 2015 年版，第 13 页。
❸ 王乔、席卫群：《现代国家治理体系下的地方税体系构建研究》，经济科学出版社 2015 年版，第 37 页。
❹ 李冬梅：《当前经济形势下亟待完善地方税制》，载《经济研究参考》2009 年第 25 期。
❺ 许志瑜：《试论我国地方税的改革与完善》，厦门大学 2001 年博士学位论文。
❻ 李克桥：《我国地方税体系建设的制约因素与完善对策》，载《河北大学学报》2016 年第 5 期。
❼ 高亚军：《中国地方税研究》，中国社会科学出版社 2012 年版，第 166 – 167 页。
❽ 郑璐：《关于赋予地方税收立法权的思考》，载《中国集体经济》2007 年第 8 期。

分税制财税体系相悖。所以，中央政府将税收立法权下放给地方政府并以法律的形式确定是十分必要的。❶ 贾康等亦主张"逐步下放地方税权，条件成熟时给予地方政府一定的设税权"。❷ 此外，亦有学者对上述各家的观点提出质疑，如熊英认为完善地方税收体系首先得授予地方税收立法权这种观点是一种误区。地方税立法权和地方税体系是两个截然不同的问题，是不能一概而论的。地方税体系的建立完善与税收立法权的归属是没有必然联系的。❸ 王乔等持大体相同的观点，他建议税收的立法权、停征权归中央，赋予地方一定的调整权和解释权。❹ 叶金育则提出另一种具有创新性的主张：落实地方税权不仅具有必要性，而且更具可行性。但鉴于历史与现实的考量，在税权集中之后再适度分权地方，是一种较为适当的央地税权配置思路。以此为指导，构建以税种为主线、税收构成要件为辅助，以立法机关为主导、行政机关为支撑的既分工又合作的具体税权配置模式，是地方税权发展的方向。不过，从更为现实的角度出发，近期可以采取中央标准立法与地方自主选择的地方税法模式。待条件成熟后，可以选择地方自主立法模式。❺

5. 完善地方税收法制

完善地方税体系的另一个思路是实现地方税体系建设的法治化。孙文基认为，我国税收立法权应根据不同的情况而进行区别划分。一些具有明显区域性特征的税种中央可以进行统一立法，但具体实施办法的制定应交给地方。另外，一些零散且征收成本高的税种，立法权应下放给地方政府；其实施办法则由中央制定。❻ 涂京骞等认为完善地方实体税法体系的立法途径如下：首先，在《税收基本法》中确定；其次，在《地方税通则》中确定；最后，制定单行地方税收法律并在其中相应确定。❼ 高亚军在《中国地方税研究》一书中指出，税权立法层次低，导致地方财权缺少稳定的法律保障机制，我国应当制定《税收基本法》，明确中央与地方两级政府的税收立法权限。❽

---

❶ 涂京骞、涂龙力：《法律视角下地方税体系的构建》，中国法学会财税法学研究会 2007 年会暨第五届全国财税法学学术研讨会，2007 年 10 月。
❷ 贾康、梁季：《我国地方税体系的现实选择：一个总体架构》，载《改革》2014 年第 7 期。
❸ 熊英：《完善地方税收法律体系的相关问题》，载《北京行政学院学报》2003 年第 5 期。
❹ 王乔、席卫群、张东升：《对我国地方税体系模式和建构的思考》，载《税务研究》2016 年第 8 期。
❺ 叶金育：《法定原则下地方税权的阐释与落实》，载《苏州大学学报》2016 年第 5 期。
❻ 孙文基：《税权划分的国际比较与借鉴》，载《经济研究》2006 年第 9 期。
❼ 涂京骞、涂龙力：《法律视角下地方税体系的构建》，中国法学会财税法学研究会 2007 年会暨第五届全国财税法学学术研讨会，2007 年 10 月。
❽ 高亚军：《中国地方税研究》，中国社会科学出版社 2012 年版，第 168 页。

6. 地方税收收入权的实现及地方主体税的选择

近年来地方税之所以成为一个各界关注的热点问题，主要缘于分税制以来日渐凸显的央地之间财权与事权的不匹配而导致的地方财力缺口较大，而营业税的消失更增加了这一问题的严峻性。故而，如何在优化税制的基础上在央地之间重新分配税种，确定地方主体税，以为地方政府提供稳定、充足的财政收入成为学界最为关注的一个论题。

（1）关于央地税种划分及地方税设置的基本原则。关于中央与地方税的划分及地方税种的确定，刘明慧认为应遵循四个原则：一是地方税应由居住在这个地区的居民支付，而且易于地方有效地评估和征管；二是地方政府不能征收税负能转移到其他地区的税，不应引起这个地区与相邻地区的竞争；三是地方政府应主要依靠周期敏感性较小的税收，以保证地方政府经常性支出的需要；四是不能让地方政府控制对稳定宏观经济和收入再分配具有重大影响的税种。[1] 王国华、马衍伟认为，地方税应该具有三个基本特征：一是税基具有明显的地域性，其课税对象和范围相对固定于某一区域，不随纳税人的流动而流动；二是收入具有受益性，纳税人所缴纳的税收与其享受的公共产品和服务是对称的；三是征收的便利性，地方政府及其职能部门在征管方面更易于掌握税源，方便管理。[2] 此外，对于地方税种的主体税种的选择标准学界给予了较多的关注。杨志安、郭矜认为地方税主体税种的选择标准为：征税对象流动性较差，具有地域性；符合受益原则，稽征便利；具有收入的稳定性与成长性。[3] 刘蓉认为，地方主体税种应当具备以下条件：税基宽广，税源稳定，具有较大的收入增长潜力；具备地域性特征，能够满足地方政府进行经济调控的需要；税制简单，便于征管。[4] 王志扬、张平竺提出，要考虑主体税种需同时具备以下几个特点：一是要有一定的收入规模，税基相对较宽且收入的波动性小，能够较好地满足地方财政公共支出的需求。二是要根据利益原则课征，即该税种收入的多少和当地政府的公共服务水平密切相关，以便于督促地方政府改善公共服务环境，提高公共产品的供给效率。三是要具备较高的征管效率。某些税源分散、征管难度较大的税种并不适合作为地方税的主体税种。[5]

---

[1] 刘明慧：《有关地方税界定的问题》，载《税务研究》2001年第3期。
[2] 王国华、马衍伟：《财产税应当成为我国地方税的主体税种》，载《福建论坛》2005年第3期。
[3] 杨志安、郭矜：《完善地方税体系培育地方性主体税种》，载《税务研究》2014年第4期。
[4] 刘蓉：《论我国分税制体制与地方税改革》，载《税务研究》2016年第8期。
[5] 王志扬、张平竺：《地方税体系建设：理论基础和主体框架分析》，载《税务研究》2016年第8期。

（2）地方主体税的确立。围绕主体税种的选择，学者们观点纷呈，大体可由如下几个方面予以总结介绍：

其一，主张以财产税（包括资源税）为主体税。相当一部分学者认为财产税具有成为地方税主体税种的禀赋，应当成为地方税的主力，其中房地产税得到较多的关注。米建国、庞凤喜认为财产税在成为地方税主体税种之前尚存在税种少、税基窄、税制设计不合理等问题，完善后的财产税可以扮演地方税主体税种的角色。[1] 于长革主张将房地产税、资源税和城建税作为我国地方税主体税种。[2] 胡洪曙提出了构建财产税为主体税种的地方税体系，并对财产税和地方税主体税种选择标准进行了吻合度分析。[3] 此外，支持财产税的还有吴利群[4]、王志扬[5]、许国云[6]、胡洪曙[7]、王蕴[8]及崔志坤[9]等。傅志华、刘保军等认为，可考虑将财产税、资源税、环境保护税等纳入地方税体系。[10] 史兴旺等认为，财产税适宜作为地方主体税，但财产税指的是一类税。一般所说的适合作为地方税的财产税主要指不动产税，在我国指的是的房产税。目前，我国房产税在全国税收收入以及地方税收收入中的比例都非常低，但有巨大的增幅空间。[11] 杨志勇认为虽然当前房产税规模较小，但改革整合土地增值税、城镇土地使用税、契税、房产税等税种和相关收费后的房地产税规模将比较可观，可以作为地方主要税种。[12] 持相同观点的有李太东，他认为房地产税满足了税基稳定、地区受益性鲜明、税源分散适合由地方政府征收的

---

[1] 米建国、庞凤喜：《改革财产税制应成为完善地方税制的突破口》，载《税务研究》2004年第4期。

[2] 于长革：《财政分权、政府间竞争与经济社会发展失衡》，载《地方财政研究》2010年第8期。

[3] 胡洪曙：《构建以财产税为主体的地方税体系研究》，载《当代财经》2011年第2期。

[4] 吴利群：《构建财产税为我国地方税主体税种的可行性研究》，载《税务研究》2005年第5期。

[5] 王志扬、张平竺：《地方税体系建设：理论基础和主体框架分析》，载《税务研究》2016年第8期。

[6] 许国云、郭强等：《重构我国地方税主体税种的设想》，载《税务研究》2006年第3期。

[7] 胡洪曙：《构建以财产税为主体的地方税体系研究》，载《当代财经》2011年第2期。

[8] 王蕴、田建利：《构建以财产税为主体税种的地方税体系》，载《税收经济研究》2012年第5期。

[9] 崔志坤、王振宇、常彬斌：《"营改增"背景下完善地方税体系的思考》，载《经济纵横》2014年第1期。

[10] 傅志华、刘保军等：《境外地方税收制度研究及借鉴》，载《地方财政研究》2012年第9期。

[11] 史兴旺、龙政君、刘福全：《从财产税诸税种中选择和培育地方税主体税种》，载《中国税务报》2014年3月12日。

[12] 杨志勇：《中国地方税系的构建与完善问题探讨》，载《国际税收》2013年第6期。

主体税种要求。❶ 当然，也有学者对将房地产税作为地方主体税的可能性提出了怀疑。李文认为我国近期房地产税实施窄税基、低税率的改革措施较为可行，而这一模式下的房地产税收收入在地税收收入中的占比较小，今后一段时期内恐难成为地方主体税种。❷ 同样反对房地产税作为地方税主体税种的还有杨卫华等。❸ 此外，还有学者由不同地方层级主体税的角度来为财产税定位。如周克清、项梓鸣认为，市县级地方税系的核心在于征收财产税。❹ 倪霓、王怡璞等也认同将房产税划归县级政府的主张。他们认为，大多数OECD成员国中，归属地方的主体税种主要是房产税，我国也可考虑将房产税划归县级政府，并由县级政府管理税率调整等，具体设计可借鉴加拿大，允许县级政府自行制定税率，同时由省政府对其在税基与税率方面进行一定的调控。❺ 除了房地产税之外，资源税也得到部分学者的关注。李升、刘建徽等主张将改革后的资源税培育为地方税主体税种。❻ 李晖、荣耀康在分析了中国各方面的现实经济基础和财政状况后，对资源税和房地产税作为地方税主体税种进行了可行性探析，认为资源税和房地产税都具备地方税的基本特性，可发挥良好的地方财政功能。❼

其二，部分学者认为所得税可成为地方税主体税种，当然，这里主要指企业所得税。❽ 杨卫华、严敏悦认为应选择企业所得税作为地方税主体税种，并通过将其与消费税、房产税、个人所得税和资源税相比较得出不管是从收入规模、税源分布、税收征管和对经济发展的影响等方面来看，企业所得税都是当前中国地方税主体税种的现实选择。❾ 刘建徽、周志波提出将企业所得

---

❶ 李太东：《浅谈"营改增"后地方税主体税种的选择》，载《国际税收》2014年第7期。

❷ 李文：《我国房地产税收入数量测算及其充当地方税主体税种的可行性分析》，载《财贸经济》2014年第9期。

❸ 杨卫华、严敏悦：《应选择企业所得税为地方税主体税种》，载《税务研究》2015年第2期。

❹ 周克清、项梓鸣：《关于我国地方税系建设的若干思考》，载《税务研究》2013年第11期。

❺ 倪霓、王怡璞：《地方政府税收自主权的国际经验与启示》，载《现代管理科学》2013年第12期。

❻ 李升：《地方税体系：理论依据、现状分析、完善思路》，载《财贸经济》2012年第6期；刘建徽、安然、周志波等：《包容性发展背景下中国地方税体系构建研究》，载《宏观经济研究》2014年第6期。

❼ 李晖、荣耀康：《以资源税和房地产税为地方税主体税种的可行性探析》，载《中央财经大学学报》2010年第10期。

❽ 也有人认为个人所得税也可充当主体税种，但由于税收收入规模较小，建议个人所得税应和其他税种一起作为地方的主体税种。参见孔刘柳、谢乔昕：《税种划分对地方财政收入稳定效应的实证研究》，载《税务与经济》2010年第5期。

❾ 杨卫华、严敏悦：《应选择企业所得税为地方税主体税种》，载《税务研究》2015年第2期。

税作为地方税，个人所得税划入中央税。❶ 于海军亦认为，作为流转税为主的国家，将所得税全部划归地方征收，不会影响中央财政收入规模和地位。❷ 对于上述观点，反对的声音来自孔刘柳和谢乔昕等，他们认为：当经济处于上升阶段，所得税占地方财政收入比重的提高对地方财政收入波动性构成正向解释，而在保持增值税收入浮动率不变的情况下，提高增值税占地方财政收入的比重则有利于地方财政收入的稳定。因此他们主张：不适宜将所得税作为地方主体税种。❸

其三，部分学者认为将现有流转税进行改造后可以选为地方税主体税种。朱云飞在借鉴西方国家地方流转税经验的基础上，依次对零售税、消费税、城建税、资源税改革进行了利弊评析和收入测算，得出流转税改革总体效益良好、收入规模基本能够满足地方政府需要，可以作为地方主体税种的结论。❹ 有学者认为消费税具有多方面的优势，建议将其改造为地方税的主体税种。如王金秀建议在大共享税分税制模式的框架下，构建以消费税为地方税主体税种、其他税种相补充的地方税体系。❺ 徐丽霞认为把在生产环节征收的消费税转移到消费环节征收，可以使消费税代替营业税成为地方的主体税种。❻ 胡建美认为针对"营改增"给地方带来的财政缺口，重新划分增值税的分成比例、调整企业所得税和个人所得税的观点都不适合，将消费税和车辆购置税下放有一系列的优点。❼ 卿玲丽等主张，中央下移车辆购置税、消费税，构成地方主体税种。❽ 吴希慧认为鉴于消费税的稳定性和弹性，适宜作地方税的主体税种。❾ 厦门市地方税务局课题组建议，根据我国的实际情况，把消费领域现行的消费税和车辆购置税及相关附加税费整合成统一的消费税作

---

❶ 刘建徽、周志波：《完善我国地方税体系的路径选择》，载《财经问题研究》2016年第2期。
❷ 于海军：《激发税收职能：深化地方税制改革的基本取向》，载《经济纵横》2001年第4期。
❸ 孔刘柳、谢乔昕：《税种划分对地方财政收入稳定效应的实证研究》，载《税务与经济》2010年第5期。
❹ 朱云飞：《流转税能否成为地方主体税种——兼论我国流转税的改革方案与利弊》，载《地方财政研究》2016年第4期。
❺ 王金秀：《"营改增"后地方财税体系重构的设想》，载《税务研究》2014年第4期。
❻ 徐丽霞：《从营改增探讨地方税制格局的变革》，载《财会研究》2014年第9期。
❼ 胡建美：《"营改增"后分税制调整的假设和可行性分析》，载《湖南财政经济学院学报》2013年第4期。
❽ 卿玲丽、屈静晓、文春晖：《"营改增"后地方税体系的完善对策》，载《税收经济研究》2016年第3期。
❾ 吴希慧：《消费税作为地方税主体税种的可行性研究》，载《会计之友》2014年第26期。

为新的地方税主体税种。❶ 杨志勇通过对营业税和消费税（包含具有消费税性质的车辆购置税）收入规模的比较分析后认为，消费税可是地方主体税种的一种选择。❷ 林继红认为，在调整纳税环节、扩大征税范围等改革之后，消费税具有的筹集收入、调节消费及纠正外部性的特点决定了其成为地方税种的合理性，而它的收入规模和收入结构决定了其成为地方主体税种的可行性。❸ 对于上述多位学者的观点，尹音频和张莹提出了反对意见，她们通过定性和定量两种分析方法得出了消费税作为地方税种的不合理性和不可行性。❹ 此外，还有部分学者在选择地方主体税时把目光投向了零售环节的销售税。如朱青认为，开征零售环节销售税或改造现行消费税都可作为建立地方税主体税种的思路。❺ 林颖、欧阳升提出了零售消费税作为地方主体税种的方向，从理论与实践方面进行了可行性分析，并从课税范围、税率、纳税环节等方面提出了构想。❻ 郭庆旺、吕冰洋提出了将现有增值税的征收环节改为生产环节和零售环节，并将零售环节所征收的零售税作为地方主体税种的改革思路。❼ 楼继伟认为零售税的开征，一方面可将增值税逐渐改造并划归为中央税，便于央地两级政府的税收征管，另一方面也为省级地方政府开辟了新的收入来源，给予其一定的财税自主性。❽ 周克清、项梓鸣也认为，改革后的零售税适宜作为省级地方政府的主要税种。❾ 高亚军等从地方税主体税种的特点出发，分析零售税作为地方税主体税种或地方财政收入重要来源的可行性；并借鉴美国分税制下征税权和收入归宿问题，结合我国经济发展趋势，提出以零售税为地方税主体税种的建议。❿ 此外，有些学者尽管持流转税为主体税的观点，但认为消费税、零售税不是最佳选择。如石子印主张，零售税、消费税

---

❶ 厦门市地方税务局课题组：《新一轮财税改革与地方税体系建设的复合构想》，载《福建论坛》2014年第7期。
❷ 杨志勇：《消费税制改革趋势与地方税体系的完善》，载《国际税收》2014年第3期。
❸ 林继红：《从完善地方税体系的视角看我国消费税改革》，载《中国物价》2015年第12期。
❹ 尹音频、张莹：《消费税能够担当地方税主体税种吗?》，载《税务研究》2014年第5期。
❺ 朱青：《完善我国地方税体系的构想》，载《财贸经济》2014年第5期。
❻ 林颖、欧阳升：《零售消费税：中国现行地方主体税种的理性选择》，载《税务研究》2014年第12期。
❼ 郭庆旺、吕冰洋：《地方税系建设论纲：兼论零售税的开征》，载《税务研究》2013年第11期；吕冰洋：《零售税的开征与分税制的改革》，载《财贸经济》2013年第10期。
❽ 楼继伟：《包容性增长中的财税改革》，载《发展》2013年第6期。
❾ 周克清、项梓鸣：《关于我国地方税系建设的若干思考机》，载《税务研究》2013年第11期。
❿ 高亚军、王倩、廖霞林：《论零售税的地方税主体税种地位》，载《中南民族大学学报》2015年第5期。

目前并不适合配置为地方税，中国的地方税体系重构应该以增值税分享机制改革为核心。❶ 杨志勇亦认为，"营改增"之后，消费税仍然不能替代营业税作为地方主体税种的地位。在目前税制格局下，地方税体系的完善问题应主要通过增值税和消费税的共享来解决。❷

其四，部分学者否定了单纯靠某类税种作为地方主体税的可能性，倾向于多税种构成地方主体税。邓子基认为，虽然财产税税基流动性差等性质特点促使它最适宜成为地方税主体税种，但是目前来看时机尚不成熟，鉴于企业所得税在地方税系中的重要地位，应当选择将其和财产税一并作为过渡期地方双主体税种。❸ 刘蓉认为：财产税和所得税对地方税收收入的贡献较大，适宜作为地方税主体税种。❹ 古建芹、李亚松则认为各省经济发展状况差距很大，应当根据各地具体经济状况和特点设计当地的主体税种。❺ 施文泼认为，考虑到社会保障税的受益性，将来一定时期可以将其作为省级政府的主体税种，而市、县级政府可以选择在不动产保有环节征收的房产税和资源税作为其主体税种。❻ 朱云飞、赵宁认为，应当推进房产税、资源税、城建税三税种的改革，并将三者打造成地方税系的三大支柱：较发达地区的城镇化率较高，人民生活相对富裕，应当以房产税为主体税种；欠发达地区多为资源富集区域，可将扩围改革后的资源税作为当地主要税收来源；而中等发展水平地区只要拥有较多数量的工商经营单位和个人，并缴纳相当规模的流转税，就会获得较为丰裕的城建税收入。❼ 唐婧妮亦持类似观点。❽ 郭月梅主张将财产税和个人所得税作为地方主体税种。❾ 王宇认为个人所得税、消费税和房地产税都应当作为地方主体税种。❿ 持类似观点的还有周国川、关礼等。⓫

其五，还有部分学者意识到，地方税体系建设一个持续渐进的过程，不

---

❶ 石子印：《中国地方税的界定标准与体系重构研究》，载《当代财经》2015年第5期。
❷ 杨志勇：《消费税制改革趋势与地方税体系的完善》，载《国际税收》2014年第3期。
❸ 邓子基：《建立和健全我国地方税系研究》，载《福建论坛》2007年第1期。
❹ 刘蓉：《论我国分税制体制与地方税改革》，载《税务研究》2016年第8期。
❺ 古建芹、李亚松：《我国地方税体系的现状及其构想》，载《税务研究》2003年第11期。
❻ 施文泼：《构建我国地方税制的探讨》，载《税务研究》2011年第11期。
❼ 朱云飞、赵宁：《加快构建我国地方税体系的思考与建议》，载《财会研究》2013年第5期。
❽ 唐婧妮：《构建地方税体系的难题及建议》，载《税务研究》2014年第4期。
❾ 郭月梅：《"营改增"背景下完善地方税体系的探讨》，载《财政研究》2013年第6期。
❿ 王宇：《财税改革过程中地方主体税种的选择》，载《税务研究》2015年第4期。
⓫ 周国川：《构建和完善公共财政框架下的地方税体系》，载《经济研究参考》2004年第55期；关礼：《构建我国地方税体系的探索》，载《税务研究》2014年第4期。

同阶段的地方主体税是不一样的。马海涛、李升认为：近期，调整增值税和企业所得税的分成比例，将消费税改为地方税，推动资源税改革。之后，条件成熟时改革房产税和城市维护建设税，作为市县级税收收入；开征环境保护税；在消费环节开征销售税，根据销售收入计税，将其培育为地方主体税种。❶葛静则设计了短期（增值税分成+个人所得税）、中期（房地产税+个人所得税+资源税）和长期（房地产税+土地增值税+资源税）三阶段的解决方案，❷这与前面邓子基所提出的目标模式有所不同。❸贾康等认为，我国地方税税基应由商品服务（消费）税、所得税和财产税共同组成，近中期以消费税和所得税为主，中长期以消费税和财产税为主。❹费茂清、石坚建议除车船税和契税外，在近20年内，分近期、中期和远期三步实施地方税体系的改革：第一步，主要完善现有地方性税种。近期改革用5年时间，加快推进"营改增"步伐，适时调整增值税分成比例；全面推进资源税和耕地占用税改革；加大环境税改革的力度；完成城市维护建设税和印花税的改革；加快研究推进房地产税改革；规范地方税的管理，初步完成对现有地方税的改造，在完善现有分税制和税种的基础上增加地方税的收入能力。第二步，建立起地方税的基础体系。中期改革用5年左右的时间，在完善增值税和资源税的基础上，完成环境保护税开征和对房地产税的综合改革，研究并做开征遗产和赠与税的准备，取消烟叶税；同时，在一部分地区进行扩大地方税收管理权限的试点，进一步完善地方税体系，为地方政府增加新的税收收入来源。第三步，实现地方税的发展壮大。用10年左右的时间，完善财产税，简并一些税种，建立健全以财产税体系为核心的地方税体系。在规范各级政府职责范围的前提下，进一步划分中央和地方的事权和财权，扩大地方的税收管理权，赋予地方相应的税权，从而初步构建起完整的地方税新体系。❺王乔等主张，考虑到地方税主体税种的培育过程较长，建议近期以共享税为主，逐步培养地方税主体税种；长期以成熟的地方主体税种为主，共享税为辅。通过逐步扩大地方专享税收入占比，形成大共享税分成与地方税收入占比大体相

---

❶ 马海涛、李升：《对分税制改革的再认识》，载《税务研究》2014年第1期。
❷ 葛静：《"营改增"后重构我国地方税体系的思路和选择》，载《税务研究》2015年第2期。
❸ 邓子基：《建立和健全我国地方税系研究》，载《福建论坛》2007年第1期。
❹ 贾康、梁季：《我国地方税体系的现实选择：一个总体架构》，载《改革》2014年第7期。
❺ 费茂清、石坚：《论我国地方税体系重构的目标与途径》，载《税务研究》2014年第4期。

当的格局。❶ 黄洪等主张，近期以增值税和企业所得税为主体税种，远期以房地产税、个人所得税、遗产与赠与税为主体税种。❷ 王冰认为，短期内选择"消费税+车辆购置税+个人所得税"作为地方税主体税种；之后，以税制改革为依托，长期培育"房地产税+资源税"作为地方税主体税种。❸

三、地方税研究的法学视野

综上，学界对地方税体系及相关问题已取得丰富的研究成果。但一个值得我们注意的现象是，这些成果绝大部分都由经济学者完成，他们的研究视角及创新点无不体现了经济学的学科特征。如李垫的研究"提出了地方税体系构建的政治经济学理论分析框架。在已有的研究成果基础上，从马克思主义政治经济学的视角出发，构建了地方税体系的理论框架"。❹ 刘蓉的研究则是"试图从财政与支出责任相匹配的视角，运用公共财政、财政分权以及地方公共支出膨胀理论分析我国地方税存在问题与改革的理据，相应提出改革我国地方税的思路与政策建议。"❺ 王乔、席卫群所著之《现代国家治理体系下的地方税体系构建研究》则是"在现代国家治理体系框架下遵循财政分权理论，深入剖析了现代国家治理体系下经济新常态特点及依法治国的内在机理，构造新的国家治理体系、经济、法治背景下的地方税结构，并提出较完整的规范我国地方税制的政策建议。"❻ 高亚军更是强调自己的研究是"置于财政理论和经济学研究方法之下"❼，如此等等。法学界有关地方税的研究相对较少，尤其是缺少博士论文或专著之类的系统研究。

那么，与经济学家们的研究相比，法学视野下的地方税研究会有哪些特点呢？这里特别强调两点。一方面，相对经济学对效率的关注，法学更强调公平。经济学视野里的地方税研究旨在通过完善税制设计以达到优化财力分配、更好地发挥各级政府的提供公共产品的效能、促进社会经济良性持续发

---

❶ 王乔、席卫群、张东升：《对我国地方税体系模式和建构的思考》，载《税务研究》2016年第8期。

❷ 黄洪、朱盈盈、明仪皓、周毅：《地方税体系的运行特点与完善策略》，载《税务研究》2015年第12期。

❸ 王冰：《"营改增"后重构我国地方税体系的基本思路》，载《财政监督》2016年第10期。

❹ 李垫：《中国地方税体系改革研究》，吉林大学2015年博士学位论文。

❺ 刘蓉：《论我国分税制体制与地方税改革》，载《税务研究》2016年第8期。

❻ 王乔、席卫群：《现代国家治理体系下的地方税体系构建研究》，经济科学出版社2015年版。

❼ 高亚军：《中国地方税研究》，中国社会科学出版社2012年版。

展,关键点在于效率。法学为权力、权利之学,尽管它亦关注利益的配置,但它更关注权力之间、权利之间以及权力与权利之间的公平配置。故而,诸如纳税人的权利保护、地方公共财产权的实现等往往不太为经济学所关注,但却是法学研究的重点。另一方面,经济学研究地方税往往以国家当然的正当性为前提,它不会去究问国家正当性和合法性问题。而法学家研究地方税则要在逻辑上回到国家之前,要从宪政的高度去衡量国家征税权的正当性、国家税权的合宪性以及地方税权的必要性等。经济学视野下的税仅仅是"税收",往往被视为国家达到目的的工具。而法学视野的税不仅仅包括"税收",还包括"税用",国家成为纳税人的工具。从而,法学研究地方税问题会从依宪治国的高度去打量设税权的分配、运行的合宪性以及地方税收财产权的正当性。要之,法学视野下的地方税研究可以由公法、私法两个路向展开。

所谓公法视角是指由宪政的高度来研究税权的配置与运行。国家的一切权力来自宪法,现代宪法体现了主权在民、基本权利保障、权力制衡、依法治国等基本原则。征税权为国家重要权力之一,它具体包括设税、征税、享税等,无论哪一权力都必须在宪法上找到根据,依宪法的精神分配和运行。故而,从公法的角度研究地方税,会更多地关注地方税权的合宪性,关注地方税权的配置是否有违人民主权原则,如何更有利于地方居民的基本权利保障,可否达到权力制衡的效能,且是否在法治的轨道上运行。

私法视角是将地方税置于地方公共财产的范畴进行研究。地方利益是地方税得以存在的基础,我们完全可以将地方视为一种民事主体,用民法的知识逻辑去研究地方税——地方公共财产。刘剑文教授将财政资金视为一种公共财产从而提出财税法为公共财产法[1],这种由财产法的视角研究财税问题是一种全新的法学视角。同理,由财产法的视角及学理去解读地方税相关问题必然也是一种开拓性的尝试。将地方税视为地方所有的一类公共财产,围绕这类地方公共财产所有权的产生、处分、受益等相关问题展开研究,必然能得出一些全新的结论。

四、本书的基本思路与内容

如前文所述,经济学学者已经对地方税有着丰富、深入的研究,那么本书的研究特色以及学术价值何在呢?简言之,本书可能的创新之处有三:一则,本书在前述研究的基础上较多地从法学的角度思考地方税问题,诸如省

---

[1] 刘剑文、王桦宇:《公共财产权的概念及其法治逻辑》,载《中国社会科学》2014年第8期。

级政府的税权配置、税收法定主义与地方税收立法权的配置、地方税征管法律制度的完善等都列出专章进行详细论述。二则，在由经验层面探讨地方税现状及存在的问题时，较多的关注山东省的个案，以点见面，这也是本书与其他研究成果的不同之处。三则，地方税不仅仅是一个法律问题，它牵扯到政治、社会尤其是经济等方方面面，地方税改革是一个系统的工程，较之于其他著作本书更多地关注了地方税改革的政治、经济、社会背景。要之，在深入解读十八届三中全会税改精神的前提下从政治、经济、社会多个维度解读地方税改革的必要性及重大时代意义，亦可视为本书与其他著作的又一不同之处。

　　本书由十部分组成。导论部分主要介绍本项研究的时代背景、理论意义及现实意义，并在就国内外研究文献进行详细评述的基础上总结出本书可能的创新之处。第一章为基础理论分析部分，主要由法学的视角对地方税的概念、特点以及地方税体系的概念进行阐述。第二章为经验分析，基于山东的个案，对我国地方税制度的历史演变、近年来的改革成就、现状以及存在的问题进行全面剖析。第三章主要分析完善我国地方税收法律制度所面临的经济、社会及政治环境，并以山东为例剖析新一轮税制改革尤其是"营改增"对我国地方税制结构的影响。由于目前所进行的地方税制建设是十八大尤其是十八届三中全会以来全面深化改革的重要一环，探讨新形势下的地方税体系建设必须吻合这一时代精神。故本书第四章重点分析了新一轮税制改革的时代特征、完善我国地方税体系的指导思想与基本理念，并对十八届三中全会所规定的税改路线图进行了专门解读。他山之石，可以攻玉，本书第五章对不同财政体制下的美国（分权型）、法国（集权型）、德国与日本（集权与分权混合型）的地方税体系的特征及近年来的演变进行了分析，并对这些国家的成功经验进行了专门总结。如果前述五个章节属于背景铺垫、问题引入及理论分析的话，本书后面几个章节则是在法学视野下对我国地方税制度建设的一些具体问题进行研究。第六章由地方税建设的目标定位和基本原则起篇，分收入体系、税权体系、税制体系三个方面详细阐明了法学视野下我国地方税改革的基本路径。第七章为我国省级政府税权配置研究。税权为法学研究地方税的重要视角，而时下研究中央与地方税权划分的成果中鲜有专门就省级政府的税权配置进行分析的。省级政府在我国财税体制建设中又处于特别的地位，本书拟对这一论题进行尝试性研究，以期从优化省级政府税权配置的路线图、省级政府税收立法权的配置、省级政府税收征管权的配置、省级政府税收收益权配置、中央与省级政府税权争议解决法治机制的构建等多个方面提出自己的见解。第八章为地方税收立法权配置问题研究，亦属于时下财税法的前沿问题之一。在新一轮的财税体制改革中，学界普遍赞同赋予乃至扩大地方税收立法权，但其中有两个学术问题却鲜有人提出系统论证。其一，赋予地方税收立法权与落实税收法定主义之间是什么关系？其二，在税收法定主义前提下如何实现地方税收立法权，其路径为何？本书拟对此作出自己的解读。第九章为地方税征管体系的构建与完善，是基于对 2015 年 10 月 13 日中央全面深化改革领导小组第十七次会议通过的《深化国税、地税征管体制改革方案》的解读而对我国地方税征管体制、我国税收征管法的修改及建设信息化税收、服务型税收等论题提出自己的观点。

第一章　法学视野下的地方税基本理论

第一节 地方税的概念

一、地方税的概念

地方税在国际上一般称为 subnational tax 或者 local tax，目前尚未有一个公认的严格定义。有学者认为，纯粹意义上的地方税是指地方政府在如下五个方面都拥有自主权的税种：（1）税收立法权：地方政府享有开征或不征收某种税的决定权；（2）税基决定权：地方政府能够决定该税种的税基；（3）税率决定权：地方政府能够决定该税种的税率；（4）征收管理权：地方政府对该税种有征管（评估、征收、执法）权；（5）收入支配权：地方政府能够保留该税种的全部税款。❶ 通观世界各国，完全满足上述条件的所谓纯粹意义上的地方税很少见，许多国家所称的地方税往往只是满足其中的部分条件。一般而言，地方税与分税制财政体制（revenue‐sharing system）相关，更多体现为地方对属地税源与中央的税收分成。各国地方税一般都由地方政府负责征收与管理，并通过促进本地经济发展促进税收的增加，因而地方政府对税基增长有重要影响。除那些典型的联邦制国家之外，大部分国家的地方政府享受充分的税收立法甚至是税基、税率决定权。

刘济勇按照税收分权（tax decentralization）理论模型，将目前国际上地方税分为四种模式：第一种模式，将税权和税收征管的责任赋予地方政府。目前这种模式的代表性国家为美国、加拿大等。第二种模式，地方政府与中央政府共享税，由地方政府设定税率，但由中央政府设定税基并进行监管。第三种模式，税率和税基由中央政府设定，但由地方政府负责征收，并按规定取得征收税款的一定份额。这种模式流行于德国和一些东欧国家。第四种模式，中央政府设定税率、税基和进行征管，但将征收税款的一定比例返还给地方政府。返还的税率可以基于某特定的公式和算法计算。许多发展中国家采用了这种模式。严格来讲，这种模式下的地方税更像是一种财政转移支付的方式。❷ 按上述四模式划分法，我国当属于第三种模式。

---

❶ Richard M. Bird. Subnational Taxation in Developing Countries: A Review of the Literature. Policy Research Working Paper, World Bank, 2010: 6.

❷ 刘济勇：《地方税体系研究》，武汉理工大学出版社 2015 年版，第 10 页。

此外，我国学术界对地方税在不同时期有不同的认识，并突出表现在分税制改革前后。1994年分税制改革之前，我国所指称的地方税主要强调地方税收入归地方政府支配，基本未涉及税收的立法权、政策制定权和司法权等。❶而分税制改革之后，地方税不再限于对税收收入归属权的描述，学者们开始强调对税权甚至是税收立法权的划分。❷近年来，随着地方事权与财权不匹配的矛盾日益突出，尤其是随着"营改增"试点工作的全面推开，地方税的研究成果呈井喷之势，学者们皆尝试着从多角度不同口径对地方税进行定义，这点本书文献综述部分已有所论述，不再赘述。从法学的角度，本书对地方税的概念表述如下：所谓地方税是指根据一国宪法或财政基本法确定的财政体制，由国家或者地方立法而由地方征管并由地方享有财产所有权的各税种的总称。与以往学者不同，本书有关地方税的定义突出了宪定性及私法上的财产权性质。

二、地方税的特点

所谓"特点"，是一事物区别于另一事物的内在属性。为了深入了解地方税，必须把握地方税区别于其他税的内在属性。地方税本质上是一种地方财产权，它体现了中央与地方围绕税收这一公共财产的特定分配关系。概言之，地方税的特点体现为：

1. 地方税不同于地方税收入，它属于一国财政体制的范畴

虽然地方税从形式上表现为若干税种和一定规模的税收收入，但它所体现的绝非仅仅是财政收入问题，而是在一国宪政框架下中央与地方财政分权的核心体现。它从本质上区别于财政转移支付。地方是否拥有地方税及拥有什么性质的地方税，是一国地方财政自治权的大小的基本标杆。

---

❶ 如1989年出版的由章炜主编的《税务词典》中将地方税视为中央税的对称，是税制分类的一个标准，以税收管理的权限作为划分依据，是地方财政收入主要来源的税收收入的总称。参见章炜：《税务词典》，中国财政经济出版社1989年版。而1990年出版的何盛明主编的《财经大词典》则将地方税定义为"根据财政管理体制的有关规定，凡是划归为各个地方政府固定收入的税种统称为地方税，对地方税来说，地方政府拥有相对较大经济的管理权"。参见何盛明：《财经大词典》，中国财政经济出版社1990年版。

❷ 如王维国认为，地方税应是与地方经济密切相关，属于地方财政收入且由地方负责组织征收管理的各种税的总称。参见王维国：《中国地方税研究》，财政经济出版社2002年版，第40页。刘佐认为，地方税是指税权划归地方的税收，即由地方根据宪法或者其他国家法律的规定制定地方税收法规、征收和使用的税收。参见刘佐：《中国地方税制概览》，中国税务出版社2012年版，第1-2页。

2. 地方税体现的是地方政府与纳税人的税收分配关系

地方税为一国地方居民为了获得地方性公共产品而向地方政府支付的对价，它首先要符合税的一般原理，只是在一定程度上体现了地方自治性。

3. 与中央税对比，地方税在税制原理上体现出其地方性的一面

一般而言，作为地方政府提供公共产品的价值补偿，地方税应具有保障地方获得稳定、持续收入的可能性，这是实现地方公共财产权的基本前提。一般而言，地方税要具备独立性、收入稳定、税基非流动性及适合地方征管等特点。

第二节　地方税体系的概念

与地方税概念相关的另一个重要概念为地方税体系。"地方税体系"的官方正式表述出现在国发〔1993〕85号文件中，❶ 其后，有关地方税及地方税体系的研究就没有终止过。如前文所述，学界尤其是经济学学者们对地方税体系有过较为深入的研究，本书主要借鉴学界大部分学者的观点，同时加入我们自己的一点认知与思考，从地方税体系的概念、地方税体系的构成及地方税体系构建的理论基础等三个方面展开对地方税体系基本理论的论述。

一、地方税体系的概念

地方税体系是以分税制为前提和基础，以征收地方税收入为重点，以筹集财政收入保障地方政府财力、实现地方政府职能为目的，由地方税的制度制定、执行和司法保障等多个复杂体系形成的相互配合、相互制约的税收征收分配系统。地方税体系属于地方财政管理体系的一部分，与中央税收体系相对应，并与之相互协调、相互补充，共同组成一个适应地方经济发展的统一税收体系。

二、地方税体系的构成

地方税体系是一个系统，它不仅仅是地方税种的简单罗列，而是由税收收入、税权、税收制度及税收征管四个方面组成的有机整体，其构建必须与

---

❶ 《国务院关于实行分税制财政管理体制的决定》（国发〔1993〕第85号）中提出："建立中央税收和地方税收体系……充实地方税税种，增加地方税收入。"

地方经济发展状况相适应。自1994年分税制财政体制改革后，我国地方税体系初步建立，地方政府拥有了一定的地方税种与税收管理权限。❶ 这在一定程度上实现了各级政府的分级财政，为各级政府实现其职能提供了物质基础。

1. 地方税收入体系

地方税收入体系是由划归地方所有的税种和中央地方共享税中地方按比例分成的收入共同构成的归地方政府支配的收入，是税收收入归属权的一种体现。地方税收入体系是地方税体系的最重要内容。在确定地方税收入内容时，关键的决定因素是该收入是否归地方政府所享有并独立支配，如此才能纳入地方税收入体系范围之内。地方税收入是保障地方政府职能实现的主要资金来源。显然这里的地方税收入体系不完全等同于作者上文所定义的地方税的范围。考虑到本书的研究主旨为地方税体系及地方税法律制度建设，而其中重要的一个方面又是地方税收入体系，其间必然要着重探讨地方税种的构成、地方税制的建设等，这里必须予以明确：书中凡是在地方税体系的框架下探讨地方税的收入及制度建设等，采纳的皆为此处地方收入体系意义上的地方税，而并非前述法学意义上的狭义的地方税。

2. 地方税税权体系

地方税税权是地方税体系的重要组成部分，是指由地方税的有关法律法规共同组成的统一的税收法律规范系统，包括地方政府掌握的税收立法和执法权限。税权体系是地方政府有效组织税收收入和进行征收管理的法律保障。从内容上讲，地方税税权体系应主要包括税种的开征、停征权和税收要素（纳税人、税目、税率等）的政策调整权，以及税法的解释权等。即地方权力机关有权自行制定（或取消）或在国家授权之下制定（或取消）与本地区经济、社会发展相关联的一些税收法律法规，以及可以根据客观经济形势的变化而调整一些税收政策。

3. 地方税制度体系

地方税制度体系是指由归属于地方政府所有的各个税种和税制要素之间形成的相互协调、相互配合的税收制度体系。其主要内容包括地方税税种的组成、主体税种的选择和各税种之间的协调和搭配。地方政府应因地制宜，

---

❶ 关于我国地方税体系现状时下有两种观点：一种观点认为我国已存在地方税体系，现行的地方税体系是1994年实行分税制财政体制改革时初步建立的；另一种观点认为，1994年财税改革迄今，我国的税制建设一直停留于有地方税但无地方税体系的状态，地方税体系至今没有成型。详细论述见厦门市地方税务局课题组：《新一轮财税改革与地方税体系建设的复合构想》，载《福建论坛》2014年第7期。本书持第一种观点。

立足于本地的资源禀赋和社会经济环境选择合适的税种，并形成相互之间协调的比例关系。

4. 地方税征管体系

地方税征管体系是指地方税征收管理活动各要素之间相互联系和制约所形成的整体系统。其主要内容包括地方税管理服务、征收监控、税务稽查、机构组织等，其作用对象是地方政府所属各税种，其宗旨是有效组织地方税收、完成地方税收的征收和管理各项事务。

由此可见，地方税体系的内容是极为丰富的，涉及税务理论及实务的各个方面。其各子系统之间又相互渗透、相互作用，构成一个有机的整体，共同形成了地方税体系的基本内容。

第三节 构建地方税体系的理论基础

就地方税体系构建的理论基础而言，西方经济学、财政学、政治学具有丰富的研究成果，皆值得我们借鉴参考。本书下文将重点引介的是财政分权理论、公共产品理论、行政管理层级理论和委托—代理理论。

一、财政分权理论

财政分权是指中央政府赋予地方政府一定的包括债务安排、税收管理、预算执行等方面的自主权，地方能够自由选择所需的政策类型，更好地履行公共服务职能。几乎所有国家的中央政府，除特定的历史时期外都会给予地方政府一定财政权限。第一代财政分权理论以蒂伯特、马斯格雷夫、奥茨等为代表，强调地方政府竞争机制，认为通过将资源配置权力向地方政府倾斜，增加地方政府之间的竞争来有效提高地方政府效率。但是，第一代财政分权理论对政府官员忠于职守的假设与现实不符。第二代财政分权理论以钱颖一、罗兰和温格斯特为代表，注重分权机制设计。认为政府官员并非救世主，存在自身利益诉求。在缺乏制度约束的情况下政府官员同样存在寻租的可能。因此，有效的政府结构应是尽可能消除寻租条件下实现官员与地方居民福利之间的激励相容。

从第一代财政分权理论到第二代财政分权理论，学者虽从不同的视角研究财政分权，但是对财政分权存在的必要性等原因均给予了充分解释，即财政分权有利于减少信息成本，提高资源配置效率，分配的公正性以及财政监督等。因此，自20世纪以来，"财政联邦主义"❶成为影响当前世界大多数国家财政体制特别重要的概念。对我国而言，财政分权从纵向来看，包括中央和地方之间的分权以及省、市、县、乡镇四级地方政府之间的分权；从横向来看，财政分权包括税权、税种、征管、司法等要素在各级政府之间的合理配置。因此，财政分权理论是地方税体系建设的基本理论支撑，而系统分析财政分权理论则有助于更加清晰地认识我国分权实践，构建符合我国现实国情的地方税体系制度框架。

二、公共产品理论

公共产品是指社会中一部分人消费某种公共产品时，不排除其他人在同一时间内消费该公共产品，也不会增加他们消费的边际成本。公共产品具有效用不可分割性、非竞争性和非排他特征，这些特征决定着某种公共产品即使存在一定的利润空间，私人也不愿提供。再加上政府在优化资源配置、市场调控、实行公平和效率方面比市场经济体有更多优势，政府便成为提供公共产品和服务的主体。因此，公共产品理论认为，政府提供公共产品比市场经济体具有更多优势，是市场经济体所不可比拟的。中央政府自身职能和公共产品的特征决定着中央政府是国防、外交等全国性公共产品的最佳提供者，地方政府因具有了解本地居民偏好优势，成为地方性公共产品和服务的有效提供主体。

地方政府比中央政府更接近民众，更加了解居民偏好，加上市场机制存在的固有缺陷和不足，决定了地方政府是地方居民公共产品的最佳提供者，而地方税是政府有效提供地方公共产品的主要资金来源，地方政府必须拥有健全的地方税体系才可以保证给本地居民提供适宜充足的公共产品和公共服务，进而更好地履行公共服务职能。

三、行政管理层级理论

行政管理多层级会对行政管理效率产生不利影响。一方面，行政层级过多会加大行政主体和行政客体之间的距离，易造成上级政府与基层群众相脱离，不利于直接民主的实现；另一方面，行政层级过多使信息在传递过程中受主观因素方面的影响概率增加，很有可能会影响到信息和决策的实效性和

---

❶ 财政联邦主义所关注的是财税领域中央与地方的关系问题，为经济学意义上的联邦制，不同于国家结构形式的联邦制。

科学性。因此，从管理学的角度看，应尽量减少行政层级，实现组织扁平化管理。企业组织扁平化主要内容是减少企业管理的中间层级。扁平化组织的构建以工作流程为根本导向，而非过分注重部门职能。在简化管理层级的基础上，注重权力下放和目标管理，并通过运用现代信息技术手段来实现组织的高效运行。

组织结构扁平化管理原理给我国政府行政管理层级改革和地方税体系构建提供了新思路。我国从中央到地方的五级政府架构，存在管理层级幅度过大，行政管理成本过高、政策时滞等问题。需要借助组织结构扁平化管理原理，减少省以下行政管理层级，构建扁平化行政层级，建立中央、省、市县三级政府架构，最大限度降低政府行政管理成本，提高行政管理效率。当下我国政府行政管理层级变革主要由财政管理体制变革、经济管理体制变革来推行，通过压缩财政级次来逐步缩减行政管理层级，进而达到行政管理扁平化目标。之前全国部分地区试行的"省直管县"和"强县扩权"政策正是政府通过对财权和经济管理权限的下放来达到压缩政府层级的集中体现。

四、委托—代理理论

委托—代理理论模型的核心是信息不对称。在信息不对称环境下，考察双方可能采取的行为策略，以寻找既能减少效率的损失又有助于促进公平的有效机制，使双方的福利最大化。不同层级政府之间的税权配置中，也存在着多种、多重委托—代理关系，主要包括国家立法机关与中央政府、地方立法机关与地方政府、国家立法机关与地方立法机关、中央政府与地方政府等。根据研究目的，本书研究重点在于最后一种，即中央政府与地方政府之间的委托—代理关系。

委托—代理关系的构成要件有三个：信息不对称、契约关系和利益结构。税权配置过程中的中央、地方关系符合这三个要件的基本要求。因此，即使是在我国这样一个单一制的集权国家，我们仍然可以运用委托—代理理论分析中央和地方之间的关系。

1. 信息不对称

指代理人因承担委托人的委托事宜而使得委托人与代理人双方在信息拥有量方面不对称，代理人相对于委托人处于信息优势地位。对于各级政府而言，由于所追求的目标函数不同，政府的职责范围不同，使得各自对信息的占有出现不对称状态。中央政府的主要目标在于制定一系列政策，对国家进行宏观管理与调控，实现公共产品有效配置以及整个社会福利效用的最大化；

地方政府则负责中央政策的日常实施，更容易取得第一手资料，也更了解本地区的具体情况。因而，在对原始信息的占有上，中央处于明显的劣势。实践中，地方政府距离地方信息源较近，信息的获取及处理成本较低；中央政府距离信息源较远，其所获取的信息很大程度上是来自地方政府上报的二手信息，地方政府因此拥有比中央更多的隐蔽性信息。

2. 契约关系

委托人与代理人之间首先是一种契约安排，它是委托—代理关系的实质，主要指委托人与代理人之间的责、权、利界限。由于有限理性，这种契约安排往往是不完备的。税权配置中最重要的契约关系表现为：在明确划分事权的基础上，对于大部分税收收入，中央实行先集中再下放的政策。中央政府以中央税、共享税等形式取得大量税收收入，再以税收返还、财政转移支付等形式向地方拨付大量资金。

3. 利益结构

指委托人、代理人追求的是各自利益最大化，委托人往往需要设计一个代理人能够接受的契约（激励机制）以促使代理人采取适当行为，在追求自身效用最大化的同时，最大限度地增进委托人的利益。虽然按照理性选择范式，中央和地方均追求居民福利最大化，但其作用的范围是不同的。我们假设中央、地方政府追求的目标函数分别为全国居民福利最大化和辖区居民福利最大化。总的来讲，二者目标趋同，但在实践中往往并非如此。主要原因在于各个地方政府之间现实存在的竞争关系，都希望尽可能地将税收收入留在本地，并从中央获取更多的补助资金。地方政府在追求自身效用最大化时，与中央的目标常常存在偏差，有时甚至会出现背离现象，加之地方拥有的信息优势，往往面临道德风险和逆向选择。中央尽管占有信息相对不充分，也会尽可能地通过构建激励机制、监督机制，促使地方政府作出有利于自己的选择。

第二章 我国地方税制度的改革历程及现状——以山东为例

第一节　我国地方税法律制度的历史演变

税收制度是国家制度的重要组成部分。一般而言，建立什么样的税收制度是由国家的政治、财政制度所决定的。我国现行地方税体系是伴随着中国特色社会主义制度的建立和改革而建立和发展起来的。

一、我国地方税体系的雏形期：1949—1994 年

自 1949 年新中国成立至 1993 年底，我国进行了多次税制改革，其间亦涉及中央与地方的税收利益分配，甚至一度出现将部分收入规模较小的税种全部收入归地方的做法。但基于本书对地方税及地方税体系的定性，在财政体制没有发生实质变更的前提下，我们不承认这一时期存在地方税体系，而视为地方税体系的雏形期。

（一）新中国成立之初的地方税收制度

1949 年 10 月 1 日，中华人民共和国成立。1950 年 1 月，中央人民政府政务院颁布实施了《全国税政实施要则》《关于统一全国税政的决议》和《全国各级税务机关暂行组织规程》等法律文件，统一了全国税制。但考虑到当时国家财力极度空虚的特定历史背景，1950 年 3 月政务院通过并发布了《关于统一管理 1950 年度财政收支的决定》，确定了"高度集中、统收统支"的财政体制。在这一体制下，税收收入全部归中央所有，故而不存在地方税产生的制度空间。

进入"一五"计划时期后，1952 年，我国按照"保证税收、简化手续"原则进行了税制改革，政务院财经委员会颁布了《关于税制若干修正及实行日期的通告》，决定自 1953 年 1 月始实行新的税制。同时，还颁布了《商品流通税试行办法》《商品流通税试行办法施行细则》。这次税改一定程度上打破了"高度集中、统收统支"的财政体制，使地方首次有了较为稳定的税收收入，主要包括如下几个税种：利息所得税、印花税、城市房地产税、屠宰税、文化娱乐税、牲畜交易税、车船使用牌照税。

（二）传统计划经济模式下的地方税收制度

社会主义改造之后，我国逐步建立起苏联式单一公有制计划经济体制，

在此背景下，税收制度也相应进行了调整。1958—1959年施行"分类分成"的财政体制，财权向地方下放，地方首次对前述七种地方税拥有了管理权限。之后，1959年又施行"总额分成"的财政体制，下放部分行政权，由地方统收统支，地方获得更多的财政自主权。但这一改革趋势没有持续太久，随着地区分割、重复建设等不良后果的不断加重，1961年中央又收回了大部分税权，重建高度集中的财政体制，直至1970年。1970年，国务院批准在部分地区扩大下放工商税收管理权的试点。1972年国务院向全国批转财政部报送的《中华人民共和国工商税条例（草案）》和《关于扩大工商税试点的报告》，1973年开征工商税，我国税制逐渐由新中国成立时期的复合税制演变成单一税制。总之，这一时期财政体制的主要特色为中央高度集权，地方在短期内获得一定的税收自主权，但总体上不具备形成地方税体系的条件。

（三）社会主义商品经济背景下的地方税收制度

从1978年十一届三中全会召开到1993年十四届三中全会召开的15年，为我国大力发展社会主义商品经济的时期。这一时期，我国政治、经济、社会领域的各项改革全面展开，而税收制度改革则为其中的重要一环。随着各项税收制度改革举措的推进，特别是在"利改税"一步步落实之后，税收收入在财政收入中的比重大幅上升，逐渐成为中央和地方财政收入的主要来源。与此同时，国家税收分配体制开始发生变化，部分税种全部或部分成为地方财政收入的确定来源，出现了财政意义上的（而非法律意义上的）地方税种，诸如地方国营企业所得税、集体企业所得税、农牧业税、车船使用牌照税、城市房地产税、屠宰税、牲畜交易税、契税、城市维护建设税等。

二、我国地方税体系的建立及完善：1994年之后

1994年，我国实施了影响深远的财税体制改革，实行分税制体制，同时进行税制改革，初步建立了与分税制财政体制相适应的税制体系，地方税体系应运而生。

（一）分税制改革

1993年12月5日，国务院印发《国务院关于实行分税制财政管理体制的决定》，从1994年1月1日起改革地方财政包干体制，对各省、自治区、直辖市以及计划单列市实行分税制财政管理体制。改革的主要内容：在划分中

央与地方事权和支出的基础上，重新划分中央与地方的收入，其中税收收入的划分为重点。根据分税制改革的精神，将维护国家权益、实施宏观调控所必需的税种划为中央税；将同经济发展直接相关的主要税种划分中央与地方共享税；将适合地方征管的税种划为地方税，并充实地方税税种，增加地方税收入（表2）。

表2 1994年分税制改革时中央与地方税种（收入）划分

中央固定收入	地方固定收入	中央与地方共享收入
1. 消费税 2. 海关代征的消费税和增值税 3. 关税 4. 中央企业所得税 5. 铁道部门、各银行总行、各保险总公司集中交纳的营业税、所得税、利润和城市维护建设税 6. 地方银行和外资银行及非银行金融企业所得税 7. 中央企业上纳的利润 8. 外贸企业的出口退税	1. 个人所得税 2. 地方企业所得税（不含地方银行和外资银行及非银行金融企业所得税） 3. 城镇土地使用税 4. 房产税 5. 地方企业上缴利润 6. 固定资产投资方向调节税 7. 城市维护建设税（不含铁道部门、各银行总行、各保险总公司集中交纳的部分） 8. 营业税（不含铁道部门、各银行总行、各保险总公司集中交纳的部分） 9. 车船使用税 10. 契税 11. 屠宰税 12. 土地增值税 13. 农业特产税 14. 耕地占用税 15. 印花税 16. 遗产和赠与税 17. 农牧业税 18. 国有土地有偿使用收入	1. 资源税（海洋石油资源税归中央，其他归地方） 2. 增值税（中央分享75%，地方分享25%） 3. 证券交易税（中央分享50%，地方分享50%）

（二）分税制背景下我国地方税体系的建立

与分税制改革相配套，1993年12月25日，国务院批转了国家税务总局报送的《工商税制改革实施方案》，本着"统一税法、公平税负、简化税制、合理分权，理顺分配关系，保障财政收入，建立符合社会主义市场经济要求的税制体系"的指导思想，对我国工商税制进行重大改革。新税制于1994年

1月1日起在全国实施，从而标志着我国真正意义上的地方税体系初步建立起来。这次税制改革内容大体包括：

(1) 所得税。一方面统一内资企业所得税，统一税基和征收方法。另一方面简并个人所得税。

(2) 流转税。把对外商投资企业和外国企业征收的工商统一税，以及对内资企业征收的产品税、营业税、增值税加以调整合并，形成了增值税、营业税、消费税三税并立的流转税体系。

(3) 其他。调整资源税；开征土地增值税；改征农业特产税。此外，取消国营企业工资调节税、事业单位奖金税、国营企业奖金税、集体企业奖金税；把燃油特别税、特别消费税并入消费税；把开停征屠宰税和筵席税的管理权下放给地方。

(三) 近年来我国地方税体系的调整与完善

随着我国各项改革事业的不断深入，特别是2001年正式加入世界贸易组织后，中央对分税制改革以来的税收制度进行了必要的调整。

1. 税制调整

2003年以后，按照"简税制、宽税基、低税率、严征管"的基本原则，中国稳步推进了新一轮税制改革，由此对地方税体系产生一定的影响。具体包括：废止《中华人民共和国农业税条例》并实施烟叶税条例；取消筵席税；取消固定资产投资方向税。统一内外资企业的所得税，并调整新增企业所得税征管范围。实现增值税向消费型的转型，推进"营改增"改革并逐步全面取消营业税。修订个人所得税法。完善资源税制。

2. 税收分配政策调整

具体包括国发〔2001〕37号《国务院关于印发所得税收入分享改革的通知》所推进的所得税收入分享改革和国务院从2004年1月1日起实施的出口退税负担机制改革等。

三、对分税制改革及现行地方税收制度的评价

从实践层面而言，我国现行地方税体系是1994年实行分税制财政管理体制改革时建立的，其后在收入划分方面多次调整，但基本框架未变。1994年为解决"两个比重"过低问题[1]，在分事、分税与分管的逻辑架构

---

[1] 即财政收入占GDP比重过低、中央财政收入占全国财政收入比重过低。

下,我国进行了一场大规模的以流转税改革为重中之重的税制改革,确立增值税、营业税、消费税等流转税体系,统一并完善企业所得税与分类个人所得税等所得税体系,对复杂的税制进行归并、简化,将各税种划分为中央税、地方税与中央地方共享税,并组建国税与地税两套税务征管机构,以调动中央与地方两个积极性,确立适应社会主义市场经济体制发展的税制体系。

关于我国地方税体系现状,时下有两种主要观点:一种观点认为我国已存在地方税体系,现行地方税体系是1994年分税制财政体制改革后逐步建立起来的;另一种观点认为,1994年财税改革以来,我国的税制建设一直停留于有地方税但无地方税体系的状态,地方税体系至今没有成型。我们支持第一种观点,认为分税制改革是一次适应时代要求的重大制度创新,由这次改革所初创的地方税体系在完善国家治理结构、促进地方经济发展等方面取得了卓然成效。具体体现为如下几个方面:

(一)分税制改革在我国建立了一套较为科学、规范的现代财政管理体制及地方税制

新中国成立以来,我国先后实行了中央政府高度集权的财政模式及向地方分权让利的包干式财政管理体制。中央集权的财政模式缺乏效率,制约了中国社会经济的发展,而包干式的财政体制则严重弱化了中央权威,也不利于全国统一市场的形成。分税制财政体制则在保证中央财政收入的同时,赋予地方政府一定的财权,扩大了地方税的征收范围和征管权限,由此成为中国历史上力度最大、最有成效的税收制度的改革。随着一系列法律法规的出台,中央与地方各级政府之间的税收分配趋向科学、合理,中央和地方税收分配制度得以稳定运行。

(二)分税制改革完善了中央和地方税收征管体系,确保了中央和地方税收收入逐年稳步增加

分税制改革完善了中央和地方税收征管体系,调动了中央与地方"两个积极性",确保了中央和地方税收收入逐年稳步增加(图1、图2),地方税收收入占地方财政收入的比例明显上升,已经成为地方政府财政收入最主要的资金来源(表3)。这不仅调动了地方政府发展经济的积极性,也促进了地方政府为实现其公共服务职能,积极优化支出结构,加快推进各项社会事业发展。

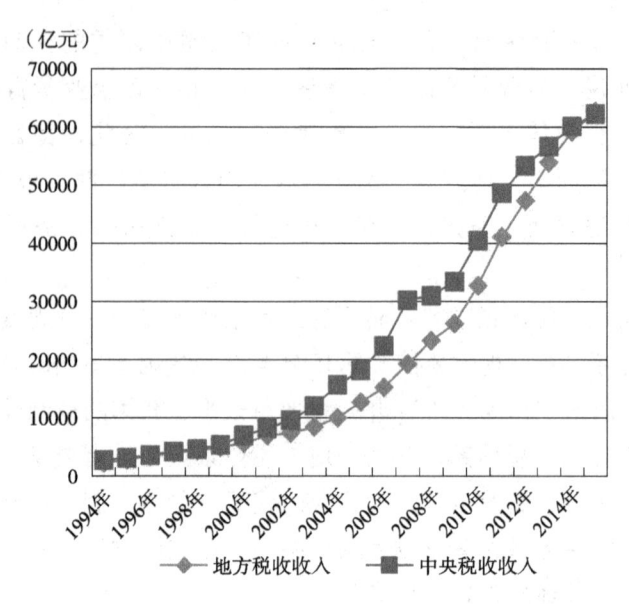

图1　1994—2015年中央、地方税收增长趋势图[1]

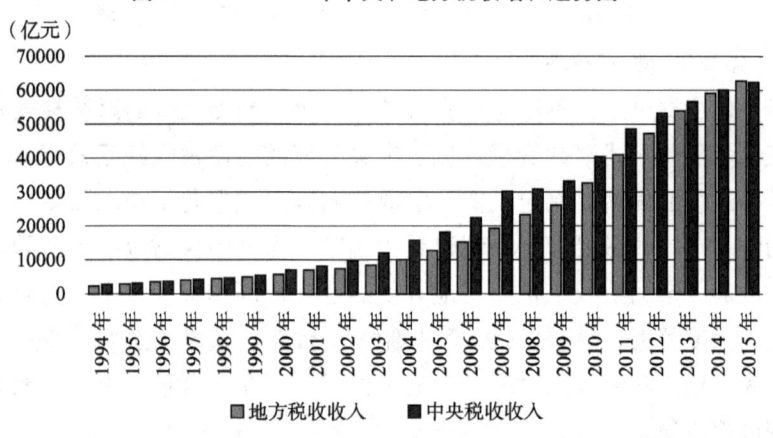

图2　1994—2015年中央、地方税收收入对比图[2]

表3　2011—2015年地方税收占地方财政一般预算本级收入比重[3]

年份	地方税收收入（亿元）	地方一般预算收入（亿元）	地方税收收入占地方一般预算收入的比重
2011	41106.74	52547.11	78.23%

[1] 数据来源：历年《中国统计年鉴》《中国财政年鉴》。
[2] 数据来源：历年《中国统计年鉴》《中国财政年鉴》。
[3] 数据来源：国家统计局"国家数据"网站。

续表

年份	地方税收收入（亿元）	地方一般预算收入（亿元）	地方税收收入占地方一般预算收入的比重
2012	47319.08	61078.29	77.47%
2013	53890.88	69011.16	78.09%
2014	59139.91	75876.58	77.94%
2015	62661.93	83002.41	75.49%

（三）征管机关的改革符合市场经济国家惯例，大大提高税收征管效率

分税制改革后，国家新设国家税务局和地方税务局两套税收征管系统，解决了以前税收征管混乱不堪、税收收入严重流失等问题，规范了各个部门的征管范围，保证了中央政府和地方政府的财政收入。

（四）相对充足的财政资金保障有利于地方政府利用财政工具推动地方经济发展

在可支配财力逐渐增加的情况下，地方政府得以利用财政政策激励企业加快科技创新与产业结构调整，从而推动区域支柱产业的优化升级。同时，地方税体系的初步构建及地方税收的稳步增长，亦使得地方政府有能力动用财政杠杆去优化社会资源配置，优化经济发展环境，促进现代企业制度的形成与发展。

综上，我国分税制财政体制改革可谓成绩斐然。成就归于历史，改革却要面对现实和未来。尽管1994年税制改革总体成就显著，但经过二十年余的发展，其弊端也日益凸显。伴随我国市场经济体制改革进入深水区，面临转变经济发展方式、产业结构调整、强化自主创新、保护环境资源、改善民生、理顺中央与地方财政关系等深层次的问题，进一步完善分税制财政体制，启动新一轮税制改革以重构我国地方税体系已成为新时代的迫切要求。正是在这一背景下，十八届三中全会对全面深化财税体制改革提出了明确的要求，而地方税体系也必然在进一步深化改革中为在我国建成现代财政制度、实现国家治理现代化作出更大的贡献。

另外，作为新一轮税制改革的重要组成部分，营改增已于2016年5月1日在全国范围内全面推开。营改增的全面实施必然彻底打破营业税和增值税收入归属及其征管格局。在新一轮税制改革中，如何以营改增和地方税体系构建为着力点，实现税制体系的科学优化和再平衡，必然成为各级政府、理论界和实务部门的重要课题。

第二节　近年来我国地方税收制度改革的成就
——以山东为例

自我国分税制财政体制建立以来，随着社会经济形势的发展及历次国家税制改革，各地方也在税制建设方面进行了有益的探索与创新。与其他学者的研究不同，对于地方政府税制改革的评介，本书非就全国概况泛泛而谈，而是以点见面，着重就山东这一个案进行深入剖析。

自分税制改革以来，山东省进行了一系列税制改革与探索，初步建立起了符合山东省情的地方税制。概言之，近年来山东地方税制建设的基本成果包括：

一、税制改革向纵深推进，税制体系不断完善

分税制是税制改革的财政体制基础，山东省现行税制体系是在1994年全国分税制财政体制改革的基础上形成的。1994年，为解决"两个比重"过低问题，在分事、分税与分管的逻辑架构下，我国进行了一场大规模的以流转税改革为重中之重的税制改革，确立生产型增值税、营业税、消费税等流转税体系，统一并完善企业所得税与分类个人所得税等所得税体系，对复杂的税制进行归并、简化，将各税种划分为中央税、地方税与中央地方共享税，并组建国税与地税两套税务征管机构，以调动中央与地方两个积极性，确立适应社会主义市场经济体制发展的税制体系。

自1994年以来，在分税制构建导向下，山东省通过深入推进财政体制改革与税制改革，财税体系日趋完善，建立了日益适应市场经济发展的税制体系。1994年，山东省推出了破解县乡财政困境的"五奖一补"与"五项机制"的激励政策，2010年实施了《关于加快推动转方式调结构进一步促进财源建设的意见》，对山东省税源建设，加快经济结构调整提出了具体意见和操作办法。同在2010年施行的《山东省地方税收保障条例》，作为我国第一部省级地方税收法规和税收保障立法，推动了地方税收保障立法的进程，促进了社会综合治税体系的深化，收到了巨大的经济社会效益。2013年，为进一步理顺省以下财政分配关系，制定出台了《山东省人民政府关于进一步深化省以下财政体制的意见》，主要包括下划部分省级收入，取消原体制递增上解政策，调整建立省市税收存量和增量分享机制，强化对县级收入的考核约束和奖励激励等十项政策措施，进一步下划省级收入至市县，为税制改革确立

合理的省以下财政体制基础。2014年制定出台了《中共山东省委山东省人民政府关于深化财税体制改革的意见》,明确了山东财税体制改革的时间表和路线图,并提出了包括深化预算管理、税制改革、省以下财政体制改革、财政支出管理改革在内的24条财税体制改革新举措。通过改革,争取到2016年基本完成深化财税体制改革的重点工作和任务,2020年各项改革基本到位,现代财政制度基本建立。

在税种改革层面,自进入21世纪以来,按照中央部署,山东按照"完善立法、明确事权、改革税制、稳定税负、透明预算、提高效率"的总体要求,围绕增值税、企业所得税、消费税、营业税、个人所得税等主体税种与重要税种,进行了系统而深入的改革,典型如2002年实施所得税分享改革,2008年实现企业所得税两法合一,2009年实现生产型增值税向消费型增值税转型,2009年推出成品油消费税制改革,2009年对卷烟在批发环节加征一道从价消费税,2013年开启交通运输业与部分现代服务业的营业税改征增值税改革,2015年对卷烟在批发环节又改为复合征收消费税等。经过一系列持续、深入的税制改革,山东省已形成由增值税、营业税、企业所得税、个人所得税、资源税、城市维护建设税、房产税、印花税、城镇土地使用税、土地增值税、车船税、契税、耕地占用税等诸多税种构成的地方税税制体系。

二、地方税收收入规模逐年增长,收入结构不断优化

自1994年国税、地税机构分设以来,地方税务局在促进地方税体系建设、保障地方税收收入、发挥地方税经济社会调节功能方面发挥了重要的作用。自1994年山东省地税机构成立以来,主要征收的税种包括营业税、企业所得税、个人所得税、城市维护建设税、城镇土地使用税、房产税、土地增值税、资源税、车船税、印花税、烟叶税、耕地占用税、契税、屠宰税、固定资产投资方向调节税等税种❶,以及教育费附加、地方教育附加、残疾人就业保障金、税务部门罚没收入、文化事业建设费、地方水利基金等非税收入项目。

自1994年至2015年,山东省地税收入累计完成规模达26321亿元,地税总收入由1994年的72亿元,增加至2015年的4203.12亿元,年均增加实现22.7%,比同期现价GDP年均增幅高出7.4个百分点。2015年,地方税收收入总量居全国第五位,位列广东、江苏、上海和北京之后。从地方税收收入结构看,随着"营改增"等税收改革工作的不断推进,税收收入结构渐进变

---

❶ 屠宰税与固定资产投资方向调节税已分别于2003年、2013年取消。

化。2015年，地方税收收入中，三大主体税种是营业税、增值税与企业所得税，分别为1252.40亿元、594.98亿元、498.72亿元，合计完成收入2346.10亿元，占地方税收收入的55.82%。其他税种实现收入规模为1857.02亿元，占地方税收收入的44.18%。

三、结构性减税政策成效凸显，税收宏观调控能力日趋增强

2008年，为应对国际金融危机的冲击，我国适时推出了扩大政府支出与结构性减税并举的积极财政政策，以实现经济周期反转、深度调整经济结构与切实惠及民生。结构性减税政策分别采取税制改革与税收优惠两种操作方式。

税制改革方向的结构性减税政策注重与我国中长期税制改革的基本方向相对接，在促进税制规范、优化的同时，减轻税收负担，公平税负结构，是促进产业结构、需求结构与分配结构优化的制度性举措，而非短期政策权宜，是我国优化宏观调控的基础杠杆。其中，增值税转型改革是结构性减税政策的重中之重。自2009年1月1日起，山东省正式实施增值税由生产型向消费型转型改革，允许企业抵扣购进机器设备的进项税额，以促进企业技术进步、转型升级与竞争力提升。据相关部门统计，自2009年至2013年，山东省累计实现抵扣固定资产增值税进项税额1337亿元，其中，2009年、2010年、2011年与2012年分别实现固定资产进项税额抵扣126亿元、225亿元、244亿元与280亿元，2013年实现抵扣462亿元。作为结构性减税政策的另一重大内容是营业税改征增值税改革，自2013年8月1日起，山东省启动交通运输业与部分现代服务业"营改增"试点，2014年1月1日将铁路运输业与邮政业纳入试点范围，6月1日起电信业纳入"营改增"试点，2016年5月1日起，全面推行营改增试点，将建筑业、房地产业、金融业、生活服务业一次性纳入试点范围，将新增不动产所含增值税全部纳入抵扣范围。即自2016年5月1日起，营业税成为历史。据山东省政府新闻办公室2016年4月18日召开的新闻发布会，截止到当时，山东已将35.96万户纳税人纳入"营改增"试点范围，累计减税320.91亿元，企业减负面达98%。

从税收优惠方向的结构性减税政策来看，2005年，根据国家统一部署，山东省对符合条件的下岗失业人员从事个体经营和企业吸收下岗失业人员就业，给予营业税、城市维护建设税、教育费附加和所得税方面的税收优惠。2009年对这一优惠期限予以延长。另外，我国自2009年1月20日至2010年12月31日，对1.6升排气量以下乘用车先后减按5%与7.5%低税率征收车辆购置税，此项税收优惠政策山东省累计减征31.49亿元。此外，还对2015

年底前对新购置公交车、2017年底前对纯电动汽车、插电式混合动力汽车和燃料电池汽车免征车辆购置税。这些税收优惠政策有效的优化了山东省产业结构、扩大了国内消费需求、促进了经济发展。

四、税收优惠政策日益规范、完善，力促经济结构优化与发展方式转变

长期以来，我国税收优惠治理的行政主导色彩浓厚，税收优惠的出台随意、粗放，区域性税收优惠过多过滥，导致税制"补丁打补丁"，且对税收优惠的实效缺少客观评估、跟踪与反馈，严重影响着税制的规范及降低税率、拓宽税基的改革深化。如何全面清理、规范、整合税收优惠，切实发挥税收优惠的导向功能与实践效果，是我国税制建设与改革的重要内容。近年来，山东省税收优惠政策在调整中逐步规范，其对转方式、调结构、促发展的功用日益凸显。

自2009年我国推出税制改革与结构性减税政策以来，山东省通过增值税转型、增值税起征点提高、部分行业"营改增"、小微企业税收优惠政策等多方举措，丰富了税收优惠的政策操作工具，扩大了减免税的覆盖范围，加大了优惠力度，并采取有效措施，促进税收优惠政策切实落到实处。自2009年至2013年，山东省国地税共落实税收优惠政策规模由2009年的879.18亿元，跃升至2013年的1353亿元，各项税收优惠累计实现规模5580亿元。2014年，随着小微企业等税收优惠力度的进一步加大和优惠政策的落实到位，山东省地税共减免各项税收230亿元，2015年，这一数字达到304亿元。与此同时，山东省税收优惠占税收收入的比重逐年提高，2009年，随着新一轮结构性减税政策的实施，山东省税收优惠规模占税收收入比重突破30%，并连年保持较高比重；从税收优惠的政策范围来看，主要涵括民生改善、高新科技与小微企业发展、节能环保、支持金融资本市场、三农等山东省经济社会发展的关键领域与薄弱环节，有力促进了外向型经济的发展和产业结构的优化。

第三节 山东地方税体系现状

如前所述，近年来，在中央的部署和统一安排下，经过若干次税制改革，山东省地方税收入得到了快速增长，收入结构也在不断优化，但在地方税体系建设方面仍存在诸多问题，本书拟对山东地方税系现状进行详细阐述，以点见面，从而为进一步深化我国分税制改革，重构科学、合理的地方税体系提供参考。

一、山东地方财政收入规模

（一）地方税收入规模的计算口径界定

从地方政府的税权角度而言，完整意义上的税权应该包括税收立法权、税收征收管理权与税收收入归属权。在不同的国家，地方政府拥有税权的权能存在差异性，在地方高度自治的财政体制下，地方政府拥有的税权的完整度较高，在中央高度集权的财政体制下，地方政府只拥有完整税权的部分权限。

从我国实际情况看，长期以来，税权尤其是税收立法权和税收政策制定权高度集中于中央，地方政府只拥有部分税种的征收管理权与分配归属权，并有中央税、地方税与中央地方共享税之分：由国家税务局征收，收入完全归属中央的，为中央税，如消费税、关税、车辆购置税等；由地方税务局征收，收入完全归地方的，为地方税，如房产税、资源税和车船税等。在地方税中，还有一部分属于共享性质的地方税，包括营业税、印花税等。由国家税务局或地方税务局征收，收入按一定比例在中央与地方分配的，为中央地方共享税，如增值税、企业所得税和个人所得税。表4是对我国现行税收制度与分成情况的具体介绍。

表4　我国现行税收制度体系

	税种	分成比例	备注
中央税	消费税		
	关税		
	车辆购置税		
	船舶吨税		
共享税	增值税	中央75%，地方25%	进口环节增值税归属中央
	企业所得税	中央60%，地方40%	铁路运输、各银行总行以及海洋石油天然气企业缴纳的所得税归属中央
	个人所得税	中央60%，地方40%	

续表

	税种	分成比例	备注
地方税	营业税❶		铁道公司、各银行总行、各保险总公司集中交纳的部分归中央
	城市维护建设税		铁道公司、各银行总行、各保险总公司集中交纳的部分归中央
	资源税		海洋石油企业交纳的部分归中央
	印花税		证券交易印花税中94%属中央，其他属地方
	契税		
	房产税		
	城镇土地使用税		
	耕地占用税		
	土地增值税		
	车船税		
	烟叶税		
	环境保护税❷		

如本书前文所述，根据规模统计口径的不同，地方税收入有大口径与小口径之分，小口径是指从税权更为完整的意义来定义地方税，即上述由地方征收、收入归地方的地方税，地方政府拥有较为完整的税收征收管理权与税收收入归属权；大口径则是从更为宽泛的意义来界定地方税，即主要从地方政府拥有税收收入的归属权角度界定，只要是税收收入最终归属地方政府的，即是地方税，包括共享税中分属地方的部分。鉴于我国现行的财税体制与政府收入结构，若无特别说明，本研究主要从大口径来界定分析地方税规模。❸

（二）近年来山东地方税税收收入规模分析

从表5可以看出，纵向比较，自2009年至2015年，山东省税收收入保持

---

❶ 在"营改增"试点过程中，试点纳税人所交的增值税归地方所有。2016年4月《国务院关于印发全面推开营改增试点后调整中央与地方增值税收入划分过渡方案的通知》规定：以2014年为基数核定中央返还和地方上缴基数，所有行业企业缴纳的增值税均纳入中央和地方共享范围。中央分享增值税的50%，地方按税收缴纳地分享增值税的50%。自2016年5月1日起，过渡期暂定2～3年。

❷ 我国环境保护税2018年1月开始征收，由于它改变了排污费中央地方分享的模式，全部收入归于地方，且由地方税务局与环保部门合作征收，故这里归为地方税。

❸ 小口径地方税即本书"地方税"概念下的地方税，大口径地方税即本书"地方税体系"概念下的地方税，详参第一章。

高速增长态势，税收收入从2009年的1720.35亿元跃升至2015年的4203.12亿元，增长2.44倍，年均增长18.23%，税收收入占财政收入规模基本维持在75%至79%左右的区间内浮动。税收收入占GDP比重呈现逐年增长态势，从2009年的5.08%逐年上升至2015年的6.67%。全省地税收入持续稳定增长，主要得益于全省经济的平稳发展，为税收提供了稳定可靠的税源。同时，近年来，全省地税部门不断加大挖潜增收力度，尤其是在全省推行了社会综合治税，强化了零散税收管理，分税制之前一些容易跑冒滴漏的地方小税种管理逐步受到重视和加强。

表5　2009—2015年山东省地方税收入规模及比重　　单位：亿元、%

年份 项目	2009	2010	2011	2012	2013	2014	2015
税收	1720.35	2149.90	2603.13	3050.20	3533.28	3965.76	4203.12
占财政收入比重	78.25	78.20	75.32	75.14	77.49	78.89	76.01
占GDP比重	5.08	5.49	5.74	6.10	6.46	6.67	6.67

从山东省省级、地（市）级、县级财政自给能力来看，如表6所示，2000—2014年，省级财政自给能力最弱，财政自给率平均只有58.3%，且呈现不断下降趋势，2014年财政自给率甚至只有28%的历史最低水平，也即省级财政目前绝大部分支出依靠中央的转移支付和地方上解；市级财政自给能力虽然从2000—2014年间的平均水平来看较高，得到74.3%，但和省级财政一样呈现不断下降趋势，财政自给率由2000年的89%一路下滑至2014年的44%；比较而言，县级财政自给能力相对较强且趋于上升，财政自给率由2000年的71%提高至2014年的86%，2000—2014年15年来财政自给率平均为71.5%。

表6　山东省2000—2014年各级政府财政自给系数对比表[1]　　单位：%

年份	省级	市级	县级
2000	55	89	71
2001	54	87	74
2002	62	88	62
2003	54	86	63

---

[1] 资料来源：根据历年《山东统计年鉴》计算得出。财政自给率＝一般预算收入/一般预算支出×100%。

续表

年份	省级	市级	县级
2004	64	83	65
2005	73	82	70
2006	68	86	71
2007	75	80	71
2008	68	78	71
2009	53	70	70
2010	54	75	71
2011	66	72	69
2012	65	53	75
2013	35	41	83
2014	28	44	86
平均值	58.3	74.3	71.5

(三) 近年来山东省各项非税收入规模分析

从表7可以看出，近年来，山东省公共财政预算非税收入规模增长较快，由2009年的478.29亿元，上升至2015年的1326.2亿元，增长2.77倍，年均增长17.9%。受国际金融危机导致经济与税收增速下滑的影响，非税收入规模占财政收入比重呈逐年上升之势，由2009年的21.75%逐步上升至2012年的24.86%，成为地方政府拓展财政的渠道，2013年和2014年又开始平稳回归，2014年为21.11%，2015年又有所上升，为23.98%。

表7　2009—2015年山东省公共财政预算非税收入规模及比重　　单位：亿元、%

年份项目	2009	2010	2011	2012	2013	2014	2015
非税收入	478.29	599.48	852.79	1009.22	1026.46	1061.1	1326.2
占财政收入比重	21.75	21.80	24.68	24.86	22.51	21.11	23.98

从非税收入的结构看，近年来，在公共财政预算的盘子下，专项收入与行政事业性收费占据了山东省非税收入的"半壁江山"，从表8可以看出，两项收入规模占非税收入的比重在43%至57%的区间波动，虽然近年来两项收入占非税收入比重呈递减之势，但其收入规模仍然较大，如2015年专项收入规模实现336.9亿元，占非税收入比重为25.4%，行政事业性收费收入规模达到296.7亿元，占非税收入比重高达22.4%，仍存在进一步清理、规范、

整合收费的操作空间。罚没收入占非税收入比重维持在11%至14%的区间，应大力清理罚没事项、规范罚款创收行为，引导纳税人合法行为，降低罚没收入及比重。国有资本经营收入占比较低，且呈现不断下降趋势，占非税收入比重由2008年的15.3%一路下降至2015年的4.1%，说明山东省"国退民进"工作取得了明显进展，极大激发了市场主体活力，但另一方面，也存在进一步加大国有资本收益上缴比例、增加国有资本经营对财政贡献度的操作空间。相对而言，国有资源有偿使用收入增长迅猛，所占非税收入比重上升较快，2015年实现收入规模469.4亿元，比2008年提高10倍有余，所占非税收入比重从2008年的7.8%上升到2015年的35.4%，随着土地、矿产等资源稀缺性与资源约束的趋紧，国有资源有偿使用收入仍有进一步增加的空间。

表8　2008—2015年山东省公共财政预算非税收入结构　　单位：亿元、%

年份	专项收入及占比	行政事业性收费收入及占比	罚没收入及占比	国有资本经营收入及占比	国有资源有偿使用收入及占比
2008	81.27	163.2	59.29	64.62	33.04
	19.2	38.5	14.0	15.3	7.8
2009	87.41	171.6	68.02	68.22	60.95
	18.3	35.9	14.2	14.3	12.7
2010	103.9	203	77.62	79.82	93.06
	17.3	33.9	12.9	13.3	15.5
2011	130.8	278.8	104.2	100	188.9
	15.3	32.7	12.2	11.7	22.1
2012	138.9	305.3	123.9	103.6	286.9
	13.7	30.3	12.3	10.3	28.4
2013	163.4	284.2	125.5	58.7	343.5
	15.9	27.7	12.2	5.7	33.5
2014	153.5	302.2	121.5	55.7	381.9
	14.5	28.5	11.5	5.2	36.0
2015	336.9	296.7	123.86	54.18	469.4
	25.4	22.4	9.3	4.1	35.4

（四）近年来山东省财政支出情况分析

近年来，山东省公共财政支出总规模增长较快，从表9可以看出，从2008年的2704亿元，增长至2015年的8250亿元，增长3倍。从公共财政支出的结构看,受到"八项规定"和"三公经费"逐年递减等政策约束影响,一般公共服务支出占财政支出的比重呈逐年下降趋势,从2008年的17.3%滑落至2015年的8.9%,而且在2014年绝对额上出现了减少。但总体而言,山东省一般公共服务总规模仍然偏大,尤其是2015年又出现回头之势,支出规模达738亿元,仍存在进一步压减的必要和空间。教育支出增长较快,从2008年的550亿元急遽增加至2014年的1461亿元,五年增长近2.66倍,从其所占财政支出比重来看,虽然其间有小幅度波动,但基本保持稳定,2008年和2014年均为20.4%。科技与社会保障和就业支出规模增长也较快,但其占财政支出的比重趋于稳定,科技支出占比在2%上下浮动,社会保障与就业支出占比维持在10%。由于民众对医疗保健需求的不断上升,医疗卫生财政支出规模及比重增长较快,支出规模从2008年的140亿元增加至2015年的701亿元,占财政支出比重由2008年的5.2%增加至2015年的8.5%,上升3.3个百分点。城乡社区服务支出占公共财政支出比重呈现先下降后上升趋势,由2008年的10.7%下降至2012年的7.9%,但2013和2014年止跌回升,2015年这一比达到11.2%。农林水事务支出比重除2008年外,基本稳定在11%的水平上。

表9 2008—2015年山东省公共财政预算支出分类及占比❶ 单位:亿元、%

年份	一般公共服务支出及占比	教育支出及占比	科技支出及占比	社会保障与就业支出及占比	医疗卫生支出及占比	城乡社区服务支出及占比	农林水事务支出及占比	财政总支出
2008	468	550	57	285	140	289	235	2704
	17.3	20.4	2.1	10.2	5.2	10.7	8.7	
2009	490	613	62	342	189	311	369	3267
	15	18.8	1.9	10.5	5.8	9.5	11.3	
2010	544	770	84	416	250	388	465	4145
	13.1	18.6	2.0	10.0	6	9.4	11.2	
2011	618	1047	108	501	360	401	564	5002
	12.4	20.9	2.2	10	7.2	8	11.3	
2012	705	1311	124	596	422	468	673	5904
	11.9	22.2	2.1	10.1	7.2	7.9	11.4	

---

❶ 资料来源:根据各年度山东省公共预算财政收支决算表计算得出。

续表

年份	一般公共服务支出及占比	教育支出及占比	科技支出及占比	社会保障与就业支出及占比	医疗卫生支出及占比	城乡社区服务支出及占比	农林水事务支出及占比	财政总支出
2013	750	1340	149	682	486	618	748	6689
	11.2	20	2.2	10.2	7.3	9.2	11.2	
2014	725	1461	147	764	606	778	773	7177
	10.1	20.4	2	10.6	8.4	10.8	10.8	
2015	738	1691	159	905	701	921	964	8250
	8.9	20.5	1.9	11.0	8.5	11.2	11.7	

二、山东地方税税制结构分析

在1994年分税制改革后，虽然山东省地方税收入从绝对额上得到了快速增长，但总体而言，仍存在占中央税比重相对较低，非税收入规模较大、与兄弟省份相比财政自给率较低等问题。更主要的是，在地方税制结构上存在诸多问题，以下将从税制结构现状与趋势进行分析：

（一）山东省地方税税制结构现状分析

就山东省地方税税制结构现状而言，既体现了全国各地的共性，亦表现出一些山东特有的问题，下面从直接与间接税的比重、共享税与独享税的比重、税制整体覆盖面、资源税等几个方面予以重点分析。

1. 间接税比重畸高，直接税比重偏低

当前，虽然在税制层面上我国已经实行了流转税与所得税并重的"双主体"税制结构，但在实践层面上，"双主体"税制结构远未形成，而是长期由间接税主导，直接税比重始终难以获得有效提升，并引致税制累退性、税收超经济增长、推升一般物价水平等一系列负面效应。从表10可以看到，2013年，在山东省全部税收收入中，来自增值税、营业税、资源税、城市维护建设税、城镇土地使用税、土地增值税等间接税收入的占比达71.11%，2014年这一比重更是提高到72.22%。间接税收入与直接税收入之比大致为70:30。这一比重远远高于西方国家。平均而言，西方发达国家的间接税的比重只有33%，而大约在67%左右为直接税。在美国，联邦政府收入超过40%来自个人所得税，如果加上薪酬税，直接税所占的比重甚至达到80%左右。中西国家在税制结构上存在巨大的反差。

表 10　2013—2015 年山东省地方税收收入结构❶　　单位：亿元、%

税种	2013 年收入额及全部税收收入比重		2014 年收入额及全部税收收入比重		2015 年收入额及全部税收收入比重	
增值税	489.56	13.86	596.96	15.05	594.98	14.16
营业税	1068.33	30.24	1135.92	28.64	1252.40	29.80
企业所得税	445.74	12.62	483.01	12.18	498.72	11.87
个人所得税	104.59	2.96	115.18	2.90	143.12	3.41
资源税	92.62	2.62	119.57	3.02	103.81	2.47
城市维护建设税	217.84	6.17	231.33	5.83	243.71	5.80
房产税	111.75	3.16	122.49	3.09	133.86	3.18
印花税	52.86	1.50	60.56	1.53	59.41	1.41
城镇土地使用税	229.16	6.49	264.69	6.67	358.75	8.54
土地增值税	205.91	5.83	257.74	6.50	259.51	6.17
车船税	40.26	1.41	46.65	1.18	53.31	1.27
契税	265.60	7.52	273.67	6.90	247.76	5.89
其他税	209.06	5.92	258.00	6.51	253.78	6.04
合计	3533.28	100	3965.76	100	4203.12	100

2. 共享税比重偏高，独享税比重偏低

长期以来，由于税权高度集中于中央，地方政府本级缺失独立的税收决定权与税收立法权，中央税与中央地方共享税的建设受到高度重视，地方税的建设相对被弱化，2002 年所得税分享改革、2012 年试点推行的"营改增"改革都具有税权逐渐上移的趋势，由此导致税制结构中的主体税种大多被中央地方分享，地方独享的主体税种较少。从 2015 年山东省税制结构中可以看出，作为共享税的增值税、企业所得税与个人所得税占山东省税收收入的比重分别为 14.16%、11.87% 和 3.41%，三税合计占税收收入比重高达29.44%，与地方主体税营业税的 29.80% 基本持平。伴随着营业税改征增值税进程的不断加快并全面完成，地方主体税种的缺位格局将日益显现，由此使得山东省地方主体税种与地方税体系的构建迫在眉睫。

3. 税制整体覆盖面较窄，税收种类不健全

与全国基本情况相同，山东在税制结构中也存在部分税收类型总体缺失的问题。如财产税课征注重流转环节税，轻持有环节税，导致居民个人居住

---

❶ 资料来源：根据山东省 2013、2014、2015 年公共预算财政收支决算表计算得出。

用房的房地产税迟迟未能开征，并且与提供公共服务相关的税种也比较缺乏，如社会保障税等。此外，一些对经济可持续发展和收入分配具有良好调节功能的税种也未能纳入现行税制体系，如环境保护税、遗产赠与税等。这些都导致地方税收收入缺乏稳定可靠的来源，而且对于调控经济等产生诸多不利影响。总之，健全税制、完善税种，是山东省税制改革的基本趋向。

4. 资源税计税依据弹性不足，收入与调节功能受限

长期以来，我国资源税采取从量定额征收的基本模式，这种征收方式很难对资源过度开采起到抑制作用，不利于资源的合理开发和利用，由此导致山东省虽然作为一个矿产资源大省，但资源税的收入筹集能力有限，占全省税收收入的比重偏低。从表11来看，自2004年以来，山东省资源税占地区税收收入的比重大致稳定在2%上下的区间浮动，且2004到2011年总体呈下降趋势，虽然受到2012年石油天然气资源税从价计征改革和2014年12月1日煤炭资源税从价计征改革的影响，2012年、2013年和2014年资源税所占税收收入比重有所提高，2012—2014年分别为2.99%、2.62%、3.02%，但仍显得调节力度不足，不足以体现出资源的稀缺性，尤其是2015年这一比重又降为2.47%。为充分发挥资源税的收入与调节功能，进一步加大从价计征分量、提高税负水平是资源税改革的基本方向。

表11　2004—2015年山东省资源税收入与所占地方税收入比重　　单位：亿元、%

年份	资源税收入	占税收收入比重	年份	资源税收入	占税收收入比重
2004	13.51	2.15	2010	33.29	1.55
2005	18.24	2.21	2011	38.36	1.47
2006	26.14	2.52	2012	91.11	2.99
2007	28.99	2.22	2013	92.62	2.62
2008	28.81	1.88	2014	119.57	3.02
2009	32.81	1.91	2015	103.81	2.47

（二）山东省地方税税制结构变动趋势分析

从表12可以看出，从2009年至2015年，山东省税制结构总体保持稳定，主体税种仍然为营业税、增值税与企业所得税，个别税种占税收收入比重略有微调。具体而言：

营业税占山东省税收收入比重呈逐年上升趋势，其从2009年的27.36%缓慢上升至2013年的30.24%，2014年受到"营改增"政策效应影响，营业税比重又有所下降，为28.64%；增值税占山东省税收收入比重则呈现下降趋

势,从2009的18.86%下降至2013年的13.86%,降幅达5个百分点,受到"营改增"改革效应影响,增值税比重在2014年有所回升,到15.05%;企业所得税呈现倒"V"型变动趋势,从2009年12.81%的比重上升至2011年的15.31%的比重,之后又回到2014年12.18%的水平,2015年这一数字是11.87%;由于2008年、2011年数次对工资薪金所得提高费用扣除标准、简并级距、降低税率等政策因素影响,个人所得税占税收收入比重呈逐年下降趋势,但降速甚缓,基本维持在3%左右浮动,2014年下滑至2.90%,2015年又回升至3.41%;由于部分资源品的资源税计征办法改革,资源税收入及比重整体呈现上升态势,从2009年1.91%的比重上升至2014年的3.02%的比重,受经济形势之影响2015年又有所下降;受近年来房地产市场的快速扩张影响,土地增值税收入增长较快,其占山东省税收收入比重由2009年的2.55%上升至2014年的6.50%,2015年稍有下降;车船税收入呈现稳步增长趋势,其占山东省税收收入比重由2009年的1.03%逐步上升至2013年的1.41%,但2014年回落至1.18%,2015年又升至1.27%。

表12 2009—2014年山东省税收收入结构❶ 单位:%

税收比重\时间	2009	2010	2011	2012	2013	2014	2015
营业税	27.36	29.37	29.42	29.40	30.24	28.64	29.80
增值税	18.86	17.59	15.90	14.36	13.86	15.05	14.16
企业所得税	12.81	13.64	15.31	14.48	12.62	12.18	11.87
个人所得税	3.76	3.77	3.71	3.12	2.96	2.90	3.41
资源税	1.91	1.55	1.47	2.99	2.62	3.02	2.47
城市维护建设税	6.34	6.08	6.90	6.52	6.17	5.83	5.80
房产税	3.36	3.01	2.84	3.31	3.16	3.09	3.18
印花税	1.39	1.57	1.58	1.53	1.50	1.53	1.41
城镇土地使用税	7.03	6.40	6.09	6.94	6.49	6.67	8.54
土地增值税	2.55	3.08	4.06	4.76	5.83	6.50	6.17
契税	7.62	9.00	7.78	6.27	7.52	6.90	5.89
车船税	1.03	1.08	1.14	1.18	1.41	1.18	1.27

❶ 资料来源:根据历年山东统计年鉴得出。

第四节　我国地方税收制度存在的主要问题
——以山东为例

1994年实行的分税制财政体制改革，初步建立了适应社会主义市场经济体制的地方税体系，但随着市场经济的发展，存在的问题也逐步凸显。现对山东省地方税体系存在的问题进行分析如下：

一、地方税收入规模偏小，地方财力与事权不匹配

地方税收作为地方政府财政收入的来源，是保障地方政府发挥职能、提供区域公共产品、满足本地居民对公共服务需求的重要物质保障，也是促进地方经济发展的重要经济基础。山东在分税制改革后，也面临着地方税收入规模小，财力与事权不匹配等问题。

一是山东省税收收入占公共财政预算收入的比重偏低。2015年，山东省公共预算财政收入总量达5529亿元，居全国第三位，仅次于广东省和江苏省，而山东省地方税收收入总量却居全国第五位，列粤、苏、沪、京之后。从全国范围来看，山东省税收收入占公共财政预算收入比重更是10名之外。从表13可以看出，山东税收收入比重分别排第五位，比浙江、上海、北京等低十多个百分点。说明山东地方税收入规模较小，在提高地方税比重方面还有很大的发展空间。

表13　2015年典型省、市公共财政自给率和税收收入占比情况[1]　　单位：亿元、%

地区	公共财政预算收入	税收收入	非税收入	公共财政预算支出	财政自给率	税收收入比重
江 苏	8028.59	6010.12	1418.47	9687.58	82.88	74.86
浙 江	4809.94	4168.22	641.72	6645.98	72.37	86.66
山 东	5529.33	4203.12	1326.21	8250.01	67.02	76.01
广 东	9366.78	7377.07	1989.71	12827.80	73.02	78.76
上 海	5519.50	4858.16	661.34	6191.56	89.15	88.02
北 京	4723.86	4263.91	459.95	5737.70	82.33	90.26

---

[1] 资料来源：国家统计局网站。财政自给率＝一般预算收入/一般预算支出×100%。

二是山东省各级政府间的事权、支出责任与财力存在着严重不对等,地方分享收入比重过低。自1994年分税制改革以来,我国政府间权力划分呈现事权与支出责任逐渐下放、财力逐渐上移的失衡格局,使得山东各级政府尤其是基层政府的收支趋紧与治理能力弱化。由表13可知,相对于其他经济发达省市,山东省各级财政的财力偏小,地方政府财政供给能力较弱。2015年山东省财政自给率只有67.02%,分别比上海、北京和江苏等差距达10多个甚至20个百分点。具体到山东各级政府,以笔者所掌握的山东省潍坊市2014年数据为例。2014年,潍坊市地方财政收入完成430.18亿元,财政总收入完成603.63亿元,财政总支出完成527.76亿元,地方财政收入占总收入比重仅为71.26%,财政总收入与总支出相比,净上解中央、省级75.87亿元。从潍坊市下属的省直管县试点单位安丘市来看,2014年,地方财政收入完成16.56亿元,财政总收入35.52亿元,县级自有财力仅占财政总收入的46.62%,而超过50%依赖中央和省级财力返还。

财政自给率较低带来了一系列问题,为了弥补地方政府财力缺口,一般主要通过两个渠道进行:一是自身开辟财源,二是争取上级支持。前者导致土地财政、负债财政、收费财政问题日益突出。据时任山东省财政厅长于国安《关于2015年山东省地方政府债务限额及省级预算调整方案的报告》,截至2014年底山东省各级政府负有偿还责任的债务余额为9252.8亿元。后者导致地方财政严重依赖于上级转移支付。从全国范围来看,在地方财政支出的盘子中,地方收入仅占57%左右,地方财政自给率仅为0.57。相对于西部欠发达省份,山东的财政状况较好,但比广东、江苏、浙江等经济发达地区要低。据2017年2月山东省第十二届人民代表大会第六次会议《关于2016年预算执行情况和2017年预算草案的报告》,2016年山东省当年一般公共预算收入为5860.16亿元,当年公共预算支出为8749.57亿元,财政自给率约66.98%。也就是说,有超过3成地方政府收入依赖于中央给予的转移支付。

二、地方税税制结构不合理,缺乏主体税种

与全国其他省份情况相似,山东省税制结构长期由间接税主导,直接税占比持续偏低,共享税比重偏高,独享税比重偏低,且在地方独享税种中,主体税种不突出,税种分散、繁杂、收入能力弱、征管成本高。

以2015年山东省税收收入结构为例(表12),仅增值税、营业税、城市维护建设税三项间接税收入之和占山东省税收收入的比重已高达49.76%,其他税收如资源税、契税、印花税、土地增值税等都或多或少与市场价格机制

相关，具有通过市场价格通道转嫁的基本性质，由此使得山东省税制结构的收入能力较强，但调节经济社会发展的能力（如调节收入分配差距）则十分薄弱；所得税收入也是以企业所得税为主，个人所得税收入及占比微弱，2015年其仅占山东省税收收入总额的3.41%，且当前个人所得税是分类征收，工薪所得是主要的课征对象，对高收入者并未能实现综合累进课征，使得个人所得税的税负分配并不公平。同时，在各主要税种中，增值税、企业所得税均是中央地方共享税，分享比例由中央确定，当前推行的"营改增"改革虽然是规范、优化税制的应然举措，但长期看，营业税改征增值税后，山东省的主要收入税种将都由共享税组成，能够"独当一面"的地方主体税种缺失。其他各项由地方独享的税种，如房产税、车船税、资源税、城镇土地使用税等，收入能力有限，且税种繁杂，税收征收成本较高，亟待通过深化税制改革简化税制，培育地方主体税种。

三、税种陈旧老化，分散重叠

由于长期忽视地方税体系建设，山东部分地方税种陈旧老化，亟待更新完善。其中，部分税种已在完善中，但改革尚未完成。诸如：资源税部分品目计征方式落后，税负水平低，征税范围窄，与山东资源大省的地位极不相称；房产税和城镇土地使用税征收范围过窄、免除范围过宽且计税依据不合理；城市维护建设税对市区、县城、镇及其他地区实行差别税率，不同地区间纳税人存在税负不公。此外，还有些税种过于分散。例如，仅房地产税类就包括契税、房产税、土地增值税、城镇土地使用税多个税种，并涉及耕地占用税、城建税和个人所得税等，且在房地产所有权和使用权转移时，印花税与契税还存在征税范围重叠的问题。总之，现行山东地方税收制度的不合理，已经影响到了税收功能的正常发挥，不利于山东省营造适应市场经济要求的税收环境，无法满足建设现代财政制度、实现地方治理现代化的基本要求。

四、中央高度集权的法律规定与地方政府过度分权的现实相冲突

长期以来，我国税权高度集中于中央，即税收决定权、立法权、政策制定权、分配权等高度集中于中央，地方仅对车船税、房产税、城镇土地使用税、契税、耕地占用税等一些小税种具有一定的税目税率调整权和减免税权（表14）。自1994年分税制改革以来，事权与支出责任逐渐下放，诸多应该由中央政府负责的事项交给地方办理，但财力逐渐上移，典型如增值税与所得

税的分享比例向上调整,当前推行的"营改增"试点一度也具有财力上移的味道,导致地方政府尤其是基层政府的财政收支不平衡。虽然有上级政府的转移支付,但诸多上级对下级的专项转移支付要求地方要财政资金配套。经济社会转型期庞杂、刚性的财政支出需求使得地方政府仍然财力不足,由此使得地方政府尤其是基层政府动用其能掌握的当地资源在税收外开辟财源,通过卖地、收费、发债、出让国有资源等多种方式来筹集资金,为招商引资刺激经济、获取财政收入不惜"血本"给予土地、地方税收返还等各种优惠政策等。最终导致的结果是,在税权高度集中于中央的情况下,地方政府实际上拥有对纳税人税收之外的"负担决定权"。从本质而言,不论是税收、收费还是借债,均构成纳税人实际意义上的财政负担,且由于地方政府与纳税人的长期近距离博弈关系,收费的执行力甚至强于税收,由此产生"费挤税"现象,并最终导致名义税权中央高度集中与实质"税权"地方高度分散的悖论格局。

表14 目前我国地方政府拥有的税收立法权一览

权限级别	权限内容	备注
税法制定颁布权	拥有屠宰税、筵席税的税法制定权,其他税种的开征、停征权均属于中央	两税分别于2006、2008年取消
实施细则制定权	拥有房产税、车船税、城市维护建设税的实施细则制定权,其他税种的实施细则制定权均属于中央	四税中的税目、税率等基本要素调整变动权及税法解释权仍归属中央
计税依据调整权	在环境保护税方面,省、自治区、直辖市人民政府根据本地区污染物减排的特殊需要,可以增加同一排放口征收环境保护税的应税污染物项目数,报同级人民代表大会常务委员会决定,并报全国人民代表大会常务委员会和国务院备案。在应税大气污染物、水污染物、固体废物的排放量和噪声的分贝数,按照环境保护税法罗列的方法不能计算时,按照省、自治区、直辖市人民政府环境保护主管部门规定的抽样测算的方法核定计算	
税率税额调整权	拥有城镇土地使用税与车船税的税额、营业税中的娱乐业税率、资源税、环境保护税适用税额,在中央规定幅度内的确定权;对资源税中财政部未列举名称且未确定具体适用税率的其他非金属矿原矿和有色金属矿原矿,地方政府可以根据实际情况确定	部门娱乐业的营业税税率曾一度被中央限制为20%

续表

权限级别	权限内容	备注
税收减免加征权	除民族自治地方外，一般省区仅有个人所得税、资源税、契税、房产税、车船税等少数税种在特定情况下的减免权	民族自治地方拥有企业所得税地方分享部分的减免权等多项权利

五、地方税征收管理改革不到位

长期以来，税收征管能力是制约山东省税制结构优化的核心瓶颈之一。首先，它滞缓了税制结构优化的进度。在较低的信息化水平下，由于不能全面、充分、即时、有效地捕捉到纳税人的各类收入、财产信息，以收入流量为税基的所得税尤其是个人所得税和以财产存量为税基的财产税等直接税占税收收入比重始终难以获得有效提升，导致税制结构难以优化，现代房地产税、综合与分类制个人所得税、遗产赠与税迟迟未能开征，直接税筹措财政收入和调节收入分配的整体功能难以有效发挥。

其次，国地税分设分征的模式加大了税收征管成本和协调成本。两套系统征管权限交叉，协调成本居高不下。在现行征管模式下，部分共享税收由国税局代征，导致地方政府对属于自己的收入部分不能充分行使管辖权。地税部门代表地方政府征收地方性税收收入，由于税源等方面的冲突，从维护自身利益出发，容易与国税部门发生一些难以调和的矛盾。

再次，大量采用定额征收方式削弱了税法的严肃性和公正性。当前，由于征管能力的落后，山东省对95%以上的个体工商户采取定额征税的办法，税务执法中难免一定的裁量空间，给税务机关进行寻租等行为提供了空间。

六、地方税法制建设滞后，税制立法层次低

法治是国家治理现代化的基本方式，也是2014年10月召开的十八届四中全会的主题，但总体而言，我国财税领域的法治化水平是相对较低的，这点在地方税体系建设方面体现得更明显。长期以来，我国缺少一部统领整个税收体系的税收基本法，在地方税体系建设上缺乏法律规范和基本依据。除此之外，税收立法由行政权主导，税收法定原则贯彻不到位，大部分税收立法都是由国务院以行政法规的名义颁行实施的，如增值税暂行条例、营业税暂行条例、房产税暂行条例等，由全国人大以严格意义上的法律颁布实施的

税法只有企业所得税法、个人所得税法、车船税法、税收征管法等几部法律，税收立法级次较低，影响了执法的权威性和严肃性（表15）。应该认识到，近年来国家也开始重视税收立法层次低的现状及所带来的问题，2015年8月，房地产税、环境保护税、增值税等7部税法正式纳入人大常委会立法规划，2016年12月25日第十二届全国人大常务委员会第二十五次会议通过《中华人民共和国环境保护税法》，这一切表明我国落实税收法定原则进程正在提速，这也是对之前税收法制化滞后的一个修正。

表15 我国现行有效税种立法情况统计表

税种\时间	颁布时间	暂行时间	上升为法律的时间
进出口关税	1985年	32年	未上升（1987年、1992年、2003年、2011年、2013年五次修改或重新颁布）
城市维护建设税	1985年	32年	未上升（2011年修改）
房产税	1986年	31年	未上升（2011年修改）
印花税	1988年	29年	未上升（2011年修改）
城镇土地使用税	1988年	29年	未上升（2006年、2011年、2013年五次修改）
营业税	1993年	24年	未上升（2008年修改。随着2016年"营改增"全面推开，营业税退出历史舞台，2017年11月，营业税暂行条例废除）
增值税	1993年	24年	未上升（2008年、2011年、2017年三次修改）
消费税	1993年	24年	未上升（2008年修改）
企业所得税	1993年	14年	2007年
土地增值税	1993年	24年	未上升（2011年修改）
资源税	1993年	24年	未上升（2011年修改）
契税	1997年	20年	未上升
车辆购置税	2000年	17年	未上升
烟叶税	2006年	11年	未上升
车船税	2006年	5年	2011年
耕地占用税	1987年	30年	未上升（1987年、2007年两次颁布）
船舶吨税	2011年	6年	未上升
环境保护税	2016年		2016年

第三章　完善我国地方税收制度的经济、
　　　　社会及政治法律环境分析 ———

税收是一种经济现象，更是一种政治法律甚至社会现象，一国税制的优化既影响到该市场经济的发展环境，又影响该国的国家治理水平，更关乎该国民生的改善，正缘于此，十八届三中全会将包括建设现代地方税体系在内的财税改革定位为全面深化改革的基础和重要支柱。本章拟由经济、社会及政治三方面分析新形势下完善我国地方税制度的时代背景。

第一节 中国经济发展模式及结构特点分析

经济发展模式粗放及经济结构失衡是我国经济面临的一个突出问题。转变发展方式及优化经济结构是我国当前及今后一段时期经济领域改革的重点，是实现我国经济增长方式转变和国民经济全面、协调、可持续发展的基础，具有深远的战略意义。转变发展模式及优化经济结构离不开包括税收制度在内的各方面制度的创新，同理，研究新时期我国地方税收制度改革也必须将其置于发展方式转变、经济结构优化这一大的时代经济背景下进行解读。

一、中国经济发展模式的特点

经过三十多年的改革开放尤其是多年来经济的持续高速发展，我国经济发展模式呈现出如下几方面的特点：

（一）公有制经济为主导，多种所有制共同发展

我国经济结构以公有制经济为主导，多种经济成分、所有制企业相互并存，各所有制经济有主有从、相互协调，形成多元化的市场主体。一方面，各所有制经济彼此公平竞争，发挥各自的优势，大大提高了市场的开放程度和竞争程度，促进市场的繁荣和生产效率的提高；另一方面，在多种所有制的动态发展中，注重保持公有制与私有制之间作为"主体—辅体"的所有制结构，对于这种所有制结构的保持并非简单地控制私有制经济的上升，而是在发展壮大私有经济的同时，巩固和发展公有制经济，始终保持公有经济的主体地位以及国有经济的主导和控制地位。

根据我国经济发展实际，国有资本逐渐集中于关系国民经济命脉与国家安全的重要行业与关键领域。目前，中央企业82.8%的资产集中在国防、通信、石油化工、电力、运输等行业。国有经济布局与结构不断优化，资产规模较小、经营困难、效益低下和持续发展能力弱的国有中小企业逐步退出市

场或重新整合,国企比重逐年下降,进一步向大型企业集中,涌现出一批具有较强竞争力的大公司、大集团,成为国民经济发展的骨干和中坚。集体经济是公有制经济的重要组成部分。改革开放以来,国家出台一系列政策支持集体经济,使其得到飞速发展,到20世纪90年代中期,集体工业总产值已开始超过国有工业,并逐渐占据各种经济类型的首位,成为我国经济发展的第二大主力。个体、私营、外资等非公有制经济快速发展。20世纪90年代中期以来,非公有制经济已经成为国民经济重要组成部分,成为我国经济增长的巨大动力源。由表16可以看到,2000—2008年民企投资在全社会固定资产投资中的比重逐年上升,而国企投资比重逐年下降,民企投资增幅始终快于国企投资增幅。目前,除国有及国有控股经济以外的广义民营经济已经占GDP的67%左右,其中个体私营经济已经占40%左右;中国经济发展的增量部分,70%—80%来源于民营经济❶。

表16 2000—2008年全国分经济类型全社会固定资产投资变化情况❷

年份	投资总额（万亿元）	国有企业	外资企业	民营企业	构成（%）	国有企业	外资企业	民营企业
2000	3.29	1.65	0.26	1.38	100	50.1	7.9	42.0
2005	8.88	2.97	0.84	5.07	100	33.4	9.5	57.1
2007	13.73	3.87	1.34	8.53	100	28.2	9.7	62.1
2008	17.28	4.87	1.53	10.88	100	27.0	8.2	64.9

(二) 投资驱动发展

早期的发展经济学家较为重视资本积累对经济发展的重要性,格外强调投资率的提高,认为在发展初期,一定比例的资本积累是经济起飞的必要条件。中国经济在起飞过程中,的确也是依靠投资和资本积累驱动经济增长的。由表17可以看出,1978—2015年,中国资本形成率平均值为39.8%,虽然中间经历过几次回落,但始终处于高位,并且总的趋势是越来越高。最近几年投资率更多地偏离一般水平,与房地产投资持续过快有相当大的关系。一方面房地产投资具有较大的拉动作用,房地产的高投资增长带动相关产业的投资高增长;另一方面,与产业升级投资相比或仅依赖于实体经济的投资相比,

---

❶ 刘越:《改革开放以来我国多种所有制经济共同发展的绩效演化分析》,载《哈尔滨商业大学学报》2013年第1期。

❷ 数据来源:全国工商联研究室:《中国改革开放30年民营经济发展数据》,中国工商联合出版社2010年版,第33页。

房地产投资见效更快。快速成长的发展中国家往往对房地产投资有较强的偏好❶。中国的资本形成率（投资率）不仅明显地高于其他国家，而且持续时间更长。2004年至2015年，资本形成率维持在40%以上的高水平已达12年，这是世界经济中极为罕见的现象。2009年开始我国资本形成率一直保持在45%的水平之上，从改革开放以来中国的高投资率已经持续了近40年。投资驱动的模式为中国经济发展注入了强劲的活力，"十一五"以来资本形成总额对国民经济增长的贡献率平均达到48.6%，2009年甚至高达86.5%。

表17 中国资本形成率及其对经济增长的贡献（1978—2015年）❷

时间	资本形成率（%）	资本形成总额对国内生产总值增长贡献率（%）	资本形成总额对国内生产总值增长拉动（%）
1978	38.2	66	7.6
1979	36.6	18.1	1.4
1980	34.8	20.7	1.6
1981	32.9	-1.1	-0.1
1982	31.8	22.9	2
1983	31.7	32.3	3.6
1984	34.2	41.3	6.3
1985	39.0	79.9	10.8
1986	37.7	15.2	1.3
1987	37.3	26.5	3.1
1988	39.1	56	6.3
1989	37.1	-16.8	-0.7
1990	34.0	-54.2	-2.1
1991	35.3	37.9	3.6
1992	39.3	52.3	7.5
1993	43.6	52.5	7.2
1994	40.5	36.6	4.8
1995	39.3	46.7	5.1

---

❶ 王小广：《中国经济发展模式调整与战略思路》，载《宏观经济》2010年第8期。
❷ 数据来源：1995年之前数据来自各年度《中国统计年鉴》，1996—2015年度数据来自国家统计局网站"国家数据"网。其中，资本形成率的计算方式为该年度资本形成总额除以该年度国民生产总值。

续表

时间	资本形成率（%）	资本形成总额对国内生产总值增长贡献率（%）	资本形成总额对国内生产总值增长拉动（%）
1996	38.4	34.5	3.4
1997	36.3	15.1	1.4
1998	35.7	28.8	2.3
1999	35	21.7	1.7
2000	34.4	22.4	1.9
2001	36.4	64.0	5.3
2002	37.1	39.8	3.6
2003	40.6	70.0	7.0
2004	42.9	61.6	6.2
2005	41.4	33.1	3.8
2006	40.9	42.9	5.5
2007	41.5	44.1	6.3
2008	43.3	53.2	5.1
2009	46.4	86.5	8.1
2010	47.6	66.3	7.1
2011	47.7	46.2	4.4
2012	47.2	43.4	3.4
2013	47.4	55.3	4.3
2014	47	46.9	3.4
2015	45.4	41.6	2.9

（三）采取出口导向和引进外资的对外开放模式

对外开放是经济发展的重要途径，中国在过去30年始终坚持外向型发展战略，把出口作为推动经济增长的火车头。中国在对外开放模式的选择上借鉴了亚洲"四小龙"的成功经验，采取出口导向型开放模式，根据国内劳动力丰富、劳动成本低廉的比较优势，广泛通过来料加工、来件装配、来样加工和补偿贸易的方式面向国际市场组织生产，通过扩大出口，带动经济增长。在政府的大力支持和扶植下，中国的货物进出口总额从1978年的355亿人民币❶增长到2008年的179921.47亿人民币，年均增幅达到16.9%。2009年中国出口总

---

❶ 该数字为中国统计年鉴显示的货物进出口数据，该文献未显示服务进出口数据。

额达到 12017 亿美元，取代德国跃升为世界第一大出口国。而到了 2013 年，我国货物进出口总额超过 4 万亿美元，达 4.16 万亿美元，成为世界第一大货物贸易大国，并保持三年。2016 年，由于国际国内经济形势的变化，世界第一大货物贸易国地位被美国反超。

外贸的增长与引进外资密不可分。我国通过积极引进外国资本和技术，一方面解决资本形成不足的问题，另一方面促进国内技术进步、提高全要素生产率，推进国内产业结构升级和工业化进程，进而带动经济发展。制造业是中国出口的主力军，吸收外商直接投资造就了第二产业尤其是制造业的高速发展。制造业出口占全国外贸出口的 91.2%。据搜狐财经频道的一份统计，1979—2012 年中国货物出口保持 20% 左右的年均增长率。中国货物出口占世界总额的比重，改革开放之初不足 1%，2002 年超过 5%，2010 年超过 10%，2014 年达到 12.3%。根据联合国贸易与就业会议的数据显示，2015 年中国在全球出口中所占比重由 2014 年的 12.3% 升至 13.8%，这是美国在 1968 年曾经占到的比重，此后任何国家一直都望尘莫及。按照国际标准工业分类，在 22 个大类中，中国在 7 个大类中名列第一，钢铁、水泥、汽车等 220 多种工业品产量居世界第一位。出口导向的外向发展模式提升了制造业的国际竞争力，进而带动了中国高速的经济增长。

（四）政府主导作用与市场基础作用的有效结合

以市场调节为基础、政府调控为主导，在政府宏观调控下使市场发挥其在资源配置中的基础性作用。政府所扮演的角色不再局限于维护秩序的"守夜人"、市场竞争的"裁判"，而是统揽全局的"主导者"。政府根据宏观经济运行状况灵活采用计划手段和财政、货币政策，实现行政直接干预与市场间接调节的有机结合。政府宏观调控与市场资源配置之间相辅相成、互克互补，有效地促进"看得见的手"与"看不见的手"实现最佳匹配，积极地抑制与弥补任一只手的"缺位"、"错位"、"越位"和"失灵"，最大限度地激发两者的效应，实现一种"基础—主导"的双重调节机制，合力推进社会生产力和生产方式的发展[1]。在经济运行市场化的同时，不断增强对整个宏观经济进行调控的能力，积累调控的经验，一次又一次化解市场的危机。在改革开放早期，注重对商品市场供求运行的宏观调控，较快地改善了市场供应紧张的局面；通过采用综合调控手段平抑 1990 年前后市场的通货膨胀与"疲软"的急

---

[1] 丁霞、颜鹏飞：《解读"中国模式"：基于经济发展的视角》，载《社会科学研究》2011 年第 3 期。

剧波动；在1997年亚洲金融危机、2003年"非典"、2008年美国金融危机以及汶川地震的冲击下，我国由于调控得力，经济一直保持了平稳正常发展[1]。

（五）渐进式发展

我国经济发展的过程以及经济改革的实践具有鲜明的渐进性色彩。第一，自下而上，从农村到城市。以农村改革为突破口，建立家庭联产承包责任制，为中国发育市场经济提供物质基础和经营主体，进而推动城市的改革和全国商品经济的发展[2]。第二，从局部带动全局，由点到面。改革开放初期，根据区位优势实施沿海先行开发战略，国家先后设立深圳、珠海、汕头、厦门和海南为经济特区，然后陆续开放天津、上海、大连等十几个沿海城市，以此作为改革开放的先导和战略突破口。沿海地区具有优越的区位优势和较发达的经济基础，国家通过资金支持、税收减免等特殊优惠政策，加快沿海地区的发展，培育沿海城市为增长极，通过示范效应和扩散效应，带动其他地区共同富裕。这段时期，我国经济发展取得了较大成就，部分区域如长三角、珠三角以及环渤海地区已经成长为区域乃至全国的经济增长中心。随后，为了协调区域经济发展，国家逐步推出西部大开发、振兴东北老工业基地、中部崛起等旨在加快落后地区发展、缩小区域间差距的战略。第三，坚持试验，不断探索。由于我国改革没有先例可循，在改革之初只能"摸着石头过河"，通过在实践中反复尝试、调整、校正，最后才形成一个清晰、明确的改革目标和路线。我国基本经济制度的形成经历了单一的公有制—公有制为主、多种所有制形式并存—非公有制经济作为社会主义市场经济的必要补充—非公有制经济作为社会主义市场经济重要组成部分的变迁路径。经济体制转轨的过程中，有计划、有步骤、有秩序地稳步推进市场化进程，由浅入深、由点及面、分步到位，从传统体制外的增量改革到传统体制内的存量改革，完成从传统计划经济体系向市场经济体系的过渡，实现社会主义基本制度与市场经济的有机结合。渐进式发展带来了国民经济的持续、快速增长，使改革的深化和经济的发展相互依存、相互促进，取得整体性和全面性的进步。

二、中国经济发展模式的不足

前文从五个方面分析了中国经济发展模式的主要特点。这种发展模式使

---

[1] 柳思维：《西方经济强国模式类型及中国特色经济发展模式的思考》，载《大国经济研究》2010年第2期。

[2] 李仁：《试论我国经济改革的渐进式发展战略——兼析中外改革战略的若干差别及经验教训》，载《宁夏社会科学》1996年第4期。

得中国抓住了难得的发展机会实现了长期的快速发展,经济总量不断攀升。但不得不承认的是,进入21世纪以来,尤其是最近几年来随时整个世界经济形势的深刻变化,中国经济发展模式的不足日益凸显,它成为新一届领导集体下决心全面深化改革的一个重要原因。概言之,我国经济发展模式的不足主要体现为:

（一）经济增长过度依赖投资和出口

我国经济增长的国内市场主要靠效率低下的投资驱动,而且投资的效率在不断下降。储蓄率居高不下,消费对经济增长的贡献不高。当前的投资驱动模式已形成政府主导、大企业推进、资本密集型产业为主的典型特征。在以GDP考核为主的官员晋升体制下,地方政府不遗余力地招商引资、推进工业化进程。政府本身掌握较多公共资源,加上投资管理体制的市场化改革使得社会各界的投资渠道畅通,于是政府主导的投资驱动模式逐步强化。客观来说,这种投资驱动模式对于支撑中国经济快速增长起到了重要作用。但是,从长远看,这种模式将带来经济增长的不可持续。首先,地方投资竞争的结果往往是重复和低水平建设,资源严重浪费;其次,资本密集型产业的发展在促进就业方面作用微弱,却促使财政集中于少数资本占有者手中,拉大了居民收入差距,增加了社会不公平;再次,我国投资技术含量低,投资主体往往注重规模扩张而忽视技术升级,低水平的一般投资导致部分领域出现产能过剩和效益低下,相关企业面临资金链紧张和债务清偿能力下降的危机,与之相关的金融企业也可能面临资产泡沫和坏账累积引发的困境,从而造成系统性风险[1]。

我国经济增长的外部市场主要依靠廉价的劳动力和资源等要素支撑的低价位产品的出口,而且出口主体以外资企业为主。近些年来,外贸对经济增长的拉动作用明显,我国对外依存度不断提高,对外依赖性越来越大,受外部冲击也越来越大,经济变得越来越脆弱。一方面,我国出口产品的技术含量普遍不高,很容易受国外控制,长期陷入国际价值链的低端。另一方面,引进的国外直接投资大部分是跨国公司的转移型投资,其把中国作为一个生产加工车间,利用我国廉价的资源赚取更多的利润。中国既是利用外资,更是被外资利用,其负面效应正日趋显现。

（二）经济增长以资源、环境为代价

我国早期的经济增长方式属于粗放型增长模式,主要依靠大量的能源与

---

[1] 郭熙保、苏甫:《发展阶段论与投资驱动发展模式及其转变》,载《中南民族大学学报(人文社会科学版)》2014年第2期。

资源投入实现，存在高投入、高消耗、低产出、低效率的问题，要素的增加是经济增长的主要动力。这种粗放的经济增长方式加大了对自然资源的开发和消耗，2003—2008年，我国的GDP增速平均为10.5%，而能源消费增速平均为10.6%，生产要素投入的增长速度超过经济增长的速度。2008年，中国创造了世界6.4%的GDP，却消耗了世界7.4%的原油、31%的原煤、30%的铁矿石和40%的水泥。同时，我国能源综合利用率仅为32%左右，比国外先进水平低十几个百分点，单位资源的产出不足发达国家的1/10，万元国内生产总值能耗比发达国家高4倍多，矿产资源总回收率比世界先进水平低20%，工业排放的污染物超过发达国家10倍以上。对资源的过度消耗使得我国出现各种资源短缺，增加对进口的依赖程度，严重威胁国家的安全。近年来，随着我国生态文明建设目标的确立及节能减排力度的加大，我国的能源、资源的消耗率持续下降。据2017年2月28日发布的《中华人民共和国2016年国民经济和社会发展统计公报》，2016全年能源消费总量43.6亿吨标准煤，比上年增长1.4%。煤炭消费量下降4.7%，原油消费量增长5.5%，天然气消费量增长8.0%，电力消费量增长5.0%。煤炭消费量占能源消费总量的62.0%，比上年下降2.0个百分点；水电、风电、核电、天然气等清洁能源消费量占能源消费总量的19.7%，上升1.7个百分点。全国万元国内生产总值能耗下降5.0%。工业企业吨粗铜综合能耗下降9.45%，吨钢综合能耗下降0.08%，单位烧碱综合能耗下降2.08%，吨水泥综合能耗下降1.81%，每千瓦时火力发电标准煤耗下降0.97%。

在以过度的资源投入为代价实现经济增长时，也为之付出了惨重的环境代价，生态恶化形势严峻。尤其是有些地方片面追求经济增长，不合理利用自然资源和保护环境，乱占耕地、过度放牧、过度采伐、过度开发以及过度排放污染物，使得我国耕地面积大幅度减少、水土流失严重，空气和水资源质量下降。根据世界银行的测算，我国每年因为环境污染造成的损失约占国民生产总值的8%—12%。2003—2008年，国家用于环境污染治理的投资总额不断总额不断增加，从1627.7亿元增加到4490.3亿元，6年间增长了176%。之后，我国不断加大投入，2014年，这一数字为9575.5亿元，占国内生产总值的比重为1.5%。改革开放以来，我国快速的城市化进程对生态环境也造成了很大的破坏。大量的城市垃圾和工业、企业的废弃物不能得到合理有效的处理，城市生产和生活消耗大量非可再生的矿物能源。

（三）政府在要素市场过度干预

在中国的经济发展过程中，虽然市场机制发挥调节作用和参与资源配置的领域不断拓宽，但总体上仍属于政府主导型经济。市场在生产要素配置中的基础性作用仍然没有完全体现出来，资源配置仍然在很大程度上受政府导向的影响，不能完全按照市场供求自由流动。以资金配置为例，仍然以国家投资为主，资金也没有按照市场机制的要求配置，而是通过行政化方式配置。从全社会固定资产投资资金来源看，国家预算内资金投资规模越来越大，从2003年的2687.8亿元增长到2008年的7954.8亿元，6年间投资规模扩大了近3倍；从资本流向来看，大部分资本投向国有企业，2008年国家为应对国际金融危机，新增4万亿投资计划，基本由国有企业承建，而受金融危机冲击最大、也是最需要支持的民营出口型企业并没有得到国家的额外支持❶。2009年，国有预算内资金投资规模进一步加大至12685.73亿元，之后依旧持续增长，2015年这一数字更是增至30924.28亿元。❷再以资源性产品定价为例，我国基本的自然资源的价格仍没有实现市场配置，而是一直沿袭旧的国家计划经济时期的政府定价和政府指导价。长期以来，我国水、电、煤气、热力实行政府定价，天然气和成品油的出厂价格实行政府指导价。长期的行政性管制造成资源价格构成不合理、资源产品之间比价关系不合理、国内与国际资源比价关系严重不对称，导致成品油的批零倒挂、不合理的油气比价、煤电价格倒挂等资源价格的严重扭曲，使得资源价格形成机制既不能有效反映资源的稀缺程度，也不能反映市场的供求关系❸。

（四）技术进步与自主创新不足

改革开放三十多年来，支撑"中国奇迹"诞生的基础动力是因廉价劳动力、土地和资源环境而产生的比较优势，随着国际形势的变化、发展阶段的演化，我国停留于科技含量低、附加值低、效益低的高强度要素投入型经济增长模式难以为继。而科技创新是经济增长的最直接动力，虽然政府和企业对科技创新的投入力度不断增加，但是同世界先进经济体相比，中国政府研发投入占国内生产总值的比重明显偏低，美国、法国、德国在同期发展阶段的研发投入占GDP的比重均远远超过了中国。我国技术进步、自主创新严重不足，其对经济增长的贡献率偏低。我国经济增长的科学技术进步贡献率只有39%，而创新型国家高达70%以上，技术进步的速度远滞后于经济发展的进程，也大大落后于世界先进水平。我国的技术专利是韩国的1/4，美国和日

---

❶ 孙剑：《中国经济发展的隐忧及转型》，载《甘肃社会科学》2010年第5期。
❷ 相关数据来自国家统计局"国家数据"网站。
❸ 唐艳：《资源价格改革中政府的角色与功能定位》，载《现代经济探讨》2008年第4期。

本的 1/30，可持续创新能力薄弱。

从企业层面讲，我国企业研发机构数量较少，研发能力不足。在"产学研"结合中，企业基本属于从属地位。企业普遍重生产轻研究开发，重引进轻消化吸收，中国很多企业庞大的生产能力建立在技术模仿的基础之上，创新能力不足，高端发明少。"中国制造"总体上处于国际产业链低端，经济增长缺乏内生动力。许多高性能的材料和核心部件严重依赖进口，关键技术受制于人，缺乏自主知识产权[1]。

此外，科学技术与经济社会发展脱节一直是我国发展中的一个重要症结。虽然经济体制和科技体制改革已经进行了 20 多年，科研力量的主体已经进入国民经济主战场，但是高层次、深层次的科技与经济结合的体制问题尚未从根本上得到解决，适应社会主义市场经济体制、经济与科技相互促进的新型科技体制还有待于建立和完善。

（五）发展不均衡

第一，区域差距。改革开放以来，无论是东部沿海地区，还是广大内陆地区，都实现了经济的快速发展，区域经济的发展为全国经济的持续、快速增长作出了巨大的贡献。然而，在发展过程中所形成的区域之间市场分割、地方保护、产业结构类同、无序竞争等问题始终没有得到很好的解决。中国根据区位优势，在改革开放初期实行了东部沿海地区优先发展的战略，这种发展模式促进我国沿海地区率先发展起来，但东部沿海地区的发展拉大了与中西部内陆地区的经济差距，导致了区域经济发展的不平衡。据统计，东部地区占我国国民生产总值的比重由改革开放初期的 43.5% 上升至 2006 年的 55.7%，虽然之后几年这一比例有所起伏，但始终在 50% 以上，2015 年这一比例为 56.34%。中、西部地区的人均 GDP 大约为东部地区的一半。2013 年我国东部地区城镇居民人均可支配收入为 40321 元，西部地区为 25496.67 元，差距将近 1.5 万元；东部地区农民居民人均纯收入为 18337.45 元，西部地区为 8595.73，前者是后者的 3.13 倍。

第二，城乡差距。近年来，我国农民收入虽然获得了较快增长，但增长速度仍然落后于城镇居民，致使城乡居民收入比逐年扩大。据中国社会科学院发布的《人口与劳动绿皮书（2008）》，从 1990 到 2007 年的 17 年间，我国城乡居民收入的绝对额差距增加了近 12 倍。农村居民 2010 年的人均收入还

---

[1] 耿刚德：《我国经济发展方式及动力机制的制度分析》，东北财经大学 2014 年博士学位论文。

达不到城镇居民 2002 年的水平。根据计算，城镇居民人均收入相比农村人均收入，其倍数从 1993 年的 1.94 倍上升至 2000 年的 2.01 倍，再到 2010 年的 2.59 倍，2015 年这一数字更是达到 2.73 倍。如果再考虑到城镇居民所享受到的住房补贴、公费医疗、子女教育等各种福利措施，这一差距将更大❶。

第三，居民收入分配差距。随着经济增长速度的加快，社会各群体之间的利益差别已经十分明显，收入分配差距不断拉大，贫富悬殊加剧，社会矛盾逐渐积聚、深化。城镇居民家庭之间收入差距一直呈不断扩大之势，国家统计局城调总队调查统计表明，2003 年，城镇居民最高 10% 收入户与最低 10% 收入户人均可支配收入之比为 8.43∶1，到 2008 年，两者之比达到 9.17∶1。2012 年，城镇居民 20% 最高收入家庭的人均可支配收入与 20% 最低收入家庭的人均可支配收入的收入差距之比为 5，较之于 2008 年的 5.77 有所下降，但其绝对差距为 41362.83 元，这一数值远高于 2008 年的 28873.49 元。与城镇居民相比，农村居民之间的收入差距更为突出。同样以 2012 年为例，农村居民 20% 最高收入家庭人均纯收入与 20% 最低收入家庭人均纯收入之比高达 8.21。

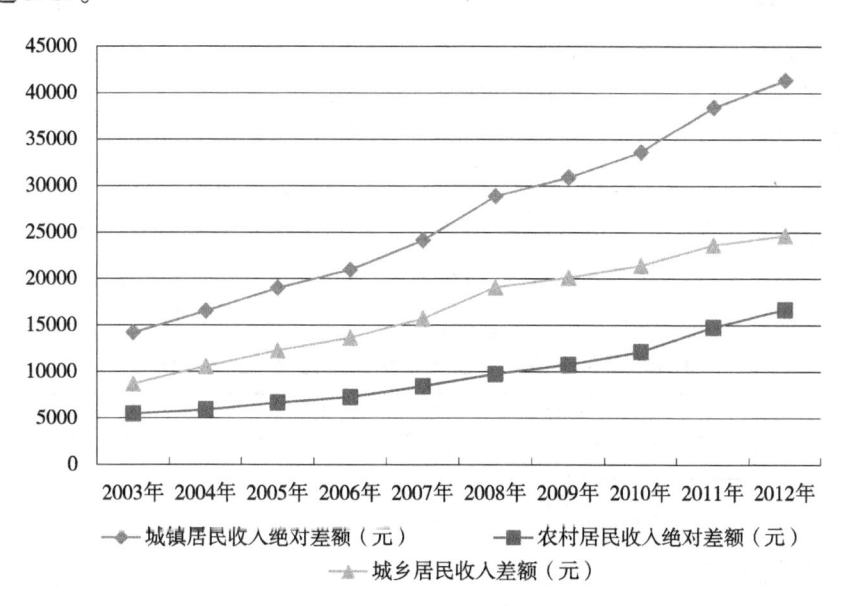

图 3　2003—2012 年居民收入差距❷

---

❶ 王超：《关于中国发展不平衡的研究》，载《中国外资》2013 年第 2 期。
❷ 数据来源：国家统计年鉴。

三、现行中国经济结构分析

经济结构内容很多，本书重点关注消费、生产、收入三个方面，即需求结构、产业结构和分配结构。

（一）需求结构

投资、消费和出口是拉动经济增长的"三驾马车"，国际经验表明，只有三者形成合理的比例关系，才能有助于经济的持续增长。近年来，随着出口拉动增长效应的递减，投资和消费对于经济增长的贡献都在增大。2006年，在宏观调控持续、固定资产投资压缩多年的条件下，全社会固定资产投资总额仍然达到10.99万亿元。据表18显示，2005—2007年这三年的投资率基本稳定在40.5%左右的水平。2008年以后，为应对国际金融危机，我国宏观经济政策调整为积极的财政政策，投资率开始逐年上升，2008年上升至43.2%，比2007年提高了2个百分点，2009年进一步上升至46.3%，2010年和2011年持续上升，分别上升至47.9%、48.0%。2012年开始略有下降，降至47.2%。我国消费率从2000年开始步入逐年稳步下降、长期处于低水平的状态，2008年跌至50%以下，2010年达到改革开放以来的最低点48.5%。2011年开始有了微弱的提升，2011、2012、2013、2014年的消费率分别为49.6%、50.1%、50.3%、50.7%。2015年，我国投资对GDP的贡献率是44.7%，最终消费支出对GDP的贡献率是51.8%，货物和服务净出口对GDP的贡献率是3.5%。与2005年相比，资本销售总额占GDP的比重提高了3.6个百分点，最终消费支出占GDP的比重减少了1.8个百分点。这说明我国存在多年的投资和消费的矛盾不仅没有缓解，反而在不断加剧。

表18 2005—2015年我国GDP构成比例（支出法）[1]   单位:%

年份	投资/GDP	消费/GDP	净出口/GDP
2005	41.0	53.6	5.4
2006	40.6	51.9	7.5
2007	41.2	50.1	8.7
2008	43.2	49.2	7.6
2009	46.3	49.4	4.3
2010	47.9	48.5	3.6

---

[1] 资料来源：国家统计局"国家数据"网站。

第三章 完善我国地方税收制度的经济、社会及政治法律环境分析

续表

年份	投资/GDP	消费/GDP	净出口/GDP
2011	48.0	49.6	2.4
2012	47.2	50.1	2.7
2013	47.3	50.3	2.4
2014	46.8	50.7	2.5
2015	44.7	51.8	3.5

从投资结构来看，我国长期偏重基础设施投资、房地产投资以及制造业投资。与之相对应，我国在公共服务、创新研发和人力资本开发等领域的投资则明显不足。2015年，我国科学研究、技术服务和地质勘查业全社会固定资产投资为4751.99亿元，仅为房地产固定资产投资（134784.30亿元）的3.5%。此外，我国投资强度大但是效益不高的问题也十分突出，集中体现为固定资产投资占GDP的比重不断提高，单位固定资产投资所创造的GDP贡献却持续减少。

最终消费包括居民消费和政府消费，居民消费是最终消费的主要部分。2005年至今，我国居民消费率平均在36%的水平上，政府消费率约为13.5%。在居民消费中，城镇居民与农村居民之间的消费也存在着明显的差异。城镇居民消费支出在居民消费支出中所占的比重逐年增加，而农村居民消费支出所占的比重则逐年下降，表19显示2015年城镇居民消费支出所占比重为77.8%，比2005年增加了5.6个百分点，农村居民消费支出所占比重为22.2个百分点，比2005年降低了5.6个百分点。

表19 我国城镇、农村居民消费结构❶

年份	城镇居民消费支出 绝对数（亿元）	比重（%）	农村居民消费支出 绝对数（亿元）	比重（%）
2005	54320.4	72.2	20912.0	27.8
2006	61479.5	73.1	22639.6	26.9
2007	74204.8	74.3	25588.5	25.6
2008	86497.5	75.0	28840.7	25.0
2009	95994.7	75.8	30666.2	24.2
2010	112447.2	77.0	33610.3	23.0

❶ 数据来源：国家统计局"国家数据"网站。

续表

年份	城镇居民消费支出		农村居民消费支出	
	绝对数（亿元）	比重（%）	绝对数（亿元）	比重（%）
2011	135456.6	76.7	41075.3	23.3
2012	153313.9	77.2	45222.8	22.8
2013	170330.4	77.5	49432.1	22.5
2014	188173.6	77.6	54366.1	22.4
2015	206836.8	77.8	59143.3	22.2

近年来，我国内外需失衡情况有所改善，贸易顺差持续缩小，但是依然面临着外部需求疲软的问题。2008年金融危机之前，我国一直处于净出口状态，国外需求显示出了拉动我国经济增长的作用，外需在总需求中的比重呈整体上升的趋势，净出口在GDP中所占比重于2007年处以历史高点（8.7%）。在金融危机之后，因受到国际经济走势放缓、主要出口市场需求大幅下降的冲击，加之我国主动改善进出口平衡状况，净出口比重一路下滑，2014年净出口所占比重降至2.5%的水平，2015年形势有所变化，这一数据升至3.5%。虽然金融危机之后，出口依存度有所下降，但到2014年，这一比率仍然在20%以上，比日本高6个百分点左右，比美国高13个百分点左右。这种状况与我国世界第一人口大国和第二经济大国的地位并不相称。

（二）产业结构

从一、二、三次产业的关系来看，我国产业结构的演进方向符合经济发展的一般规律，表现为第一、二产业的比重不断下降，第三产业的比重不断上升，并且已经超过了第二产业的比重。从增加值的比重变化上看，国民经济总量增长从主要由第一、二产业带动转变为主要由第二、三产业带动。据表20和图4所示，2014年我国GDP核算中，第一、二、三产业增加值分别为5.8万亿元、27万亿元、30.7万亿元，一、二、三产业增加值的比例关系为9.2∶42.6∶48.2，第三产业占GDP的比重达到48.9%，首次超过第二产业，高出2.6个百分点。根据国家统计局2017年2月28日发布的《2016年国民经济和社会发展统计公报》初步核算，2016年第一产业增加值63671亿元；第二产业增加值296236亿元；第三产业增加值384221亿元。第一产业增加值占国内生产总值的比重为8.6%，第二产业增加值比重为39.8%，第三产业增加值比重为51.6%。上述比例关系与我国目前发展所处的阶段相契合，但是与发达国家仍然有一定差距。据统计，当前三次产业比例的世界平均水平

第三章 完善我国地方税收制度的经济、社会及政治法律环境分析

为 2.9∶27∶70.1，高收入国家平均水平为 1.5∶25.1∶73.4。因此，整体来看我国产业结构中第一、第二产业比重偏高，第三产业比重明显偏低。

表 20 三次产业对 GDP 贡献率[1] 单位:%

年份	第一产业	第二产业	第三产业
2005	5.2	50.5	44.3
2006	4.4	49.7	45.9
2007	2.7	50.1	47.3
2008	5.2	48.6	46.2
2009	4.0	52.3	43.7
2010	3.6	57.4	39.0
2011	4.2	52.0	43.8
2012	5.2	49.9	44.9
2013	4.3	48.5	47.2
2014	4.7	47.8	47.5
2015	4.6	42.4	52.9

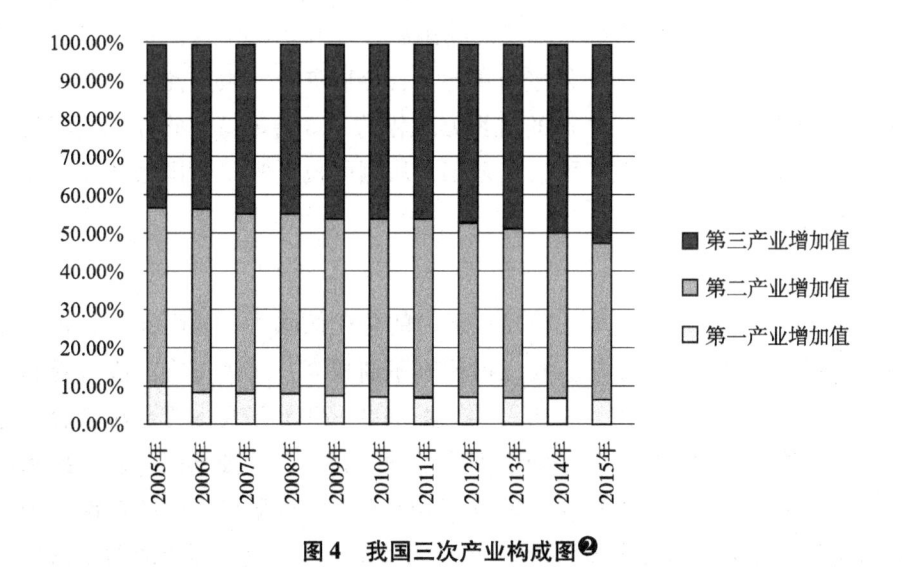

图 4 我国三次产业构成图[2]

分产业来看，我国产业内部存在结构不合理、效益偏低等问题。

首先，我国农业发展滞后，尽管近年来我国持续加大对"三农"的投入，

---

[1] 数据来源：国家统计局"国家数据"网站。
[2] 数据来源：国家统计局"国家数据"网站。

农业综合生产能力得到了提升，但是我国农业发展的基础仍然薄弱，农业基础设施仍比较落后。我国农业产业化和规模化经营还处于起步阶段，产业选择上趋同，大宗农产品区域布局不合理。值得警惕的是，我国粮食和重要农产品的自给率不断下降，国家粮食和农产品安全面临着严峻挑战，农产品贸易逆差2011、2012、2013年接连突破300亿美元、400亿美元和500亿美元大关，2015与2016年这一数字有所下降，分别为462.0亿美元和385.8亿美元。

其次，从第二产业来看，生产结构不够合理，高耗能、高污染的重化工业产能严重过程，制造业大而不强，整体上处于全球价值链的中低端，难以适应国际国内的需求变化；产业组织结构不合理，产业集中度低，没有形成有效的规模经济，生产协作化、专业化程度不高；产业技术结构不合理，技术和质量的提高过分依赖引进，自主开发能力弱，产品质量不高、竞争力不强，缺乏有影响力的品牌和产品；高新技术产业、环保产业等新兴产业相对落后。

从第三产业来看，总量偏小，整体竞争力不强，现代服务业发展不充分，对第一产业和第二产业支撑力不足。我国服务业在内部结构上仍然以生活服务业和流通性服务业等传统领域为主导，社会服务业、生产性服务业等新兴领域发展相对不足。第三产业的增长方式粗放，效益偏低。此外，我国是货物贸易顺差国，但却是服务贸易逆差国，从侧面也反映了我国服务业整体竞争力不强的事实。

（三）分配结构

国民收入在政府、企业、居民三部门的分配结构中，居民部门收入占比不断下降，而政府和企业部门收入占比则不断提高，居民可支配收入受到政府部门和企业部门的双重"挤占"。依据2000—2011年我国资金流量表实务交易的数据，表21列出了我国居民部门、政府部门和企业部门初次分配和再分配的情况。从平均水平来看，2000—2011年，我国居民部门的初次分配平均占比和再分配平均占比分别为62.08%和61.92%，政府部门的两项占比分别为14.2%和17.3%，企业部门的两项占比分别为23.7%和21%。从变化趋势来看，居民部门的这两项占比均呈总体下降的趋势，2002年开始再分配占比低于初次分配占比，2011年两项占比相比2000年分别下降了6.5和6.7个百分点。政府部门两项占比整体上呈上升的趋势，其中，政府初次分配收入占比在13%—15%变动，而政府再分配收入在15%—20%变动，与2000年相比，2011年政府部门的初次分配收入占比和再分配占比分别提高了2.3和4.6个百分比，政府再分配占比始终高于初次分配。对于企业部门，初次分配和再分配占比均呈小幅上升后下降的趋势，2008年企业初次分配占比和再分配占比分别为26.61%和22.74%，2011年两项占比降至23.73%和20.79%，再分配占比始终低于初次分配。总体来看，居民收入占比下降的主要原因是政府和企业部门收入占比的过快上升，其中企业部门在初次分配中上升更多，而政府部门在再分配环节上升更多。

表21 我国初次分配和再分配的部门分解❶   单位:%

年份	居民部门 初次分配	居民部门 再分配	政府部门 初次分配	政府部门 再分配	企业部门 初次分配	企业部门 再分配
2000	67.15	67.54	13.13	14.53	19.72	17.94
2001	65.93	66.07	12.67	15.01	21.40	18.92
2002	64.49	64.43	13.94	16.23	21.57	19.34
2003	64.09	63.97	13.62	16.09	22.28	19.94
2004	61.14	61.05	13.74	16.43	25.12	22.91
2005	61.28	60.84	14.20	17.55	24.52	21.60
2006	60.73	60.25	14.53	18.21	24.74	21.54
2007	59.61	58.89	14.74	19.01	25.65	22.10
2008	58.66	58.28	14.73	18.98	26.61	22.74
2009	60.69	60.53	14.58	18.28	24.73	21.19
2010	60.50	60.40	14.99	18.41	24.51	21.19
2011	60.67	60.78	15.38	19.19	23.95	20.03
平均水平	62.08	61.92	14.19	17.33	23.73	20.79

从功能性收入角度考察初次分配环节，劳动者报酬主要由居民部门取得，由表22显示，2000—2011年劳动者报酬占国民初次分配收入的平均比重为50.38%；生产税净额主要由政府部门取得，占比平均为12.73%；财产性收入主要分布在居民部门和企业部门，两个部门财产性收入占国民初次分配的平均比重分别为3.08%、3.98%；经营性留存主要由企业部门取得，占比平均为19.76%。从变化趋势来看，我国劳动者报酬占比呈不断下降趋势，与此同时，企业部门的经营性留存占比和政府部门的生产税净额占比却不断提高，这反映了我国收入阶层的分化呈扩大趋势。

---

❶ 数据来源：国家统计局2001—2012年统计年鉴。

表22　各部门初次分配环节收入占比　　　　单位:%

年份	居民部门 劳动者报酬	居民部门 财产性收入	居民部门 经营性留存	企业部门 财产性收入	企业部门 经营性留存	政府部门 生产税净额	政府部门 财产性收入	政府部门 经营性留存
2000	53.31	3.13	10.72	3.36	16.36	12.22	0.51	0.40
2001	53.23	2.72	9.97	2.83	18.56	12.00	0.70	-0.02
2002	54.16	2.50	7.82	2.92	18.66	12.39	0.99	0.55
2003	53.15	2.38	8.57	3.22	19.07	12.98	0.63	0.02
2004	50.77	2.36	8.01	3.14	21.98	12.92	0.66	0.16
2005	50.73	2.44	8.11	3.62	20.90	12.90	0.81	0.49
2006	49.27	3.36	8.11	4.29	20.45	12.81	1.31	0.41
2007	48.01	3.69	7.90	4.77	20.89	13.25	1.29	0.20
2008	47.63	3.73	7.31	5.09	21.52	12.52	1.75	0.46
2009	49.06	3.34	8.29	4.47	20.26	12.33	1.84	0.41
2010	47.75	3.24	9.52	4.76	19.75	13.18	1.79	0.03
2011	47.47	4.02	9.18	5.24	18.71	13.29	2.33	-0.24
平均水平	50.38	3.08	8.63	3.98	19.76	12.73	1.22	0.24

在再分配环节，居民部门获得的社会补助和其他收入占国民可支配收入的比重逐步提高，表23显示，从2000年的4.33%上升到2011年的8.24%。企业部门的再分配收入占比由0.43%上升至0.96%，提高了0.53个百分点。政府部门的再分配收入占比由5.19%升至11.13%，提高了近6个百分点，占比提升主要来自于收入税和社保收入。总体而言，尽管我国居民在再分配中的社会补助等收入有所提高，但仍无法赶上政府部门税收和社保收入的快速增长，造成以劳动者报酬为主要来源的居民部门在再分配环节并没有得到实质性改善，反而拉大了政府收入与居民收入的差距[1]。

表23　各部门再分配环节收入占比　　　　单位:%

年份	居民部门 社会补助	居民部门 其他收入	企业部门 其他收入	政府部门 收入税	政府部门 社保收入	政府部门 其他收入
2000	3.74	0.59	0.43	2.15	2.68	0.36
2001	3.92	0.70	0.54	3.09	2.85	0.38

---

[1] 吕元祥：《我国经济增长中的需求结构失衡问题研究》，南开大学2014年博士学位论文。

续表

年份	居民部门		企业部门	政府部门		
	社会补助	其他收入	其他收入	收入税	社保收入	其他收入
2002	4.33	0.95	0.70	2.95	3.37	0.41
2003	4.47	1.12	0.76	3.08	3.58	0.40
2004	4.50	1.25	0.82	3.35	3.58	0.40
2005	4.48	1.25	0.82	3.74	3.76	0.50
2006	4.70	1.20	0.82	4.04	3.96	0.54
2007	4.63	1.26	0.81	4.44	4.02	0.63
2008	3.72	1.20	0.90	4.67	4.29	0.67
2009	5.91	1.07	0.95	4.52	4.71	0.56
2010	6.36	1.17	0.97	4.39	5.11	0.56
2011	7.10	1.14	0.93	4.85	5.79	0.49

第二节 税制改革对经济转轨的影响

十八大尤其是十八届三中全会吹响了新时期全面深化改革的号角，并从政治、经济、文化、社会等诸方面对改革目标进行了详细部署。这次改革是在我国发展模式及经济结构即将发生重大转变的时局下展开的，而税制又是这一改革方略中的重要一环。

一、税制改革在转变经济发展模式中的作用

经济决定税收，税收影响经济，促进经济发展方式转变和结构调整需要一个合理、有效的税收制度[1]。通过税收制度改革，可以在以下几个方面对经济发展模式产生有益影响：

（一）确定合理的税负水平，促进经济稳定增长

税收负担问题是一国税收制度面临的基本问题，根本上决定于国家经济发展水平和国民收入水平。理论和实践均表明，税负水平的增减变化，对社会总需求和总供给具有刺激或抑制的效应，税收增长与经济增长具有显著相

---

[1] 何建堂：《税制改革促进经济发展方式转变研究》，载《西部财会》2010年第10期。

关性。从理论上讲，课税范围小、税基狭窄、税负规模小，则税收对国民经济运行的影响就比较弱；税负规模越大，税负变动对经济运行的影响力就越大。因此，要发挥税收促进经济增长的功能，有必要保持一定的税负规模。在经济发展的一定阶段，税负规模应根据国民经济运行的状况不断调整。在经济增长过热、通货膨胀严重时期，应采取紧缩性税收政策，适当扩大税负规模；在社会总需求与总供给基本平衡、各种经济关系顺畅的条件下，则应保持税负水平的缓慢增长，保持税收对经济的中性作用。

在当前我国宏观税负水平偏高的情况下，通过税制改革，可以稳定税负水平、公平税收负担。一方面，通过结构性减税，优化税收制度，提高征税效率，减轻企业和个人的超额税收负担。以"营改增"为例，通过扩大增值税的征税范围，将原本属于营业税的征税项目改征增值税，优化抵扣机制，更好的发挥增值税的优势，同时，通过简化并降低增值税税率，适度降低增值税整体税收负担水平，有效减轻居民和企业的税收负担，拉动居民消费，促进经济发展。另一方面，合理的税负分配原则有助于所有制结构的调整。统一各类企业税收制度，合并内外资企业所得税，进行税费改革，堵塞税收漏洞，清理、规范税收优惠政策，优化和均衡不同地区、行业之间的税负水平。

（二）约束粗放型增长方式，促进经济可持续发展

目前我国正处于工业化和城镇化加速发展阶段，受资源能源、气候环境、技术装备、国际竞争等多重因素影响，未来有限资源与现实需求之间的矛盾将更加明显。在这样的背景下，迫切需要通过合理开发利用资源、维护生态环境来维护国家经济安全，促进经济可持续发展。

通过资源环境税体系改革，强化资源税职能，引入环境保护税制度，进一步加大对资源环境保护的调节力度，最终建立有利于资源节约型、环境友好型社会建设的资源环境税制度体系。首先，当前资源瓶颈成为我国经济发展最突出的问题之一，与资源价格形成机制有关[1]。通过资源税改革形成合理的资源税税负水平和资源价格，理顺我国资源和能源的价格形成机制，可以与要素价格的改革相呼应，达到优化资源配置的目的。其次，通过资源税改革，可以促使整个产业链条节约资源、更好地维护生态环境。资源税负的提高迫使企业通过技术创新，提高资源使用效率，降低综合成本。此外，资源税和环境税改革，将更多的资源和行为纳入征税范围，迫使企业将资源消耗、

---

[1] 张海星、许芬：《促进产业结构优化的资源税改革》，载《税务研究》2010年第12期。

环境污染和破坏的外部成本内部化，高污染、高能耗的企业将承担更重的税负，引导企业朝着低碳和减排的方向发展，进而在全社会形成资源节约、低碳环保的生产体系和消费方式。

（三）激励创新，转变经济发展方式

继自然经济、工业经济之后，人类社会进入以人才和创新能力为动力、以高新技术为特征的知识经济时代，经济发展由主要依靠增加物质资源消耗向主要依靠科技进步、劳动者素质提高、管理创新转变。在此方面，税收亦能发挥积极作用。

首先，国家应实行有利于增强和调动开发人力资源积极性的税收政策，这主要可通过所得税的改革来实现。一方面，完善当前我国个人所得税税前扣除范围和标准的设计，将教育和培训支出等因素考虑在内，在普遍调整工资薪金所得费用扣除标准的前提下，适当调高高科技人才工资薪金所得的费用扣除标准；另一方面，提高我国企业发展职业教育和继续教育等企业培训的税前列支比例，加大对企业人力资本投资的激励力度。

其次，通过税收优惠、税收减免、加速折旧等政策，激励企业加大研究与开发的投入，提高自主创新能力。建立健全高新技术企业发展税收政策体系，进一步完善技术进步税收政策、风险投资税收政策和人力资本投资税收政策。通过对企业自主创新成果转让收入的税收减免政策鼓励其产业化和规模化；通过对科技人员收入的税收优惠鼓励劳动力培养，吸引人才的流动[1]。

（四）增加政府调控能力、促进经济平衡发展

税收是国家宏观经济运行重要且不可或缺的三大自动稳定器之一，通过税收制度的合理安排，使税收发挥自动抵消经济波动的作用[2]。税收的这项功能主要是通过累进的所得税来实现，在经济萧条时期和繁荣时期，税收收入会自动趋于减少或增加，从而分别发挥出自动减缓经济萎缩程度或抑制通货膨胀的作用。同时，政府可以根据经济形势变化，主动调整税收政策，逆经济方向进行调节，使税收作为一种经济力量来维系总供给和总需求的平衡，促进宏观经济稳定发展。通过进一步优化个人所得税和企业所得税，开征新的财产税来提高直接税的比重，使直接税和间接税实现合理配置，强化税收的整体调控功能。

---

[1] 丛明：《建立和完善促进经济发展方式转变的税制与税收政策》，载《涉外税务》2010年第9期。

[2] 丛树海：《转变经济发展方式下的税收制度变革和政策调整》，载《税务研究》2010年第6期。

通过调整税制结构，合理划分税种和确定税率，完善分税制，理顺中央与地方的分配关系，在统一税法、合理分权的基础上，逐步扩大地方税收规模，建立地方税收管理体系，充分保障地方政府财力。对于地方政府而言，通过税制改革能够从中央政府手中获得一定的税权，利用增税和减免税政策调节地方产业、行业发展，使得本地区税收收入能够与地方经济之间的相关性更强，增加地方政府对经济的调控能力，实现地区经济的可持续发展和地区间的协调发展。

二、税制改革在调整经济结构中的作用

从税收与经济结构的关系来看，税收作为国家进行宏观调控的主要工具，可通过对需求结构、产业机构、分配结构等经济结构的调整，使经济实现协调发展。

（一）优化内外需结构

拉动内需方面，首先，个人所得税能够对居民收入差距进行直接调节，从而调节消费和储蓄行为，对国内需求特别是消费需求产生直接影响。通过对个人所得税制度进行改革和完善，适时提高个税免征额，在一定程度上有助于提高中低收入者的可支配收入，增强其消费能力，拉动国内需求；改革个人所得税计征模式，完善费用扣除方法，向综合所得税制或以综合所得税为主的混合制改变，综合考虑纳税人的家庭具体情况，确定不同的扣除标准，提高普通民众的可支配收入，进而促进居民消费。其次，通过推进间接税改革，降低间接税负促进消费价格的下降，进而扩大消费需求。随着"营改增"试点的全面展开，逐步下调增值税标准税率，降低增值税的总体负担。降低以食品为主的生活必需品的增值税率，缓解增值税的累退性，扩大中低收入阶层的消费能力。[1] 消费税改革中，通过重新设计征税范围，降低或取消小汽车、住房等生活必需品的消费税，同时对近年来出现的高档、超前、贵族式的消费行为和高档的非生活必需品开征消费税，发挥对消费行为的调节作用。[2] 此外，通过增值税改革，由"生产型"增值税向"消费型"增值税转

---

[1] 根据财政部、税务总局 2017 年 4 月 28 日下发的财税〔2017〕37 号《关于简并增值税税率有关政策的通知》，自 2017 年 7 月 1 日起，简并增值税税率结构，取消 13% 的增值税税率，原适用低税率货物的增值税率由 13% 降为 11%。

[2] 夏海平等：《进一步扩大内需的税收政策研究》，载《广西大学学报（哲学社会科学版）》2010 年第 5 期。

变,企业当期购入固定资产所付出的款项在计征增值税时准予扣除,激励了企业的固定资产投资,扩大投资需求。

外需方面,通过进一步完善出口退税机制,促进对外贸易的有效增长。一方面,进一步提高出口退税率,直至实行全额彻底退税,减轻出口企业的负担,加强中国产品在国际市场上的竞争力。另一方面,扩大出口退免税范围,将随同增值税征收的附加税(城建税、教育费附加)列入退税范围。此外,进一步降低关税水平,并与国内经济结构的调整和产业政策的要求相结合,形成有层次、有区别的关税税率结构,使国内产业在激烈的国际竞争中健康发展,在国家的比较优势中,分享国际分工的利益[1]。

(二)促进产业结构升级,实现经济结构的优化

税制改革以国家产业发展序列为依据,引导资源的合理配置和生产要素的合理流动,促进国民经济整体效益的提高。通过设置税种、税目,明确调节的具体范围,确定税率配合产业结构调整,采取产品差别税率、行业差别税率、地区差别税率,引导资本在部门间进行调整;通过影响税源、税基来发挥税收的调控作用,在高税率的强压之下,生产者和消费者会选择替代产品进行生产消费,例如,消费税具有良好的调节功能,既可以引导人们的消费行为又可以调节企业的生产行为,从而促进环境资源集约利用,推动产业机构调整优化;通过税收减免及征收管理上的差异配合产业结构调整,采取税收减免等政策促进产业发展。

税制改革中的"营改增"对于结构调整意义重大,不仅有利于减轻企业负担,更重要的是能够促进经济合理专业化分工和产业创新升级。此外,在促进服务业发展方面,建立全面覆盖商品和服务的增值税制度,将服务业纳入增值税的征税范围,形成完整的增值税抵扣链条,避免重复征税,降低纳税人的税收负担,促进专业化分工;服务业适用出口退税制度,在服务出口环节免税,退还以前环节承担的税款,降低服务贸易的国际市场价格,从而提高我国服务贸易的国际竞争力,促进服务业的国际化。

在产业结构调整过程中,税收优惠政策对促进三次产业协调发展发挥了积极的推动作用。以产业优惠为导向,对属于政策允许鼓励发展的产业保留优惠,对投资数额大、回收期较长的能源、交通、通讯、基础设施项目、高新技术企业等给予不同程度的优惠,对不属于国家政策鼓励范围的产业取消

---

[1] 尚可文、王京梁:《经济全球化与中国税制改革》,载《河北经贸大学学报》2003年第2期。

优惠。例如，在农业发展方面，加大对新型农村经济组织和农产品精深加工的优惠；在加快服务业发展方面，针对服务业制定新的专项优惠政策；完善促进科技进步和高新技术企业产业发展的优惠政策，加快产业升级❶。

(三) 调整分配关系

税收对收入分配的调控作用是税收本身所具有的内在职能，其对收入分配的调节作用在分配的各环节均能体现出来。

从初次分配来看，通过税制改革营造公平的市场竞争环境，尽量减少不同要素所得在初次分配环节的不合理差距。税负轻重会影响资本和劳动要素在国民收入中的比重，从而改变初次分配中的收入差距。因此，通过消费税对奢侈品课以重税，就可以限制高收入者的消费支付能力，缩小消费差距；增值税通过扩大对日常必需品的优惠范围并适当降低税率，可以降低低收入者的税负水平；资源税调节由于资源的丰瘠程度而带来的企业级差收入，缩小不同行业、企业间的收入差距。

从再分配环节来看，税收的作用主要通过所得税来实现。通过对个人所得税进行改革，实行先分类预提、后综合计税的税制模式，或实行二元所得税制；对资本所得实行比例税率，分类课征；对劳动所得实行累进税率，综合课征；连续提高费用扣除标准，通过出台减免税政策的方式，利用税收杠杆，减轻中低收入阶层的税收负担，调节高收入阶层的收入，缩小高收入者与低收入者之间的差距。通过征收企业所得税，减少资本收益，缩小资本利得者和劳动者之间的收入差距。或者，通过财产税对社会存量的财富进行再分配，限制社会财富向少数富有者过度集中，体现社会分配的公正性。此外，规范分配关系，继续推行税费改革，强化税收在政府筹集收入中的主导地位，也有利于改善政府、企业、居民参与国民收入分配的关系❷。

第三节 中国税制改革的外在政治、社会及法制环境分析

任何一个国家的税制改革都不可能脱离该国的经济、政治、社会等基本

---

❶ 李铁：《促进经济发展方式转变的税收制度改革》，载《北华大学学报（社会科学版）》2013年第14期。

❷ 李渊：《我国收入分配税收调节机制改进研究》，天津财经大学2012年博士学位论文。

国情而取得成功，研究新形势下我国的税收改革及地方税体系建设也必须以充分了解我国国情为前提。前文重点探讨了我国经济发展模式，这里拟由政治环境、社会环境、法制环境等三个方面对我国新一轮税制改革的外在环境进行简要分析。

一、政治环境

税收不仅仅是个经济问题，还是一个政治问题，与我国的行政体制的特点及国家的政治改革有着密切的关系。

（一）中央集权行政体制

中央集权是相对于地方分权而言的，其特点是地方政府在国家政治、经济、军事等方面缺乏独立性，必须严格服从中央政府的命令，在事关国家主权、发展道路等国家利益的重大问题上受控于中央。中央集权制是国家政权的一种结构形式，它体现着国家的整体与部分之间、中央与地方之间的相互关系。中国政治权力在中央与地方之间的分配可以概括为：按照中央政府统一领导、地方政府分级管理的原则，形成的由上而下的"金字塔式"的地方政府科层结构。这种"金字塔"形结构反映出当代中国纵向的政治架构，就是一种比较有特色的中央集权体制。在这种制度框架中，中央政府实质上被宪法和现实的政治实践赋予了广泛并重要的政治权力，是中国政治系统的中枢单元。与此同时，为了加快经济的发展和现代化目标的实现，中央政府力图通过行政层级控制力，将权力和国家意志渗入到社会各个角落，以尽可能地动员一切社会经济和政治资源。从理论上说，地方政府只是中央政府的代理机构，但在中国这样一个超大型中央集权国家，地方权力始终是单一国家主权中的有机组成部分，地方政府承担了中国政治系统中大部分的具体的行政职能。

从新中国发展历程来看，中央集权发挥了重要的历史作用。新中国成立初期，以美国为首的西方国家对中国实行军事、政治、经济封锁。后来的中苏分裂更加剧了中国周边环境的紧张局势。在这种情况下，中国共产党和政府确立了优先发展重工业的战略，使中国从国民经济百废待兴到全面改观，不能不称作是一个奇迹，这与强大的中央政府和实行中央集权是分不开的。新中国成立后的前30年，虽然经历了曲折和动乱时期，但从总体上看，在中央集中统一领导下，中国在几乎一片废墟上成功地构建了相对独立、比较完整的工业体系。可以说，这一时期实行高度中央集权有其历史和现实的合理性。

在这一时期，中国的行政体制进行了四次改革，历次改革均服务于计划经济体制和国家赶超战略。国务院及其所属部门的机构设置、职责权限迭经变迁，多次实行权力下放和上收，但只限于调整中央和地方、条条和块块的管理权限，其目的是保证中央计划的完成。与之相适应，财税体制以集权为最主要特征，中央集中大部分财权财力，地方对中央的依赖程度较高。在收入方面，国家财政收入"超常"积累，财政收入占国内生产总值的比重在相当长的时间内均保持在30%以上。在支出方面，基本是"大而宽"的支出格局，体现了"全能政府"的特征。财政成为社会投资的主体，建立了"高就业、低工资"的社会分配格局。在管理体制方面，中央、地方都按统一要求编制财政收支计划，税收管理权主要集中在中央，地方权限较小，国有企业利润全额上缴、亏损由国家补贴、投资由国家拨付、福利按工资比例计提。

改革开放以来，为了适应和促进社会主义市场经济的发展，同时也为适应和推进民主政治建设的进程，行政体制改革越来越多地具有为市场经济和民主政治开辟道路的指向，逐渐向有限政府的方向发展。具体表现为减少了行政审批，决策更加注重民主化、科学化。在这一阶段，前三十年的高度中央集权已经在一定程度上阻碍了中国现代化的进程，因此在中央集权的基础上强调分权和放权。

在由计划经济向市场经济的转轨时期和接下来的市场经济时期，这种由高度中央集权向强调地方分权的改革，中央与地方之间的政治权力的分配既高度集中，同时又高度分散。但是，中国的地方政府权力只在有限的范围内具有自主性，其权力来源主要是中央政府自上而下授予，其权力的实际形态和行使方式都受到中央的适时性调控。具体表现为各级地方政府除自主负责本地区的事务外，还需要执行从中央层层下达的指令性任务。

（二）税制改革的动力机制

1978年，党的十一届三中全会作出了全党工作的着重点从1979年起转移到社会主义现代化建设的重大决策，提出了改革经济管理体制的任务，包括有领导地、大胆地向地方和企业下放权力，坚决实行按照经济规律办事等内容。在接下来的十几年中，中央政府对经济体制逐步进行了全面的改革。财政体制作为改革突破口先行一步，以扩大地方和企业财权为起点，对财税体制进行了重大变革，逐步打破统收统支的财政体制。经过不懈的努力，所得税、流转税、财产税从税法到细则不断健全完善，初步建立起一套比较完整的税收制度。同时，通过对税法的适当修改完善，进一步放宽了对外资的优惠政策，有效推动了吸引外资、引进技术、扩大对外经济交流与合作。

1992年10月，中共召开第十四次全国代表大会，确立了建立社会主义市场经济体制的改革总目标，并提出了实施合理划分中央和地方职权基础上的"分税制"改革要求。在借鉴成熟市场经济国家经验并充分考虑国情的基础上，中国于1994年进行了分税制财政体制改革和税制改革。分税制财政体制改革突破了"放权、让利"的传统改革思路，向构建市场经济条件下的财政体制的建立及其后的调整完善和稳健运行，为建立现代财政制度奠定了基础。

目前，中国现行税制的基本框架依然是1994年分税制改革奠定的，这一税制已运行了二十多年，政治、经济、社会环境的变化呼唤税制改革的升级版。与1994年之前税收秩序较为混乱相比，而今税收秩序相对合理。面对财政支出压力的挑战，政府收入的筹集需更多地依靠加强国家财富管理，不仅要借助于税收，国有资源、国有经济、国有土地等方面的收入也不能忽视。

二、社会环境

建立现代国家与完善公民社会是实现国家治理现代化的一个重要方面，国家税收制度的建设一定要立足于现实社会的需要

（一）我国社会现状

社会问题牵涉方方面面，就目前普遍关注的热点而言，至少包括养老、生态、就业、住房、消费、收入分配等多个方面。

1. 已步入人口老龄化社会

国际上，通常认为当一个国家或地区60岁以上老年人口占人口总数的10%，或者65岁以上老年人口占人口总数的7%，这个国家或地区将进入老龄化社会。根据2011年公布的第六次全国人口普查结果，中国60岁及以上人口占总人口的比例为13.26%，比2000年人口普查上升2.93个百分点，其中65岁及以上人口占8.87%，表明我国也已步入老龄化社会的门槛。

与发达国家不同，中国是在尚未实现现代化、经济尚不发达的情况下提前进入老龄化社会的，而发达国家是在基本实现现代化的条件下进入老龄化社会的，属于先富后老或富老同步。经验研究表明，发达国家进入老龄社会时，人均国内生产总值一般都在5000—10000美元以上。例如，日本在1970年65岁以上老年人口比重达到7.07%，进入老龄化社会时，以当时的币值计算，人均国民生产总值已经达到4981美元，人均收入已经达到1689美元。

而中国在跨入老龄化社会时人均国内生产总值才1000多美元，仍属于中等偏低收入国家行列，应对人口老龄化的经济实力还比较弱。人口老龄化带来的直接问题是在职者赡养负担的加重。从全国城镇企业职工基本养老保险看，2010年制度赡养率为32.5%，意味着每3.1个参保的在职职工供养一个参保的离退休人员，而在1990年为每5.4人供养一人。城镇企业职工基本养老保险基金支出占GDP的比重总体呈不断上升之势。2011年，全国城镇职工基本养老保险基金支出12765亿元，比上年增长20.9%，占当年GDP的比重达到2.7%，比1989年提高了整整两个百分点。按当年价计算，1989—2011年全国城镇企业职工基本养老保险基金支出年均增长23.7%，高于同期GDP增速7.4个百分点。从理论上分析，在其他条件不变的情况下，如果制度赡养率不降低（提高或维持不变），要确保离退休人员养老待遇不降低，只能提高基本养老保险缴费率。然而，相对于老年人口抚养比，过高的制度赡养率以及较高的缴费率又对符合条件的未参保者构成了逆向选择的负激励。这就形成了一个在人口老龄化加速条件下的养老保险筹资困局。另据最新数据显示，我国60岁及以上老年人口已超过2.22亿，占总人口的比例为16.1%，空巢老人突破1亿，失能半失能老人达到3500万，未来20年仍将以年均近千万的规模快速增长。❶"银发浪潮"扑面而来，冲击着我国的经济、社会、文化、家庭。

2. 生态环境恶化

自1978年改革开放以来，中国经济发展取得了世人瞩目的成就。与此同时，经济发展付出的生态环境成本代价同样惨重。特别是20世纪90年代以来，中国的生态环境日趋恶化，已经影响到人民的生存安全，成为民生中的大问题。

从传统意义上讲，经济的快速发展需要更多的能源，而能源的不当开发和利用会产生严重的环境问题。目前，中国面临的大气污染、水环境污染、固体废弃物增加、水土流失等一系列的问题，给生产、生活带来诸多不便，成为制约国家经济、社会可持续发展的重大问题。由于环境治理具有明显的正外部效应，属于市场失灵范围，基于收益最大化原则，市场微观主体不愿主动承担责任，这就需要政府采取一系列包括财政、税收等经济措施以及必要的行政手段进行干预和调控。

3. 面临就业困境

---

❶ 张阿玲：《破解"中国式养老"》，载《中国保险报》2017年5月5日。

随着经济体制改革的深入，在新增劳动力、农村转移劳动力以及产业结构调整等综合因素的影响下，中国的就业问题日益突出。

首先，在就业增长率始终较低的情况下，高校毕业生与农村富余劳动力就业困难成为两大重点。据人力资源和社会保障部公布的数据，近年来我国高校毕业生人数连攀新高，2014—2017年的数字分别为727万、749万、769万和795万人，在我国经济发展进行新常态的背景之下，就业形势极其严峻。据麦可思发布的《2017年就业蓝皮书》数据显示，自2014年以来中国大学毕业生就业率已经出现两年连续下滑。❶ 另外，中国城镇化率（即城镇人口占总人口的比重）由2000年的36.2%上升到2016年的57.35%，越来越突出的难题在于农村富余劳动力的就业。国家卫计委发布的《中国流动人口发展报告2016》显示，2015年我国流动人口数量已达2.47亿人，相当于每六个人中有一个是流动人口，且未来一二十年，我国仍处于城镇化快速发展阶段，按照《国家新型城镇化规划》的进程，2020年我国仍有2亿以上的流动人口，其中主要是农村户籍流动人口。国家统计局发布的《2016年全国农民工监测调查报告》同样表明，2016年农民工总量达到28171万人，比上年增加424万人，增长1.5%。据此，从劳动力供给量上看，中国面临较大的就业总量压力。

其次，从产业结构来看就业情况存在着明显的行业差异，三次产业的就业增长率和就业弹性存在较大差别。以农业为主的第一产业就业增长率和就业弹性都连续多年为负值，而以工业和建筑业为主的第二产业就业增长率和就业弹性相对较高，以服务业为主的第三产业就业增长率和就业弹性都基本处于中间位置。

4. 房价持续走高

自1998年住房市场化改革以来，中国房地产业快速发展，对经济增长起了重要作用。但由于各类因素的推动，房价持续走高。价格上涨率远高于其他商品价格上涨率、经济增长率和居民平均收入增长率。近年来，社会各界要求将房价控制在合理范围之内的呼声渐高，如何通过税收政策引导和调控房地产市场已成为理论界和实务界共同关注的重要课题。

5. 消费结构变化显著

改革开放以来，中国的消费结构变化显著，消费方式逐步从生存型向

---

❶ 2014年，全国高校毕业生就业率、本科就业率、高职高专就业率分别为92.1%、92.6%、91.5%，而2015年的数据为91.7%、92.2%、91.2%，2016年则为91.6%、91.8%、91.5%。

发展型和享受型转变。在城镇居民的消费支出中，住房、交通、文化教育、医疗保健、通讯等方面的消费比重不断上升，食品消费不断下降，恩格尔系数由 1993 年的 0.869 逐渐下降至 2003 年的 0.55，2014 年已低于 0.3，根据国家统计局发布的《2016 年统计公报》，2016 年全国居民恩格尔系数为 0.301，比上年下降 0.5 个百分点，接近联合国划分的 20%—30% 的富足标准。这说明在经济发展的新阶段，发展性的消费正在加速增长。与此同时，消费结构对发展度的贡献率不断增长，中国经济正在由投资驱动型向消费拉动型变化。

6. 收入分配差距拉大

改革开放三十多年以来，我国的社会经济得到了长足的发展，城乡居民的收入也不断提升，但是收入分配差距却不断扩大，我国官方公布的基尼系数与部分专家测算的数值虽有出入，但均已超过了公认的警戒线。这种状况不利于经济的持续健康发展，还可能引发一系列的社会问题。党的十八大报告明确提出要"调整国民收入分配格局，加大再分配调节力度，着力解决收入分配差距较大问题"。税收政策作为政府的重要政策工具之一，在我国收入差距不断扩大的背景下被赋予了重要的使命。

（二）税制改革的公平正义维度

税制改革需要以公平正义原则为统帅和灵魂。这是由公平正义原则固有的合理性、兼容性与优先性所决定的。税制改革顶层设计应凸显税收目的和程序的正当性。

1. 税收应具有目的的正当性

征税总是有目的的，这是税制设计的起点。征税目的的正当性体现在三个方面：

首先，征税目的必须具有明确性。如果没有明确的征税目的，其正当性就容易受到质疑，就难以获得民众的认可。但是中国颁布的现行 18 个税种的法律和条例中只有城市维护建设税、土地增值税、城镇土地使用税、耕地占用税和新颁布的环境保护税 5 个税种有类似征税目的或者立法宗旨的条款，其他税种都没有明确征税的目的。

其次，征税目的必须具有合理性。征税的正当性，取决于税收目的的合理性。一般而言，如果政府为提供公共产品筹集收入而征税，而且公共产品是公众所认可或需要的，税收就具有正当性；但是若为实现某种特定的政策目标而征税，其正当性就需要加以特别考虑，这是因为特定的政策目标或许还可以通过非税收的手段来达到，这就要求必须把税收手段和可替代的非税手段相比较并作出选择。如果对利用税收实现特定政策目标不施加制度约束，就会在实践中出现"税收万能调控"的立法或者政策倾向，导致税收目的的泛化带来的诸如税收功能定位逻辑混乱或者相互冲突、税制复杂和有失公平等问题。另外，随着社会的发展，呈现出一些新的需要政府出面解决的问题。如环境治理，对于提高公众的生活质量和代际发展都有重要的作用，同时具有公共产品的性质，从长期来看需要政府采取财政税收手段来解决，因此完善环境税收政策具有征税目的的合理性。

最后，征税目的与实际作用应具有一致性。在税制改革实践中，不少税种虽然在法律或者条例中没有明确征税目的，但实际上在开征时可能带有特定政策目的，例如，车船税是为了节能减排，资源税是为了保护资源的合理开采，消费税是为了合理调节消费结构，环境保护税是为了保护和改善环境及推进生态文明建设等。至于这些特定的政策目的是否达到或者在多大程度上达到了，却很少有人去关心。一旦征税的目的与实际效果相背离，那么形式上合法合理的税收很可能成为实际上不公正的税收。征税目的的正当性不仅要求税法必须明确立法宗旨或本身的合理性，而且应有适当的财税管理机制来保障法律实践与立法目的相一致。因此，如何防止特定政策目的成为政府获取收入的一种借口，是税制改革顶层设计中一个需要侧重研究的重要课题。

2. 税收应有程序的正当性

税收的正当性不仅在于其目的的正当性，还在于其程序上的正当性。税收程序正当性的实质就是公众具有税收的同意权。只有公众同意的税收，才是正当的，也才具有本质意义的合法性。税收程序的合法性要求在公众讨论、公众决策和公众监督三个方面建立相应的程序。

三、法制环境

改革发展是财税法治创新的源泉和动力，财税法治是为财税改革发展保驾护航的重要屏障，是巩固改革成果的根本途径。良好的财税立法是促进财税体制改革的重要引领，并根据改革发展的要求不断完善，两者不是对立，而是并行不悖，改革决策与立法决策同时并举。

（一）财税法治化进程

新中国成立以来，特别是改革开放以来，我国的财政体制实现了重大转变，由高度集中的计划经济下的统收统支的财政管理体制，向社会主义市场经济体制下的公共性财政体制转变。在此过程中，我国财税立法的步伐明显加快。目前，我国财税立法包括：（1）全国人大及其常委会通过的法律，如《预算法》《审计法》《企业国有资产法》《企业所得税法》《个人所得税法》《车船税法》《税收征收管理法》《政府采购法》《全国人大常委会关于加强中央预算审查监督的决定》《环境保护税法》等；（2）国务院颁布的行政法规，如《增值税暂行条例》《预算法实施条例》《关于加强预算外资金管理的决定》《财政违法行为处罚处分条例》等；（3）财政部颁布的部门规章，如《企业财务通则》《行政单位财务规则》《事业单位财务规则》等；除此之外，还有国家税务总局颁布的一大批财政规范性文件。这一系列法律、法规、规章制度的颁布提高了财税法制化、规范化水平。

制度建设是税收法治的第一步，也是最基础的环节。改革开放以来，中国税收法制建设虽然取得了一些成果，但是相比于其他方面的法制建设来说，步伐相对较慢，整体税法体系还没有规划，税收法律制度基本没有形成，只是形成了由国务院行政法规为主的较低层次的税收法律制度。❶

（二）法治化诉求增强

中国现行税制的基本框架是1994年奠定的，当时社会各界对税收法治化的诉求不强。如今，社会各界对税收法治化问题的重视程度远超当年，尤其是全国人大和专家学者对税收法制建设的呼吁很多，各方面对推进税收法律制度的认识日渐趋同，这从根本上有利于我国税收法律制度的建设。

税收立法的迫切性也在增强。税收法制建设的过程，本身也是税收法治理念逐渐深入人心的过程。从这个层面来说，一方面是制度的完善，另一方面也是法治理念的普及。近年来，在呼吁提高税收立法级次的同时，各种关于税收法治的理念逐步传播，如税收法治原则、税收公平原则、程序正义、纳税人权利等。这些理念的传播是国家实现税收法治的重要前提。

（三）税收授权立法

按照现代政治制度和国际惯例及我国《宪法》的规定，税收法律法规应该由立法机关制定。我国《宪法》规定，全国人民代表大会及其常务委员会

---

❶ 北京大学刘剑文教授认为，完善的财税体系至少需要30到40部法律，从数量上而言，其中主体部分应当为税法。

拥有立法权。《立法法》第8条明确规定了"只能制定法律"的事项，其中包括"税种的设立、税率的确定和税收征收管理等税收基本制度"。然而我国现行18个税种有14个税种都是国务院制定的税收暂行条例，只有企业所得税、个人所得税、车船税和环境保护税4个税种通过了全国人大的立法程序。这样的现状源于中国的税收授权立法。我国规范意义上的税收授权立法开始于1984年全国人大常委会授权国务院制定税收条例，并以草案形式发布试行。除全国人大及其常委会对国务院的税收立法授权之外，在一些单行税法或税收行政法规中，对财税主管部门以及各省级人民政府也有不同程度的授权或再授权，主要包括税率和税额调整权、税收减免权、税收要素确定权和实施办法制定权等。

税收授权立法的出台时值我国从计划经济向商品经济过渡的转轨时期，社会经济活动的调整变化频繁，法制需求增长迅速，各领域特别是经济领域急需改变无法可依的局面，全国人大授权国务院及财税主管部门制定行政法规和行政规章，为及时弥补立法缺陷、使各种税收法律关系及时得到调整发挥了积极作用。如果说，改革开放初期我国在税收立法方面缺乏经验和条件，这样的授权决定是合理选择的话，那么经过30多年的改革开放实践，继续无特定目的、无特定范围、无特定时间限制的税收立法概括授权不仅已完全没有必要，而且实际上无异于全国人大税收立法权的放弃。这是我国税制改革顶层设计面临的一个大问题，亟须解决。

第四节 新一轮税制改革对山东省税制结构的影响

探索山东地方税体系的构建问题必须将其置于我国新一轮税制改革这一大时代背景下展开。下文在具体分析党的十八大尤其是十八届三中全会启动的新一轮税制改革的基本内容的基础上，重点以营业税改征增值税为例来具体分析新一轮税制改革对山东省税制结构带来的深刻影响。

一、新一轮税制改革的主要内容

2014年，我国进入新一轮税制改革开局之年。十八届三中全会将本次税制改革提升到"完善和发展中国特色社会主义制度，推进国家治理体系和治理能力现代化"的战略高度，赋予其"国家治理的基础和重要支柱"的特殊定位。会议《决定》超越以往以经济改革为主体的思路，作出了囊括经济、政治、文化、社会及生态文明建设领域"五位一体"体制改革部署，在财税体制改革方面，提出"完善立法、明确事权、改革税制、稳定税负""发挥中央、地方两个积极性""完善税收政策，建立事权和支出责任相适应的制度"的基本要求。这一次税收制度改革，既涉及财税体制改革自身，更关联到一系列深化改革中的重大难题与协调配套问题，意义重大，影响深远。

在十八届三中全会与《决定》精神指导下，本次税制改革以"稳定税负""保持中央和地方现有财力格局总体稳定"为原则整体推进。改革的核心在于深化税收制度改革，完善地方税体系、财税法定；改革的重点税种主要涉及增值税、消费税、资源税、环境保护税、房地产税和个人所得税六大税种。

（一）进一步推动"营改增"改革

十八届三中全会明确提出"推进增值税改革，适当简化税率"。"营改增"改革是本轮税制改革的重头戏，在减轻税负、推动产业结构优化和提振消费、提升经济增长质量方面具有重要作用，也对全面税制改革产生倒逼效应。目前，"营改增"已在全国范围内全面推开，2016年5月1日起，营业税彻底告别历史舞台。

表24 我国"营改增"发展进程

试点时间	地区	具体行业	一般纳税人税率
2012.1.1	上海市	交通运输业（除铁路运输）	11%
2012.9.1	北京市	研发和技术服务	6%
2012.10.1	江苏省、安徽省	信息技术服务	6%
2012.11.1	厦门市	部分现代服务业 文化创意服务	6%
	深圳市		
2012.12.1	天津市	物流辅助服务	6%
	浙江省	有形动产租赁服务	17%
	湖北省	鉴证咨询服务	6%
2013.8.1	全国	增加广播影视服务	6%
2014.1.1		增加铁路运输、邮政服务业	11%
2014.6.1		增加电信业	基础电信服务11%，增值电信服务6%
2016.5.1		全面推行营改增试点，将建筑业、房地产业、金融业、生活服务业一次性纳入试点范围	建筑、不动产租赁服务、销售不动产、转让土地使用权税率为11%；其余为6%。

自2012年1月1日在上海启动交通运输业和部分现代服务业"营改增"试点以来，约96%的试点纳税人税负水平不同程度下降；截至2015年，全国营改增共减税6000亿元以上；随着试点工作的推进，2016年一年的减税规模即在5000亿以上；另据财政部和国家税务总局2017年6月12日发布的数据，截至2017年4月底，全面推开"营改增"一年来减税规模近7000亿元。具体到山东省，自2013年8月1日正式启动营改增试点以来，截至2016年4月，全省已将35.96万户纳税人纳入试点范围，累计减税320.91亿元，企业减负面达98%。全面"营改增"使得减税效益进一步扩大。第一财经日报2017年2月28日的报道，2016年山东省"营改增"减税规模达300亿。同时，"营改增"通过带动GDP增长、提高第三产业增加值、带动居民消费增长、拉动出口增长、新增就业岗位，对山东的社会经济产生深远影响。在未来对"营改增"中，应在推进简并税率、规范抵扣链、加快立法进程三个方面予以深化。

（二）彻底改革消费税

在"营改增"任务完成之后，增值税将覆盖全部商品和劳务，流转税体系将形成增值税普遍调节、消费税特殊调节的制度格局。在此形势下，应同步启动消费税改革。十八届三中全会明确提出消费税改革方向，即"调整消费税征收范围、环节、税率，把高耗能、高污染产品及部分高档消费品纳入征收范围"。按照这一改革思路，2014年12月1日，取消了小排量摩托车、汽车轮胎、含铅汽油、酒精的消费税。2015年2月1日，将电池、涂料纳入消费税范围。根据财税〔2016〕129号文件，自2016年12月1日起对超豪华小汽车加征消费税。在后续消费税改革中，应考虑：第一，进一步扩大征税范围提升调节力度，对一些高能耗（如大排量汽车）、高污染（如某些塑料制品），以及部分高档消费品（如高档箱包、私人飞机）等，纳入消费税征税范围或提高税率，更好地发挥消费税在引导人们理性消费、促进节能减排和减少对不可再生资源使用等方面的作用。第二，改变收入归属，考虑调整为地方税收，为"营改增"后地方政府层面的收入增加来源。第三，调整消费税税率，对节能降耗和环境友好型产品实行低税率或者免税；进一步实行差异化小汽车税率，对纯电动汽车、插电式混合动力汽车和燃料电池汽车等新能源汽车给予免税，对小排量汽车给予低税率。

（三）逐步改革资源税

中国资源税虽然"普遍征收，级差调节"，但其征税对象仅限于原油、天然气、煤炭、金属矿、非金属矿和盐六大类，征收范围主要囿于矿藏品和盐。鉴于此，资源税的改革主要体现在以下几个方面：一是扩大征税范围，将水、森林、草原资源等纳入征税范围，以进一步发挥税收在引导资源合理开发和利用上的作用；❶ 二是提高资源税税率。目前实行的诸如石油、天然气等从价税率虽然较之以前有了实际税负的较大提高，但与西方国家资源税平均税率相比还相差甚远，适当提高税率还有空间。三是注重在"价税联动"下处理好资源税改革与相关领域配套改革。

（四）推出环境保护税

我国能源资源不够丰富、资源环境承载力较弱，在环境与资源保护方面，虽然也采取了征收资源税等一些税收措施，但环境类税收总体上比较零散且在整个税收体系中所占比重较小，税费并存现象存在，无法充分起到环境治理的调节作用，也无法满足环境保护资金需要。甚至某些税收优惠政策在扶持或保护一些产业或部门利益的同时，却加剧了生态环境的污染和破坏。如对农膜、化肥、农药尤其是剧毒农药采用免征增值税或者采用低税率优惠政策，虽然有利于降低农业生产资料的价格，保护农民的利益，促进农业的发展，但农膜、化肥和农药的过度使用却对土壤、生态环境带来严重污染和破坏。另外，现行消费税虽然对某些高污染产品、高能耗消费品及不可再生和替代的资源性消费品进行征收，但主要政策目标仍是控制和调节奢侈消费行为，或者强调财政作用，其环保意义不大。

借鉴西方国家进入全面"绿化"税制新阶段的经验，我国也应在贯彻现代化战略过程中理顺环境税费制度，出台专门针对环境保护和生态修复的具体税种，加快环境保护税制度建设。2015年6月，国务院法制办公布《环境保护税法（征求意见稿）》。2016年12月25日中华人民共和国第十二届全国人民代表大会常务委员会第二十五次会议表决通过《中华人民共和国环境保护税法》，自2018年1月1日起施行。

（五）有序改革房地产税

实行房产税改革是国家调控房地产市场、增加财政收入来源、调节收入分配的重要手段。我国现行的房产税制度还是以1986年颁布实施《房产税暂行条例》，随着房地产业的快速发展，房产税体制滞后性十分突出，远不能适

---

❶ 2016年7月1日起，河北省开始水资源税试点，2017年12月1日起，北京、天津、山西、内蒙古、山东、河南、四川、陕西、宁夏加入试点行列。

应我国现代社会发展的需求。一是征收对象过于狭窄,难以发挥财政的功能。二是征税范围不尽合理,只限于营业性用房,而对广大住宅用房主要是在流通领域征收其他税种,而不是在保有环节征税。这样既不利于发挥房产税应有的作用,也为炒房囤房提供了便利。三是对自用的房屋按原值为计税依据的税收机制不合理,不能与市场相结合,无法反映市场的供求为房屋带来的增值。四是房产税法律层级较低。五是房产税的税收体系混乱。

十八届三中全会《决定》明确指出要"加快房地产税立法并适时推进改革",这对加强房地产行业宏观调控,减少地方财政对土地转让金的过度依赖,优化我国的税制结构和收入再分配具有重要作用。在房地产税改革过程中,从2011年开始,我国先后在沪渝两市推行房产税试点改革,正式向符合征收条件的个人住房征收房产税。2013年,国家发改委和财政部明确表示房产税改革试点将扩围。2015年3月1日,《不动产登记暂行条例》正式实施,这为全面征收房地产税打下了技术基础。

根据十八届三中全会《决定》和2014年6月30日《深化财税体制改革总体方案》精神,并在总结上海、重庆试点经验的基础上,要将现行的房地产税收和部分房地产行政性收费合并征收新的房地产税,并改变目前重视房地产流转环节、轻视房地产保有环节税收的做法,将部分住房开发流转环节的税负转移到保有环节,赋予地方政府在幅度税率范围内具体确定适用税率的税政管理权限,提高相关法规、资金、运行机制的透明度,提升立法层次,实质性推进个人住房保有环节税制改革和房地产相关税制改革。

(六) 分步实施个人所得税改革

现行个人所得税实行分类征收模式,将个人所得分为工资薪金所得、劳务报酬所得、个体工商户生产经营所得、稿酬所得、特许权使用费所得、利息股息红利所得、财产租赁所得、财产转让所得等11项来源,不同来源的应税所得分别扣除不同的费用标准、适用不同的税率水平、依照不同的计算方法,以个人作为纳税单位计税。十八届三中全会《决定》提出"逐步建立综合与分类相结合的个人所得税制",这为下一步进行个人所得税改革指明了方向。改革方案设计中应注意以下几点:第一,实行综合与分类相结合的征收模式。在现阶段,针对我国征管水平,可以考虑把工薪收入之外的其他收入,如生产经营、劳务报酬、财产租赁等,能综合的进行综合归堆,然后按照超额累进税率调节机制,对综合收入进行征税,同时给出必要的扣除。对于工资薪金收入可保持当前的超额累进征收办法。2015年1月,国税总局、财政部起草了《税收征收管理法修订草案（征求意见稿）》。根据草案，要建立包括自然人在内、覆盖全面的纳税人识别号，同时银行和其他金融机构需将账户、投资收益、利息、单笔资金往来达到5万元以上等信息，提交给税务部门。这为个人所得税征收模式的改革提供了技术条件。第二，调整税率级距和税负水平，适当降低最高边际税率，减少累进级距。可考虑将超额累进税率级次进一步减少为5级左右，降低中等收入阶层尤其是中低工薪收入者的税收负担。第三，规范费用扣除标准和减免税优惠政策，建立与消费范围和物价水平相适应的、相对稳定的扣除费用标准自动调整机制。并根据个人所得税征收对象与其他居民群体的收入差距、家庭的具体婚姻状况、负担能力、抚养赡养状况、购房按揭因素等实际情况来确定征收标准，以充分发挥其调节作用。

二、新一轮税制改革对山东省税制结构的影响——以"营改增"为例

新一轮税制改革涉及多个税种，对社会经济产生深远影响，特别是作为结构性减税与新一轮税制改革的重头戏，"营改增"将对我国税制规范、产业结构调整、税制结构优化、地方税体系重构、财政体制调整产生一系列深入而实质性的牵引作用。对于山东而言，营业税曾作为山东省的主体税种，"营改增"的全面推进必将对山东省税制结构变动产生重大影响。因此，以深入推进"营改增"为施力点，深入剖析其对山东省税制结构产生的冲击，寻求充实山东省财政实力的改革方案与主体税种，重构山东省地方税体系，无疑具有极为重要的现实意义。

（一）"营改增"税制改革倒逼新一轮税制改革深化

如上所述，"营改增"作为结构性减税的重要举措，其是对税负进行有减有增、以减为主的税制体系调整，算总账属于减税范畴，当然也意味着部分行业和纳税人的税负可能会调增，由此将倒逼我国新一轮税制改革深化。

从税制结构优化的角度看，营业税改征增值税的减税改革，必然使得流转税的收入增长及其在整个税收结构中的比重呈现下降趋势，从而也将降低高额的流转税"税楔"对收入分配、物价水平、市场价格机制的扭曲程度。更为重要的是，其为我国直接税的改革以及直接税收入和比重的提升开拓空间。长期以来，我国高度重视间接税建设，直接税的改革迟迟难以有实质性推进，如个人所得税长期实行彻底的分类征收模式，对居民住宅用房地产的

征税迟迟难以推开，遗产赠与税的开征遥遥无期等，此次"营改增"改革将使得流转税在税收收入中的比重逐步下降，为进一步优化税制结构，提升直接税比重，发挥其对收入分配与社会公正的调控功能，着力推进个人所得税综合与分类制改革、现代房地产税、遗产赠与税和社会保障税开征等税制改革腾挪出实施空间。

(二) "营改增"税制改革倒逼地方税体系重构

从我国地方税的体系构成看，营业税长期成为地方税收收入的主要来源，并成为支撑地方公共品供给的主体税种，在地方税制结构中占据主导地位，"营改增"改革则使得分税制以来一直作为地方主体税的营业税，变为作为中央与地方共享税的增值税。全面"营改增"之前，增值税的中央与地方分享比例为75∶25，试点期间维持原收入格局不变，原属于地方收入的营业税收入改征增值税后仍然归属地方。根据国务院《全面推开营改增试点后调整中央与地方增值税收入划分过渡方案》，2016年5月1日增值税全面铺开后，所有行业、企业的增值税均纳入共享，中央与地方五五对分。"营改增"的全面推开使得营业税成为了历史，地方税的主体税种缺失，由此将倒逼地方税体系的重构及分税制财政体制的调整优化。

长期以来，我国高度重视中央税的建设，尤其是1994年分税制改革以来，地方税的建设相对处于滞后状态，这一方面源于税制建设权高度集中于中央，另一方面则是由于真正规范意义的现代地方税种始终未能培育出来，地方长期依靠营业税、企业所得税、个人所得税、城市维护建设税、契税、资源税等流转税性质的税种，且当地方税种做大后，即有被收归共享税的趋向之嫌，如企业所得税和个人所得税经过历次调整，现在成为中央与地方六四分的共享税。虽然从税种属性上而言，所得税不适合作为地方税，因为所得税的涉税信息流具有强大的区域流动性，归属中央税有利于对涉税信息流的统筹管理与控制，但从地方实际收入能力上看，由于现代规范意义的地方税如房地产税、零售税等始终未能培育并成长起来，使得这些原本并不适合作为地方税收支撑的税种对地方而言显得极为重要。如果说当前地方税种的"被共享化"具有一定的合理性（即按照税种属性、税务管理、税源分布等要素考虑，这些税不适合作为地方专享税），但在地方税收来源通道被收窄的状况下，积极开辟新的税收通道，探寻与确立现代规范意义的地方税税种，使之成为地方独立的税收支撑，重构完整、规范、现代的地方税体系，显得迫在眉睫。

(三)"营改增"税制改革倒逼分税制财政体制的调整与优化

从分税制财政体制看,自1994年分税制改革以来,我国迅速解决了改革前中央处于被动局面的"两个比重"过低问题,有效实现了税收占GDP比重以及中央财政收入占全国财政收入比重的快速提升,且随着时间推移,财权与财力逐步向中央集中,但支出责任却逐步由中央向省及向省以下政府逐级下放,导致地方政府的财力与支出责任存在日益拉大的"剪刀差",地方政府尤其是基层政府的财政治理能力日益弱化,并引发土地财政、乱收费、乱举债等一系列问题。对于地方政府的财力缺口,中央一般通过转移支付机制予以弥补,不仅导致转移支付的规模庞大,且多以专项转移支付为主,一般性转移支付为辅,转移支付资金被各部门和各级政府层层分割,过多过散,并诱发严重的向上级、各部门"跑部钱进"现象,导致转移支付的运行及使用效率不高,并诱发寻租风险,交易成本高昂。

当前,营业税改征增值税一方面使得地方税体系的重构显得极为迫切而重要,另一方面也对当前中央与地方以及省以下政府的财政体制调整与完善提出了实质性要求,即首先建立健全合理的事权划分机制。事权划分是财政运行的基本前提,无明确的事权则无明确的支出责任,政府财政收支即是一本"糊涂账"。事权划分首先是政府对市场、社会的整体事权划分,其后是各级政府间的分级事权划分,进而为各级政府的支出责任划分确立依据。长期以来,由于缺乏明确可依的事权划分"清单",我国各级政府间的支出责任不明,财政"越位""缺位""错位"以及政府间"讨价还价"和相互推诿的现象时有发生,财政运行呈现不规范、不协调、低效率的现实格局,使得在法治框架下尽快出台科学、明晰、规范、可操作的政府间事权"清单",确立地方税体系应筹措的地方税总体规模,成为完善地方税体系、全面推进现代财政制度建设的首要任务。

除"分事"和"分税"外,"营改增"引致的政府间财政关系调整还涉及"分转"的问题。由于各地经济发展水平、税源结构、税收征管水平、财政需求的不同,各级财政在相对独立、自求平衡的基础上,财力薄弱地区会存在一定的财政缺口,为保障区域间基本公共服务均等化,上级政府对下级政府的转移支付即成为必然。如何通过财政权力的科学配置,在财权与事权相对应、财力与支出责任相匹配的基础上,有效清理、整合、规范政府间转移支付,加大一般性转移支付规模和比重,有效降低专项转移支付规模和比重,实现各级财政的财力平衡,是构建完善财政制度的基本方向以及完善地方税体系的系统配套举措。

（四）"营改增"税制改革倒逼税收征管机制重塑

为配合1994年分税制改革，我国分设国家税务局与地方税务局两套税收征收机构，国家税务局主要负责征收增值税、消费税、企业所得税与车辆购置税等税种，地方税务局主要负责征收营业税、企业所得税、个人所得税、契税等税种，以分别保障中央与地方收入，调动中央与地方两个积极性。当前，营业税已经完全改征增值税，将地方税务局的主要征管税种转由国家税务局征管，导致税收征管格局的重大调整，且营业税是价内税，增值税是价外税，两者在计税方式上存在重要差别。同时，需要指出的是，虽然国税局与地税局分设的征管机制对保障各级政府收入起到了积极而重要的作用，但其引致的现实问题是，国税局与地税局之间在税收征管与涉税信息管理上的断裂关系，两套征管系统缺乏制度性、常态化的信息疏通与共享机制，导致对某些流动税源、隐匿税源的控管不力，使得税务机关整体的税务管理能力弱化，"营改增"后如何结合新一轮税制改革，重塑税收征管机制，全面提升涉税信息管理能力，成为深化推进税制改革、促进税收收入持续、稳健增长的重要施力点。

第四章 完善我国地方税收法律制度的指导思想及基本路线图

第一节 新一轮税制改革的时代特征

当财政被提升到"国家治理的基础和支柱"这一高度时,税收就不再仅仅是一种国家参与经济分配、实现财政收入的手段,而是被赋予了不同层次的系统功能,其内容包括"优化资源配置、维护市场统一、促进社会公平、实现国家长治久安",涵盖了国家治理的所有领域。这是十八届三中全会依据新的历史条件对税收的重新定位,体现我国对税收功能与职能的最新科学认识。由此,新一轮税制改革也呈现出不同于以往的鲜明的时代特征和目标要求:充分发挥税收筹集财政收入、调节分配、促进结构优化和产业升级的基本职能,并在强化税收法定原则的前提下逐步建立完备规范的税法体系、优质便捷的服务体系、科学严密的征管体系,从而为促进国家治理能力现代化发挥基础性作用。

一、新一轮税改体现了国家经济发展的需要

进入 21 世纪以来,我国抓住世界经济步入新的上升周期的有利时机实现了经济快速增长,取得了经济总量位居世界第二的长足进步。同时,随着我国经济发展的内部条件和外部环境的逐步变化,传统的经济发展方式也面临着加快转变的迫切需要。在经济全球化背景下,国际金融危机对我国经济发展方式也形成了倒逼机制。

一方面,我国经济增长方式粗放,通过大量耗用能源、资源等生产要素以换取经济总量扩张的发展模式已不可持续,面临能源危机、资源短缺、环境压力等发展瓶颈。与此同时,国民经济产业结构总体失衡,升级换代步履缓慢,其主要表现为:企业自主创新能力普遍较弱,低技术含量产品过剩,出口侧重加工;大量投资集中于房地产、能源、资源开发或粗加工等技术需求较低的产业;大量关键技术依赖进口等。

另一方面,由美国次贷危机引发的阻碍全球经济复苏和可持续发展的金融危机尚未完全过去,在欧美主要发达国家危机难解、疲于应付国内困境的大环境下,新兴经济体国家经济增速明显放缓。受世界经济形势的影响,我国经济也面临下行压力加大、出口不振、内需疲软、制造业转型升级压力加剧、生产者和消费者信心不足、经济增长依然依赖于政府投资拉

动等诸多问题。❶

总之，新一轮税制改革需紧紧围绕转变经济发展方式，促进产业结构优化升级的导向，形成节约能源资源，保护生态环境的产业结构增长方式和消费模式，以此提高经济增长质量和国际竞争力，实现经济社会的长期协调可持续发展。

二、新一轮税改适应了国家政治社会发展的新阶段

我国以往的几次税制改革较多地关注于促进经济发展及提高财政收入，未能太多顾及国家治理体系和治理能力现代化的需要。当前，我国政治社会发展到了一个新的阶段，国家治理体系与治理能力建设相对滞后，并面临着诸如国民收入分配严重不公❷、生态环境恶化❸、人口老龄化❹等系列社会问题，如何有效应对这些发展过程中产生的社会难题，从而为国家治理搭建一个基础的制度平台，必然成为新一轮税制改革的重要特色。

一则，要充分认识到，"税是国家的基础，也是政治的根本。"要对税制中不适应政治体制的部分进行改革创新，进一步优化税权配置，规范理顺中央和地方的税收分配关系，为中央政府有效治理国家奠定坚实的物质基础，为各级政府履行职责提供相应的财力保障。新一轮税制改革最为关键的一项工作即完善地方税体系。要积极推进地方税改革，着力构建一个税种适量、结构合理、制度严密、征管高效、调控力强的地方税收体系，提高各级财政特别是县级财政提供基本公共服务的保障能力。与此同时，在统一税政的前提下，赋予省级政府适当税政管理权限，培育地方支柱税源，为地方政府治

---

❶ 2015 年我国 GDP 增速为 6.9%，6 年来首次跌破 7。2016 年这一数字进一步降为 6.7%。

❷ 北京大学中国社会科学调查中心发布的《中国民生发展报告 2014》中称，中国的财产不平等程度在迅速提高：1995 年我国财产的基尼系数为 0.45，2002 年为 0.55，2012 年我国家庭净财产的基尼系数达到 0.73，顶端 1% 的家庭占有全国 1/3 以上的财产，底端 25% 的家庭拥有的财产总量仅为 1%。当然，这一报告所指为我国家庭财产不平等的程度，这一数字明显高于收入不平等的程度。另 2016 年 1 月国家统计局公布的 2015 年我国居民收入基尼系数为 0.462。

❸ 国家环保部 2017 年 6 月公布的《2016 中国环境状况公报》显示，全国环境质量状况有所好转，但生态环境保护形势依然严峻，最受公众关注的大气、水、土壤污染状况依然令人忧虑。以空气为例，2016 年，全国 338 个地级及以上城市中，有 84 个城市环境空气质量达标，只占全部城市数的 24.9%；254 个城市环境空气质量超标，高达 75.1%。

❹ 2017 年 3 月 28 日，在全国老龄办等五部委联合举办"十三五"国家老龄事业发展和养老体系建设规划"新闻发布会上，发展改革委社会发展司副司长郝福庆透露，2016 年 60 岁以上老年人口已超过 2.3 亿，占总人口比例达到 16.7%。到 2020 年，全国 60 岁以上老年人口将增加到 2.55 亿人左右，占总人口比重提升到 17.8% 左右。另据《人民日报》相关预测，21 世纪中叶老年人口数量将达到峰值，超过 4 亿，届时每 3 个人中就会有 1 个老年人。

理现代化的实现提供基本的制度保障与财力保障。

二则,要重新认识税收的社会属性,进一步理顺税收和社会的关系,把税收看作是社会治理创新的重要工具,把保障社会公平正义看作是税制改革的重要目标,实现税制结构与社会结构的合拍一致、税收制度与社会体制的平衡协调,更好地推动社会转型发展,努力营造公平的社会环境,保证人民平等参与、平等发展的权利。新一轮税改中必须突出收入分配这一税收职能,通过完善流转税制度,调节不同行业的利润水平;同时运用税收杠杆,直接调节居民收入,从而缩小社会成员之间的收入差距,实现社会意义上的居民收入分配公平,充分发挥税收在收入分配改革中的重要作用。要以"扶老、助残、救孤、济困"为宗旨,不断增加保障老年人、残疾人和贫困家庭子女等特殊群体基本生活权益而提供普惠性社会福利的税制安排。要进一步优化支持教育、医疗、就业、住房和社会保障的税收政策,促进社会和谐稳定。

三则,根据十八大关于大力推进生态文明建设的总体要求,高度重视税收在社会主义生态文明建设中的"助推器"作用。通过税制结构优化进一步理顺税收与生态文明的关系,寻求税制结构与生态文明制度的最佳结合点,以人与自然和谐共生为宗旨,用生态文明的发展理念绿化税制,统筹兼顾污染者负担、使用者负担和受益者负担的原则,把生态文明建设的理念、原则、目标深刻融入每一项税制改革过程。

三、新一轮税改契合了税收征管现代化的客观要求

作为税制落实的实践路径,征管能力是税制改革成功与否的重要条件保证。因此,忽视税收征管将造成税制超前性和征管落后性的矛盾,导致既定的税制目标因无法有效进入操作层面而落空。因此,有必要把税收征管纳入税制改革的研究范围,将优化税收制度和完善税收征管流程、提升税收征管效能等有机地结合起来,在税制设计时充分考虑征管能力,选择可操作的"有效税制"。一般来说,从税收征管层面而言,税制本身包含的区别对待特征越少,税率越低,税收优惠越简单,税收征管漏洞和随意性就越小,可操作性就越强,税收成本就越低,就更有助于提高税收征管的质量和效率。

四、新一轮税改顺应了国际税收发展的新趋势

西方国家税制改革大致经历了从早期以原始直接税(人头税、财产税等)为主体,到以间接税(关税、消费税等)为主体,再由以间接税为主体的税制结构发展为以现代直接税(所得税等)为主体的税制结构转变,目前正朝

着现代直接税(所得税等)与间接税(增值税等)并重的双主体税制结构发展。发达国家在适当削减所得税等直接税在税收收入中的比重,增加增值税等间接税的比重;而发展中国家则是逐步提高所得税等直接税比重,减少增值税等间接税比重。这一国际趋势符合我国新一轮税制改革的取向。

第二节 完善我国地方税体系的指导思想与基本理念

在本书前文充分肯定1994年分税制改革的历史意义及我国地方税体系建设成就的同时,必须看到,现行地方税体系在运行了20多年之后,总体上已不能适应经济社会发展及实现国家治理现代化的要求。正如本书前文所分析,目前中国地方税体系面临的问题主要有:地方税收收入规模偏小,非税收入规模过大,对"土地财政"依赖度过高;地方税制陈旧,缺乏主体税种;分税制改革不彻底,地方缺乏相应税权;地方税体系建设的法治化水平较低,机构协调不利,征管成本偏高等。因此,必须加快改革,重构我国地方税体系,而时下正在稳步推行的营改增试点则进一步凸显出地方税体系建设的必要性和紧迫性。

在建立现代财政制度总体目标下,十八届三中全会为包括建设地方税体系在内的新一轮税制改革规定了明确的"路线图":在稳定税负的前提下,深化税收制度改革,完善地方税体系,逐步提高直接税比重。推进增值税改革,适当简化税率。调整消费税征收范围、环节、税率,把高耗能、高污染的产品及部分高档消费品纳入征税范围。逐步建立综合与分类相结合的个人所得税制。加快房地产税立法并适时推进改革,加快资源税改革,推动环境保护费改税。

落实十八届三中全会税改"路线图",通过对山东的典型分析,从而为构建、完善我国地方税体系提出一定程度上具有法学学科特色的思考,此当为本书的研究主旨。围绕此主旨,我们认为,新时期我国地方税体系建设工作应当秉承如下指导思想和基本理念。

一、要按照建立现代财政制度的标准构建地方税体系

建立现代财政制度是党的十八届三中全会立足全局、面向未来提出的重要战略思想,为我国全面深化改革的关键环节,亦为实现全面依法治国总目标的重要领域。一般而言,现代财政制度下的地方税体系至少要达到三个基

本标准：

（一）符合税制优化原则

构建地方税体系是建设现代财政制度的需要，是由地方政府存在的必要性、合理性和分税制理论所决定的，是分税制国家税制体系不可或缺的组成部分。因此，构建地方税体系必须站在一国税制的高度，使其出发点和立足点有利于整体税制的科学优化。当下我国地方税构建思路仍然必须围绕公平与效率的原则，优先考虑解决好适度财政收入、经济发展和社会公平调控问题，也就是说，新的地方税体系构建后，必须具备优于现行税制在公平与效率上的调控功能，具有解决收入、发展和公平的机制能力。为此，在构建地方税体系时要特别注重调整直接税与间接税的比率关系，通过强化所得税、财产税为主的直接税体系建设和结构性减税，优化税种结构，做实地方税基础。

（二）独立的税种体系

地方税是相对于中央税而言的，具有取之地方，用之地方的属性。因此，符合现代财政制度的地方税体系必须有自己的税种体系，必须有符合地方性、合理性、前瞻性、简洁易征、收入功能较强等特点的主体税种，企图依赖中央税和共享税来解决地方财力问题绝非长远之计与治本之策。

（三）合理的税权

地方税虽然有别于中央税，但从地方角度审视，它仍然必须承载地方财政收入和地方经济社会发展一定程度的调控功能，因此应在中央统一立法的基础上，赋予各省一定的税收立法权和管理权，并允许省级人民政府制定实施细则或具体实施办法等，这样有利于地方政府积极发展经济、培植税源、组织收入，促进社会事业发展，这是建设现代财政制度的需要，也符合国际通行做法。

二、要着力培育地方主体税种

在当前形势下，构建完善地方税体系的一项核心工作就是要着力培育地方主体税种，这是新一轮税制改革成败的关键之一。可以毫不夸张地说，地方税主体税种在整个地方税体系中处于主导地位，其收入和调控功能的强弱决定着地方税体系的性质和发展方向。我们认为，新一轮税制改革要按照下述原则确定、培育地方主体税种：

其一，必须服从和服务于十八届三中全会及 2014 年 6 月中共中央政治局

《深化财税体制改革总体方案》所确定的国家税制改革的总布局，与国家税制的主控目标良性互动，相辅相成，符合中央和地方的双重发展利益。

其二，必须具备较强的收入功能，能够弥补当前地方税收收入的缺口，保障地方各级政府基于不断发展的公共财政基本需求。考虑到当前地方税收收入结构及营改增减收规模，新培育的地方主体税种应相当或接近于营改增之前地方营业税的收入水平。

其三，要符合现代市场经济国家普遍认同的地方主体税种的基本特征。即新培育的地方主体税种要具有非流动性、地域性和普遍性的特征，要符合受益原则，此外还要考虑到地方政府征收的效率性及对地方区域经济社会发展调控作用。

三、要真正实现宏观税负的综合平衡

宏观税负是衡量一国税制影响民生、发展与公平的综合指标，宏观税负过低，将难以满足公共财政需求；宏观税负过高，将影响企业发展和民生改善。世界银行调查资料显示，人均 GDP 在 2000 美元以上的中等收入国家，最佳宏观税负为 23%，人均 GDP 在 10000 美元以上的高收入国家，最佳宏观税负为 30%。

我国目前的宏观税负处于什么水平呢？根据财政部《2016 年全国一般公共预算支出决算表》，2016 年我国公共财政预算口径下的全国财政支出为 18.07 万亿元，占 GDP 的比重为 24.29%。若以此作为测试宏观税负水平标尺的话，我国宏观税负水平并不高。但是，我国政府支出并非限于公共财政预算支出，还有其他类别、列在其他预算项下的支出，如政府基金支出、社会保险基金支出、国有资本经营支出。这些支出在性质上同公共财政预算支出并无差异，都属于从企业和居民那里获得收入用之于企业和居民身上的公共支出。如果将这些预算项下的支出以及一般公共预算中的补充中央和地方预算稳定调节基金及地方财政结转下年支出也加入的话，2016 年我国的全部政府支出约为 27.14 万亿元，占 GDP 的比重高达 37%。如果按这个标准衡量我国税负，必定排在世界前列。若再结合我国的经济发展水平及目前粗放的财政支出管理等因素综合衡量，我国宏观税负偏高。也正是基于这种考虑，十八届三中全会明确将"稳定税负"确定为新一轮税制改革的前提条件。由此也决定，我们构建地方税体系时理想的选择是在现有税种中选择整合一两个符合地方税特性、又具有较强收入功能的税种作为地方税的主体税种，同时配以相关辅助税种构成地方税种体系，从而使地方税收入能够对应营改增减

收幅度拉升补平；而营改增到位后，中央税则通过结构性减税，把增值税税率降到大致相当于地方税拉升的幅度，从而避免宏观税负再度攀升现象的发生。

四、要符合完善分税制财政体制的需要

地方税体系是我国财税体系的有机组成部分，地方税体系的构建要作为全面深化财税体制改革系列工作的重要一环来推进。我国现阶段财税体制的矛盾焦点是各级政府之间的财权与事权不相匹配。这种财税体制长期运行的结果是财政收入向上集中而事务责任向下归集，中央财力充足，地方事多钱少，导致"土地财政"、乱举债和乱收费等积成时弊。因此，科学的地方税体系构建一定要在完善分税制财税体制的大背景下进行。为此，要从如下几方面入手完善分税制财税体制，从而为地方税体系建设提供基础的制度平台：

其一，根据相关理论和我国的长期实践状况，科学划分中央和地方各级政府的事权责任，通过事权的划分，力争使各级政府的职能运作和公共产品提供处于优化状态。不仅如此，根据十八届四中全会《中共中央关于全面推进依法治国若干重大问题的决定》，还要推进中央和地方政府事权划分的规范化及法律化，以人大立法的形式明确各级政府的支出责任。

其二，按照事权与财权（财力）基本匹配的原则框定地方财政的适当规模，从而确定税收尤其是地方税的应有规模，为地方税体系构建提供科学的需求依据，并为下一步地方税制的立法工作奠定基础。

其三，着手制定完善财政收入划分法、财政转移支付法、税收基本法及相关法律，为科学合理的分税制财税体制及地方税体系提供强有力的法律保障，这也是建设现代财政制度的题中之意，亦是十八届四中全会关于加强重点领域立法的基本要求。

五、要切实提高税收征管效率

目前，国税局征收税种有 8 个，地税局征收税种有 13 个，其中有 5 个税种由两者交叉征收。[1] 职能的交叉导致国税和地税争抢税源成为可能，而信息交流的不畅又容易导致税收违法行为得不到及时发现和制止。随着经济社会

---

[1] 国税所征税种为增值税、消费税、企业所得税、个人所得税、车辆购置税、城市维护建设税、资源税、印花税；地税所征税种为企业所得税、个人所得税、城市维护建设税、资源税、印花税、房产税、城镇土地使用税、耕地占用税、土地增值税、契税、车船税、烟叶税和环境保护税。

发展、税源结构变化和财税改革深入，这种不协调的征管机制导致征税、纳税成本持续升高。据《经济参考报》2014年1月21日的报道，我国近年来税收征收成本率已接近8%，远高于1994年税改前的3.12%的水平，更高于西方发达国家1%左右的平均水平。[1] 过高的征税成本不仅直接影响财税工作的行政效率，亦加大了市场经济主体的发展成本，在一定程度上抑制了企业的市场活力，不利于市场经济的健康发展。总之，面对新一轮税制改革营改增的实施，现有国税、地税机构与队伍如何适应改革，成为一个迫切需要解决的问题。

第三节　十八届三中全会规定了中国税制改革的基本"路线图"

十八届三中全会将本次税制改革提升至"完善和发展中国特色社会主义制度，推进国家治理体系和治理能力现代化"的战略高度，赋予其"国家治理的基础和重要支柱"的特殊地位[2]。《中共中央关于全面深化改革若干重大问题的决定》中，以"完善税收制度"为起始语，对新一轮税制改革作出了如下系统部署："深化税收制度改革，完善地方税体系，逐步提高直接税比重。推进增值税改革，适当简化税率。调整消费税征收范围、环节、税率，把高耗能、高污染产品及部分高档消费品纳入征收范围。逐步建立综合与分类相结合的个人所得税制。加快房地产税立法并适时推进改革，加快资源税改革，推动环境保护费改税"，从战略层面提出了我国新一轮税制改革的基本路线图：

一、稳定税负

"稳定税负"作为这次财税改革的目标之一，首次写入《中共中央关于全面深化改革若干重大问题的决定》中，凸显了稳定税负的重要性。要强化税收筹集财政收入的功能作用，也要保持宏观税负相对稳定。我国在历次税制改革过程中都是以不减少总税收收入为前提，从而使得财税改革难以有实质

---

[1] 1994年税制改革后我国的税收征收成本率一路升高，1996年的测算数据为4.73%，升到如今近8%，部分欠发达地区甚至达10%。

[2] 李晶：《中国新一轮税制改革的重点与安排》，载《宏观经济研究》2015年第1期。

性突破，税制改革也就成了局部性的改革。近年来，我国税收出现了超常增长，目前已形成税收占 GDP 比重在不断提高，国民收入分配中以税收为主体的财政收入占国民收入比重提高，而个人收入占国民收入比重降低的分配格局。全会对我国未来税收增长提出稳定税负，这意味着我国未来税收在总量上既不增税，要防止由于税收过快增长，宏观税负上升导致个人收入占比下降倾向和趋势；也不减税，防止由于过度减税使政府财力匮乏，导致提供公共服务能力下降。因此，改革要税费联动、有增有减，兼顾需要与可能，既要考虑保障国家发展和人民对公共服务的需要，保持财力适度增长，又要充分考虑企业、个人的承受能力，将税收负担水平控制在合理范围之内。

要实现宏观税负总体稳定，按照十八届三中全会精神，实质上就是中央提出的在税制改革过程中进行结构性减税，以实现宏观税负略有下降，从而达到激励经济发展的目标❶。但是，中央提出的结构性减税并不是"完全"减税，而是要以"有增有减"的姿态综合实施，比如对"三高"企业要实行"增税"政策，逐步淘汰落后产能，对小微企业、高新技术产业等以"减税"为主，降低这类企业及相关产业税负以促进其发展❷。稳定税负的要求与税制结构调整过程中部分行业、企业和个人税负的增加或减少并不矛盾。实际上，在稳定税负的前提下，通过税制改革调整税负在不同行业和不同收入群体之间的分配是促进结构调整和社会公平的内在要求。稳定宏观税负发出的信号不仅在于抑制税收过快增长，同样在于改变人们对减税的过高预期。事实告诉我们，结构性减税的实质并不在于减税，而是稳定税负，通过税收有增有减的结构性调整，使税收增长尽可能向经济增长靠拢，使税收增长与经济增长基本保持同步，为增加居民收入，提高居民收入占国民收入比重腾出空间。

二、逐步提高直接税比重

改革税制是下一步税改的目标之一，其主要思路就是优化税制结构，逐步提高直接税比重。在税制结构中，直接税与间接税的划分以税负能否转嫁为标准，即凡是税负不能或难以转嫁的税种为直接税，凡是税负能够或容易转嫁的税种为间接税。通常认为，所得税与财产税属于直接税，商品税（流

---

❶ 吴俊培、张帆：《基于税收管理体制对中国税制改革探讨》，载《中央财经大学学报》2015 年第 1 期。

❷ 刘尚希：《基于国家治理的新一轮财政改革》，载《当代经济管理》2013 年第 12 期。

转税）属于间接税。2016 年，在我国全部税收收入中，来自国内增值税、消费税、营业税、进口货物增值税和消费税、车辆购置税等间接税收入的占比达到 60%。若再加上间接税特征浓重的地方其他税种，整个间接税收入在全部收入中的占比超过 70%。除此之外，来自企业所得税、个人所得税等直接税收入的占比，仅为 29.87%。可以认为，目前我国直接税与间接税的比例，大体上是"三七开"，即直接税占 30%，间接税占 70%，而同期 OECD 国家直接税和间接税之比大致为 6∶4（不包括社会保障税）。对比 OECD 国家相对均衡的税收结构，我国现行税制格局显然处于严重失衡状态，急需改善。

　　提高直接税的比重，从根本上说是我国经济发展阶段的要求。当前，我国已经成为世界第二大经济体，人均 GDP 超过 8000 美元，[1] 处于中等偏上国家的行列，居民的收入和财富已经具备相当的规模。但是，我国收入分配不公、贫富两极分化的现象却日益严重，严重影响社会的稳定，而具有调节分配职能的所得税在税收收入中所占比重很低，财产税基本处于缺位状态，在此情况下通过完善税制，逐步提高直接税比重是十分必要的。逐步提高直接税比重，以个人所得税和房地产税为主要载体，通过"逐步建立综合与分类相结合的个人所得税制"，"加快房地产税立法并适时推进改革"来实现[2]。

　　逐步建立综合与分类相结合的个人所得税制。我国现行个人所得税实行分类税制模式，11 项来源不同的应税所得分别扣除不同的费用标准、使用不同的税率水平、依照不同的计算方法，以个人作为纳税单位计税。分类计征的好处在于计算简便，可以很好地运用源泉扣缴，但其弊端在于不能真实地反映纳税人的纳税能力，在调节收入分配方面作用有限。而在综合计征模式下，纳税人一定时期内各种来源所得要加总，再按照个人或家庭不同情况扣除一定金额后，按比例税率或超额累进税率纳税。综合所得最能体现纳税人的真实纳税能力，但其弊端在于对税收征管水平要求较高。综合分类模式，结合了分类课税与综合课税两者的特点，将大部分收入所得综合计征，并按累进税率体现按量能负担课税的原则，同时对其他特定项目采用分类计征，完成特定政策目标。具体而言，将应税所得划分为劳动性收入和资本性收入，对劳动性收入采用累进税率实行综合征收，对资本性收入采用比例税率实行分类征收。实施综合与分类相结合个人所得税的前提，是建立第三方涉税信息共享机制，便于税务机关掌握个人金融资产等税收基础信息。

---

[1] 2016 年我国人均 GDP 为 55412 元人民币，约为 8866 美元。
[2] 高培勇：《论完善税收制度的新阶段》，载《经济研究》2015 年第 2 期。

加快房地产税立法并适时推进改革。现行税收制度对房产与土地分别设置税种，对土地征收土地使用税，对房屋征收房产税，房产税计税依据中包含土地价值，土地价值中又包含土地税收，存在重复计税现象。改革开放三十多年以来，我国的制度安排和经济结构已经发生了深刻的变化，现行房地产税税制已经明显滞后于经济发展，调节作用难以发挥。随着财税体制的深入改革，构建地方税种已成为改革的首要任务之一，而房地产税具有税基稳定、不易流动等特点，使其逐步上升为地方税主体税种，为地方提供稳定的财源已是大势所趋。此外，随着居民收入水平的提高，房产已经成为居民存量财富的主要表现形式之一，而且随着房地产市场的不断升温，在一定程度上更加大了贫富差距。现行税制缺乏对居民存量财富的调节，房地产税改革也应以此为目标，实现对居民以房产形式存在的存量财富的再分配❶。因此，房地产税改革的主要方向，是在保障居民基本居住需求的基础上，对城乡个人住房和工商业房地产统筹考虑税收与收费等因素，合理设置建设、交易、保有环节税负，促进房地产市场健康发展，使房地产税逐步成为地方财政持续稳定的收入来源。

三、逐步减少间接税比重

在稳定税负的约束条件下，逐步降低间接税比重与直接税比重的提高两者彼此呼应。间接税比重过高，会对经济持续发展和社会稳定产生不利影响。间接税直接嵌入商品售价，一方面降低了商品的价格优势，影响我国企业的国际竞争力，另一方面，间接税可以通过价格渠道转嫁，决定了税收负担实际上成为消费大众的负担，不利于扩大内需。而且，间接税比重过高，会鼓励政府，特别是地方政府一味追求 GDP，而不是提高经济效益和居民收入，从而不利于经济发展方式的转变。因此，降低间接税比重，有多重利好：一是可以降低商品和服务的价格，真正促进和扩大内需；二是可以在一定程度上消除商品国内外价格的差距，扭转我国企业在国际上的不利地位；三是降税的好处大多数被低收入阶层获得，直接促进了民生水平的提高；此外，对于企业来说，间接税负的降低可以转化为企业的利润，或者转化为劳动者工资的增加，或者转化为企业所得税的增加，从而拓宽了个人所得税和企业所得税的税基，为提高直接税比重提供了现实可行的基础。间接税比重的逐步降低，可以通过增值税改革和消费税改革实现，并且增值税改革中的"营改

---

❶ 田芳：《房地产税改革目标及其路径》，载《财经问题研究》2015 年第 5 期。

增"是降低间接税比重的主要渠道。

增值税改革。增值税改革有两方面的内容，一是"转型"，即生产型增值税转向消费型增值税。生产型增值税向消费型增值税转变，即在计征增值税时，将企业当期购入固定资产所付出的款项准予抵扣，体现了对企业固定资产投资的一种激励，降低企业的税收负担❶。二是"扩围"，即营业税改征增值税。作为中国经济发生转折性变化、步入新常态过程中率先启动的一项税收制度改革，"营改增"在全面深化改革的总体布局中可谓举足轻重，它不仅有助于产业结构的调整、发展方式的转变，而且对于推动财税体制改革、经济体制改革以及其他相关领域的改革，都有不可替代的特殊功效❷。同时，完善小规模纳税人简易计税制度和出口退税等政策，增强制度的规范性。随着增值税制度改革的推进，应适当简化税率档次，适时完成增值税立法。

消费税改革。在增值税改革完成之后，增值税将覆盖全部商品和劳务，商品税体系将形成增值税普遍调节、消费税特殊调节的制度根据。在此背景下，应同步启动消费税改革，进一步发挥消费税调节功能。消费税改革的重点是，适当扩大并调整消费税征收范围，把高耗能、高污染产品以及部分高档消费品纳入征收范围，放大消费税引导合理消费行为的作用，并且在环境保护领域发挥调节和引导作用。消费税的征收环节由目前主要在生产（进口）环节征收改为主要在消费环节征收，采取价外税形式，以弱化政府对生产环节税收的依赖，增强对消费环境的关注，使消费税调节作用显性化，并与增值税制度有效衔接。

四、完善地方税体系

地方税系的构建与完善直接影响地方政府效率。当前我国地方税体系的特点是税种数量众多但主要是小税种，税源分散、份额较小且占比较低，而在"营改增"完成后，地方税主体税种营业税也被纳入中央地方共享税的框架之内，地方税体系面临着主体税种缺乏的局面。为了发挥地方的积极性，健全地方财政体系已属势在必行之举，而其核心工程即为完善地方税体系。

完善地方税体系的关键是建立地方主体税种。现行地方税体系主要包括城市维护建设税、个人所得税、房产税、城镇土地使用税、耕地占用税、土地增值税、资源税、车船税、契税、印花税、烟叶税和环境保护税共12个税

---

❶ 高培勇：《增值税转型改革：分析与前瞻》，载《税务研究》2009年第8期。
❷ 高培勇：《理解十八届三中全会税制改革"路线图"》，载《税务研究》2014年第1期。

种。原地方税的主力军为营业税,改征增值税之后,成为中央地方共享税。个人所得税改革后,将惠及更多的普通民众和家庭,在对高收入群体的税收征管难以到位的情况下,近期无力承担地方税主体税种的责任。近年来,我国一直在推动以提高税负为中心的资源税改革,资源税征收范围的扩大,税额和税率的提高都意味着未来资源税收入还有一定的增长空间,可作为地方的主体税种之一。城市维护建设税本是一种附加税,规模较小,也无力担当起地方税主体税种的重任。从长远看,房地产税是最适宜作为地方主体税种的选择,但需要渐进地加以推进。此外,除了现行地方税之外,中央、地方共享税也将成为地方财政收入的主要来源。例如,提高增值税收入中地方分成的比例,将消费税改成中央和地方共享税,依据事权与支出责任相适应的客观需要、民生事项的重要程度和社会公共管理的相关性等来确定税种分享。同时,应赋予地方一定税权,包括税收立法权和税率调整的权限。对全国范围内普遍开征但流动性较小的税种,如房地产税,由中央确定税收法律框架,由地方制定实施细则。对各地税源差异较大且不宜在全国普遍开征的税种,如资源税,赋予地方政府一定的税收立法权,由地方依法增设地区性税种❶。

---

❶ 李晶:《中国新一轮税制改革的重点与安排》,载《宏观经济研究》2015 年第 1 期。

第五章 西方典型国家地方税收法律制度建设的基本经验

经过世界各国的长期探索和实践,分税制管理体制最终作为一种理想的财政管理模式被多数国家采纳。由于国情、政体不同,各国税权划分的集中与分散程度以及地方税体系亦不尽相同,但建立在地方税体系之上的国际通行税权划分主要有:以美国为代表的税权分散模式(分权型),以法国为代表的税权相对集中模式(集权型),以及以德国和日本为代表的适度分权模式(混合型)。

第一节 分权型的美国地方税体系

一、税制结构

美国政体实行的是联邦制,在纵向组织上,宪法将政府机构分为联邦、州、地方三个层级。美国的州政府共有50个,州以下地方政府的数量则超过8万个,组织形式千差万别,包括县、市、镇,以及美国特有的学区或特别服务区等形式。在美国的联邦制中,各州作为联邦成员,实际上是政府权力的实际拥有者,联邦政府和地方政府的权利,都是由各州政府对自身权力的让渡而存在的。从州政府的角度看,其与联邦政府之间的关系基本上是平等的,而与州以下地方政府之间的关系则近乎于上下级关系。政府事权与支出责任上,联邦政府的主要职责包括维持宏观经济稳定、给州政府和地方政府提供贷款、拨款、税收补贴等;州政府和地方政府负责提供公共服务,如公共教育、法律实施、供水、公路等。

与政权结构相适应,美国联邦、州和地方各方均有各自相对独立的、与其事权相对应的税收体系,并享有各自的税收立法权和征管权。联邦、州和地方政府根据各自的权利、税收征管水平和经济发展水平等因素,选择不同的税种作为各自的主体税种,形成了不同的税制模式。在分税式的地方税制体系下,美国地方政府拥有较为充分的税收管理权限,本级税收来源也较为充裕,对中央政府的依赖性较小。以2011年的数据为例,该年度美国州和地方政府税收收入占全国税收收入比重为36.3%。

美国实行彻底的分税办法,不存在共享税种,但三级政府之间存在着复杂的税源共享关系。由三级政府同时开征的税种有个人所得税、公司所得税、工薪税、销售税、消费税等;由联邦和州政府共同开征的税种有遗产税和赠与税(目前已停征);由州政府和地方政府共同开征的税种有财产税。三级政府各自设有税务征管机构,采用税款代缴、税收抵免、税收免征、税收扣除、税率分享等方法协调政府之间的税收分配关系。按照事权财权相适应的原则，承担公共事务越多、级别越高的政府，税收收入也相应越多，从而保证中央政府的宏观调控能力。联邦、州、地方三级政府在税收总收入中所占的比重大致为60%、20%和20%，同时联邦政府也会给予州和地方政府一定的补助金，保证联邦政府可以利用充裕的财力，对州和地方政府的发展进行有效干预。

二、税种划分

在美国的税收制度中，联邦政府以个人所得税、公司所得税和社会保障税这三大直接税税种为核心，除此之外，还设遗产和赠与税、特种销售税、消费税和关税。个人所得税是其主体税种，在联邦税收中的比重约占一半，其次是社会保障税，再次是公司所得税。其中，社会保障税收入呈较快的上升趋势，而公司所得税占比则有一定程度的下降。根据美国国会预算办公室的数据，2011年个人所得税是联邦政府收入的最大来源，占联邦税收收入的47.1%，其次是社会保障税，占联邦税收收入的35.3%，除此之外，没有其他的单一税种收入超过联邦收入的10%。消费税、遗产和赠与税以及其他税种分别占联邦政府税收收入的3.1%、0.4%和5.9%[1]。

州政府以销售税为主体税种，辅之以个人所得税、公司所得税、社会保障税、消费税、财产税、自然资源税、州遗产和赠与税等。以2009年数据为例，如图5所示，美国州政府各项税收收入中，销售税收入占州政府税收收入的比重近50%（销售税占比为34%，特别销售税为16%），是州政府的主要收入来源，其次是个人所得税，占州政府税收收入的34%，公司所得税占比为6%。但是，美国不同州之间由于产业差别等因素，每个州的税收来源结构差别很大，比如华盛顿州没有个人所得税收入，主要依靠销售税和财产税作为州政府税收主要来源，而俄勒冈州的销售税只有5.2%，个人所得税和财产税则高达47.8%和31.1%[2]。

地方政府的主要税种是财产税，2009年占地方政府税收收入的74%（见图6），此外还有销售税（占16%）、个人所得税（5%）、公司所得税（1%）、消费税、社会保障税等。从表25美国财产税占地方财政收入比重的情况来看，虽

---

[1] Douglas W. Elmendorf. The Distribution of Household Income and Federal Taxes, 2008 and 2009. Congress of the United States Congressional Budget Office. 2012: 14.

[2] 张友斗、苗杨、张帆：《美国税制结构特点分析及对我国的启示》，载《国际税收》2013年第5期。

然财产税收入呈不断增加的趋势，但其占地方财政收入的比重却不断下降。在1980年，地方政府的财产税收入779.1亿美元，占地方财政收入的90.1%，到2011年财产税占地方政府财政收入的比重下降到了76.8%，其中，房地产税占到财产税的比重一直在75%左右。美国的财产税作为地方主体税种，是地方政府的一种受益税种。地方政府征收的财产税主要用于当地的公共服务支出，比如属于学区范围内的财产税就全部用于当地的基础教育支出。

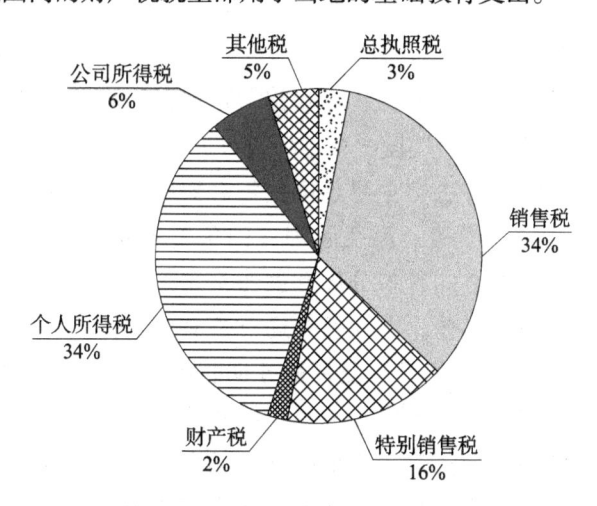

图5　2009年美国州政府各项税收收入比重图❶

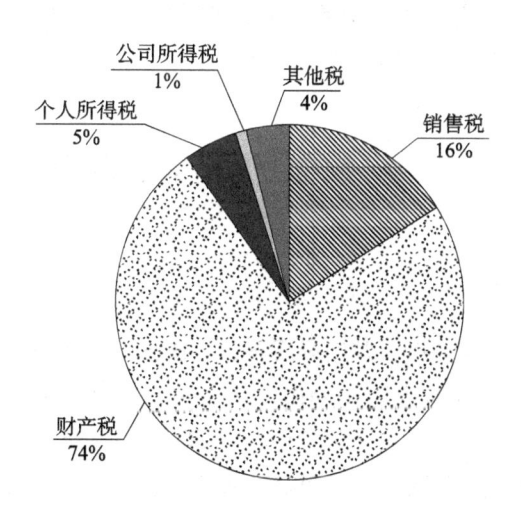

图6　2009年美国地方政府税收收入比重图❷

❶ 数据来源：U. S. Census Bureau, 2009 Annual Surveys of State and Local Government Finances。
❷ 数据来源：U. S. Census Bureau, 2009 Annual Surveys of State and Local Government Finances。

表 25　美国财产税及占地方政府收入比重情况❶　　　　　单位：十亿美元

年份		1980	1990	1995	2000	2005	2006	2007	2008	2009	2010	2011
财产税	收入	77.9	180.3	226.8	295.2	383.3	409.7	434.6	449.3	452.1	457.7	452.6
	比重（%）	90.1	84.4	83.8	83.6	79.5	79.2	79.2	80.7	80.5	79.2	76.8
其中：房产税	收入	68.5	164.5	206.8	259.5	353.1	376.6	402.8	415.3	427.1	438.2	442.8
	比重（%）	79.2	77.0	76.4	73.5	73.2	72.8	73.4	74.6	76.0	75.9	75.1

三、税收征管

美国实行比较彻底的分税制，在联邦、州和地方政府之间划分税收、税权的基础上，三级政府都分别设有自己的税收征收管理机构。

联邦政府的税收征管机构主要是国税局和海关署。国税局负责联邦政府除关税以外的所有税收事务，海关署则专门负责关税事务。国税局由总部、大区和其下设的税务中心、税务分局和遍布全国的税务支局组成。总部主要负责掌握和处理全局性事务，大区税务局负责对本区范围内的联邦政府税收的征管工作。在大区税务局下，设有税务征收中心、税务分局和税务支局，他们是税款征收的实际执行者。

州和地方政府的税收征管机构依据各自的税收分布情况单独设置，负责本级政府税收的征管工作，与联邦政府的国税局在税款征收、纳税审计和税收情报等方面建有一定的协作关系。各级地方政府相应设置县税务局和市税务局，负责本辖区范围内的税收征管工作。

第二节　集权型的法国地方税体系

一、税制结构

法国是单一制国家，中央政府高度集权。法国的政府机构分为中央、大区、省和市镇四个层级，地方政府格局由大区、省、市镇三层组成，截至2008年初，法国的地方政府层级共包括26个大区、96个省和36569个市镇。这些地方政府之间没有上下级的从属关系，只对本级议会负责，而且根据法国宪法规定，对于地方政府本身能够予以最佳实施的全部权限，都由地方政府自行作出决定。基于事权与财权相统一的原则，法国对各级政府事权归属进行了清晰地界定。

---

❶　数据来源：根据OECD在线图书馆数据库计算得出，网址：http://stats.oecd.org。

中央政府支出责任包括国防、养老、医疗、高等教育，以及经济干预和对地方政府的转移支付等；大区政府支出责任包括国土整治、高中教育、职业教育、铁路建设，以及其他与大区经济发展有关的支出等；省政府支出责任包括社会福利、初中教育、道路、港口、消防支出等；市镇政府支出责任主要包括与市民息息相关的事项，如户籍管理、城市规划、道路修缮、幼儿园及小学教育、垃圾处理，以及其他与环境、文化和体育事务相关的支出。

政府对财政的宏观调控职能十分重视，税收收入和税收管理权限高度集中于中央，地方政府的税收立法权集中在中央，地方在中央立法的范围内只能对属于本级政府的地方税行使征收权，并对其拥有一定的税率调整权和税收减免权。地方税的征收制度和征收标准一般由中央统一制定，地方政府在统一的规定下根据本地的情况制定一些具体的征收办法、确定本地地方税的适用税率。

法国税收划分的特点是税种彻底分开，不设共享税，各级政府自行组织收入。在法国的地方税制体系中，划归地方的税收收入规模相对偏小，税权和税种的划分大多集中在中央政府。法国的税收分配格局中中央税收收入在全国税收收入的比重占90%，地方税收仅占10%。由于地方税收收入所占比重较小，一般无法满足地方政府承担各项事务的财政支出需要，因而法国实行中央对地方的补助制度，作为地方税制的补充。

二、税种划分

在高度集权的法国，目前开征的税种大约有20多个。按照课税对象的不同，可以划分为所得税、商品和劳务税、财产和行为税三大类。其中，所得税包括公司所得税、个人所得税、工资税；商品和劳务税包括增值税和消费税；财产和行为税包括登记税、印花税、土地税、居住税、财富税、特别发展税以及其他附加税等。按照收入归属，分为中央税和地方税。法国的分税制注重财权、财力收支的集中，地方税与中央税实行彻底的划分，三级政府都有自己的固定税收，不设共享税或同源课税。因此，法国的税收收入结构以中央税为主体，在各级政府的固定收入分配中，主要税种归中央，零星税源归地方。

法国的中央税集中了大部分税收收入，且税源较大的主要税种划为中央税，包括个人所得税、公司所得税、增值税、消费税、关税、遗产税、登记税、印花税等，其中，前四种占中央税收总额的80%以上。2011年的数据显示，法国中央税收为2543亿欧元（不含关税）。其中，增值税占51.4%，个人所得税占20.5%，公司所得税占17.4%，能源产品消费税占5.6%，烟草产品消费税占4.1%，其他税收占1%。

法国的地方税主要是一些税源小的税种,包括土地税、居住税和房产空置税、地方经济捐款税、财产转移税等中央政府征收之外的财产和行为税,以及娱乐税、垃圾清理税、特别发展税等,其中居住税和土地税所占比重较大,为法国地方税的主体税种。法国的土地税包括已开发土地税和未开发土地税两种,前者对已有地上附着物(包括住宅、工业建筑、道路、交通轨道等)或者可立即用于建设的土地按年征收,后者对未开发土地按年征收。2010年法国已开发土地税收入约237亿欧元,未开发土地税收入约为9亿欧元。对适宜居住的住宅及其附属物缴纳居住税,2011年居住税收入约为174.2亿欧元。自2007年开始,地方政府对空置5年以上的房产征收房产空置税。

表26 法国主要税种情况表

主要税类		主要税种	收入归属
所得税		公司所得税	中央税
		个人所得税	
		工资税	
社会保险相关税收		增值税	
商品和劳务税		消费税	
		财富税	
财产和行为税	登记税类	股份转让税	
		金融交易税	
		不动产销售登记税	
		商业实体产权转让登记税	
		公司登记税	
		继承与赠与登记税	
	印花与执照税类	印花税	
		机动车执照税及其附加	
		私人机动车污染附加税	
		公司机动车税	
	土地税类	已开发土地税	地方税
		未开发土地税	
		居住税和房产空置税	
		地方经济捐税	
		垃圾清理税	
		特别发展税	

三、税收征管

法国税务部门的架构具有典型的单一制国家特征，税务机构的管理层级与政府层级相一致。税收征管由中央政府直接管理和控制，形成自上而下严密的组织结构。中央层级设置税务总局，隶属于经济财政工业部，负责税率计算、税收标准的制定、征税、查税等工作。税务总局下设四级机构，地方各层级设置相应的税务局，实行从上至下的垂直领导：全国与国际税务检查局系统，负责对国内、国际税务的核实、检查、处罚工作；大区税务局、省税务局、市镇税务局，负责相应辖区内的税务工作。全国各税种的征收由中央统一管理，国家税务总局在省级政府设有800多个税务中心，直接负责各税种的征收和管理，征收后再按税种的划分规定拨付地方。各地方税务部门由国家统一指挥，地方无权过问，具有很浓的中央集权色彩。

第三节　集权与分权混合型的德国、日本地方税体系

德国与日本的税制管理体系都是属于混合型，但比较而言，德国集权程度更高，而日本的分权程度更高。

一、德国地方税制

（一）税制结构

德国是联邦制国家，政府的纵向层级分为联邦、州和地方（市或县）三级，共有16个州，12000多个市镇。联邦政府拥有很大的立法权，州政府在宪法规定的范围内，拥有除已明确归属于联邦政府以外的立法权，因此自治权也比较大，而州以下地方政府管理地方性事务的自治权力，则是由宪法责成州政府给予的。德国基本法（宪法）对各级政府的事权范围和政府职责明确划分：联邦政府承担国家全局性的工作和政策；州政府负责改善地区经济结构和提供地区性公共产品等职责；地方政府负责提供地方性的公共产品和社会福利等工作。

在划分各级政府事权的基础上进行财权的划分，德国财政收入的90%来自税收，三级政府之间收入的划分主要是分税。德国的税权划分在联邦制国家中属于相对集中型。从税收立法权的划分来看，德国的绝大部分税收立法权集中在联邦，而收益权和征税权则分散在地方。德国大约有95%的税收法律由联邦

议会立法，主要包括关税、保险税、对特种商品征收的消费税等专属于联邦收入的税种，以及个人所得税、公司所得税、增值税等联邦和地方政府共享收入的税种。仅有约5%的税收法律由州或市镇议会立法，主要包括遗产和赠与税、博彩税、啤酒税、防火税、汽车税、房地产购置税等较小的税种。从税率确定权来看，地方政府可在联邦政府规定的税率范围内确定地方税收税率。

德国现行分税制将全部税收划分为共享税和专享税两类，共享税与专享税共存，并且以共享税为主。共享税为联邦、州、地方三级政府或其中两级政府共有，并按一定规则和比例在各级政府之间进行分成；专享税则分别划归联邦、州或地方政府，作为其专有收入。早期联邦德国以专享税为主，后来随着政治、经济、社会等因素的不断变化，共享税占收入的比重不断增加，现在共享税是联邦和州政府主要的收入来源。联邦共享税收入占其全部税收收入的75%以上，州级共享税收入占本级税收收入的85%左右。几个主要的大税种（如工资税、固定所得税、个人所得税和增值税）都属于共享税，采取比例分成的办法在各级政府间划分，这样既保证了各级政府都有稳定的收入来源，又通过增值税分享比例的灵活调整增加政策实施的弹性，在转移支付之外又多了一个调节层次和调节手段。

表27 德国各级税收分享情况简表

	主要税收来源	主要任务
联邦	——分享个人所得税、公司所得税和资本收益税 ——分享增值税（又称销售税） ——分享营业税 ——团结附加税 ——矿物油税、电税 ——保险税 ——烟草税、烧酒税、咖啡税、汽酒税、葡萄酒与酒精饮料税	——社会保障体系（特别是养老和失业保险） ——外交与国防 ——交通 ——货币体系 ——部分经济促进职能 ——科研（大型科研机构）
州	——分享个人所得税、公司所得税和资本收益税 ——分享增值税（又称销售税） ——分享营业税 ——遗产税、机动车税、地产购置税、啤酒税、博彩税	——文化 ——大、中、小学 ——警察、执法、维护社会秩序 ——卫生体系 ——住宅建设促进 ——税务管理

	主要税收来源	主要任务
地方（市、镇）	——分享个人所得税、公司所得税和资本收益税 ——分享营业税 ——地产税 ——小税种：如狗税、饮料税、享乐税、渔猎税等	——水和能源供应、短途公共交通、绿化、市镇管网、垃圾清运 ——幼儿园和学校建设 ——社会救济 ——建筑项目审批、登记备案

（二）税种划分

首先，就共享税而言，主要包括工资税、公司所得税、个人所得税和增值税，规模较大，2012 年的数据显示德国征收的共享税达到 4262 亿欧元，其中工资税有 1490.65 亿欧元，增值税有 1424.39 亿欧元（见表28）。根据表29 德国共享税在联邦、州及市镇政府之间的配置方式：个人所得税，联邦、州和地方分别分享 42.5%、42.5%、15%；公司所得税，在联邦和州之间各分得 50%；增值税和进口增值税，联邦分 40%—50%，各州按照规定的原则分配剩余部分，具体分享比例随着双方财力变化定期协商调整，属于调剂性共享税。德国共享税制度的最大特征在于巧妙地将"刚性"与"弹性"、"规范性"与"灵活性"紧密衔接，密切配合：除增值税之外的其余税种的分配比例长期恒定，保证各级公共主体的基本财政收入完整；作为机动要素的增值税用于平抑政府间由于经济基础、现时的财政金融状况以及各项紧急的行政开支需要而导致的财力波动❶。

表28　德国近年来所征收共享税的构成及其规模❷　　　　单位：亿欧元

年份	共享税	工资税	所得税1	所得税2	利息税	公司利润税	增值税	进口增值税
2010	3728.57	1279.04	311.79	129.82	87.09	120.41	1364.59	435.82
2011	4035.67	1397.49	319.96	181.36	80.20	156.34	1389.57	510.76
2012	4261.90	1490.65	372.62	200.59	82.34	169.34	1424.39	521.96

---

❶ 罗湘衡：《德国联邦制下府际财政关系研究》，南开大学 2014 年博士学位论文。
❷ 数据来源：Statistisches Bundesamt, "Statistics on Tax Revenue", https://wwww.destatis.de/EN/FactsFigures/Society State/PublicFinanceTaxes/Taxes/TaxBudgets/Tabies/CashTaxRcvenueMillionEuros.html。

表 29　德国共享税在联邦、州及市镇政府之间的配置方式❶

税种	联邦政府	州政府	市镇政府
个人所得税	42.5%	42.5%	15.0%
公司利润税	50.0%	50.0%	-
增值税	53.2%	44.8%	2.0%
利息税	44.0%	44.0%	12.0%
进口增值税	41.4%	58.6%	-

与共享税相比，联邦政府专享税规模相对收敛，主要包括：关税、各类消费税（烟草税、酒税、咖啡税、矿物油税、盐税、照明灯税）、公路税、资本流转税、交易所营业税、保险税、货币兑换税和团体互助附加税等 18 种税。

德国的州专享税主要涵盖财产税、遗产与赠与税、土地交易税、机动车税、啤酒税、消防税、彩票税、赌场税、赛马税等 10 种税。除遗产与赠与税以及土地交易税之外的其余税种大体上属于来源分散、税基相对迁移、征管难度较大、额度较小的随机性收入。从表 30 和图 7 可知，州专享税无论是征收总量还是在州税收总额的比重均表现出日益颓废疲软之势，意味着专享税的生存空间逐渐被共享税挤压，专享税对于州政府的重要性越来越边缘化。

表 30　德国近年来州专享税的构成及其规模❷　　单位：亿欧元

年份	州专享税	财产税	遗产与赠与税	土地交易税	博彩税	消防税	啤酒税
2010	121.46	0.01	44.04	52.90	14.12	3.26	7.13
2011	130.95	-0.04	42.46	63.66	14.20	3.65	7.02
2012	142.01	-0.01	43.05	73.89	14.32	3.80	6.97

---

❶ 数据来源：Bundesministerium der Finanzen, Finanzbericht 2014。
❷ 数据来源：Statistisches Bundesamt, "Statistics on Tax Revenue", https://wvvw.destatis.de/EN/FactsFigures/Society State/PublicFinanceTaxes/Taxes/TaxBudgets/Tabies/CashTaxRcvenueMillionEuros.html。

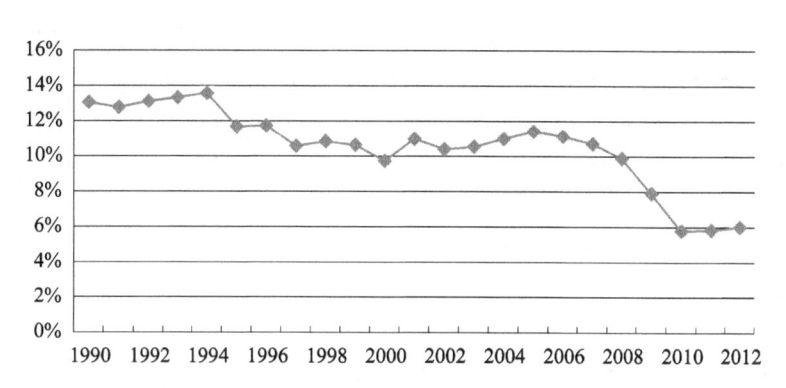

图7 德国州专享税占其税收总额的比重❶

市镇地方专享税主要包括：土地税、营业税、资本利得税、娱乐税和地方消费税（饮料税、狗税、渔猎税），除土地税以及营业税之外的其余税源总体上可以忽略不计（见表31）。

表31 德国近年来市镇地方专享税的成分及其规模❷ 单位：亿欧元

年份	地方专享税总额	土地税A（农林业用地）	土地税B（非农业用地）	营业税	其他税种
2010	477.80	3.61	109.54	357.11	7.54
2011	529.84	3.68	113.06	404.24	8.86
2012	553.98	3.75	116.42	423.45	10.37

（三）税收征管

在税收征管机构设置上，联邦德国共设有三级财政管理机构，从上至下依次为联邦财政部、州财政部和地方财政局。其中，联邦财政部和州级财政部之间没有隶属关系，各自在税法规定范围内独立展开工作。联邦财政部下设三个高级管理机构，包括债务管理局、联邦财政局和联邦监督局，分别负责管理联邦债务、国际事务及银行贷款的监督检查。州财政部一般下设一个高级管理机构，并设有确定税款、税款征收、追捕侦查、企业检查等部门。各州财政部还按经济区设立若干财政局，分别负责具体征管业务。

在税收征管方面，由于德国联邦政府和州政府的大部分收入均由共享税构成，独享税虽然税种较多但收入额度较小，所以联邦政府只对关税、进口

---

❶ 数据来源：Bundesministerium der Finanzen，Finanzbericht 2014。
❷ 数据来源：Statistisches Bundesamt，"Statistics on Tax Revenue"，https://wvvw.destatis.de/EN/FactsFigures/Society State/PublicFinanceTaxes/Taxes/TaxBudgets/Tabies/CashTaxRcvenueMillionEuros.htm。

商品的增值税和一些特种消费税实施征收管理，其他所有税种的征管均由州政府税务部门负责。因此，州政府在联邦政府的行政约束和监督下征收绝大部分税收，但所征税款最后要进行分享。与联邦和州政府相比，市镇政府的税务部门处于最低层级。

二、日本地方税制

（一）税制结构

日本是单一制国家，实行中央集权制。从纵向结构来看，日本的政府机构由中央都道府县和市町村三级组成，并实行地方自治制度，地方有各自的议会。在地方税收体系中，日本选择的是集权与分权相结合，适度分权的模式。在财政体制上，各级财政只对本级政府负责，预决算由本级议会审批，上下级财政之间不存在行政上或业务上的管理关系。但是，日本财政体制又具有很多中央集权的成分，如地方财政权限的大小由中央决定，地方政府要按规定服从中央政府必要的调度和安排等。在税收管理体制上，税收立法权都归国会，各税法都要经过国会批准，地方有独立管理地方税种的权力，但要受国家制定的《地方税法》的限制。

税种划分为国税、都道府县税和市区町村税，每一级政府都以两种税为主体税种，都道府县税和市区町村税为地方税。中央与地方税划分由国会负责，地方税的划分原则是以事权划分为基础，以受益原则为依据，各项税种之间上下兼顾。便于全国统一税率和征收的大宗税源归中央，征收工作复杂的小宗税源划归地方；基于能力原则课征的税收划归中央，基于利益原则课征的税收划归地方。按照日本的税制结构，日本共有59种税，其中属于都道府县税的有15种，属于市区町村税的有17种（见表32）。

表32　日本的国税与地方税税种

国税	地方税	
	都道府县税	市区町村税
所得税	都道府县民税	市区町村民税
法人税	都道府县民税利息分配	固定资产税
地方法人特别税	都道府县民税股利分配	城市计划税
继承税	事业税	事业税

第五章 西方典型国家地方税收法律制度建设的基本经验　141

续表

国税	地方税	
	都道府县税	市区町村税
赠与税	不动产取得税	市町村水利地益税
印花税	都道府县水利地益税	共同设施税
注册执照税	地方消费税	地皮开发税
消费税	都道府县烟草税	国民健康保险税
酒税	高尔夫球场利用税	市町村烟草税
烟草税	汽车税	小型汽车税
挥发油税	矿区税	矿产税
地方道路税	汽车取得税	入汤税
石油气税	轻油交易税	
飞机燃料税	狩猎税	
石油煤炭税		
汽车重量税		
电源开发促进税		
关税		

在税收收入结构上，国税占全国税收收入的60%左右，地方税占40%左右。从事权与财权相统一的角度来看，日本地方政府事权大而财权小，因此地方税收收入相对不足。为此日本实行一套再调剂制度，一种是让与税制度，即中央政府将一些国税税种作为让与税，按一定比例让给地方，这类税带有共享税性质；另一种是国家交付税制度或下拨税制度，即中央先征收，再根据一定比例标准拨给地方。

（二）税种划分

在日本现行的50多种租税之中，国税税种主要包括所得税、法人税、消费税、继承税、酒税等，在国税税种当中还有一些具有共享税性质，其收入会在中央和地方之间进行分配，如所得税、法人税、地方道路税、石油气税等。其中，国税的主体税种是所得税（占国税收入的30%以上）和法人税（见图8）。

都道府县税种主要包括事业税、地方消费税、不动产取得税、汽车税、汽车取得税、矿区税、狩猎税、轻油交易税等。其中，主体税种是事业税、都道府县居民税，占本级税收收入的65%左右。市区町村税种主要包括固定资产税、城市规划税、小型汽车税、矿产税、入汤税、经营机构税等。其主体税种是市区町村居民税和固定资产税，占本级收入的近90%[1]。日本地方税系虽然大多是零星分散的小税种，但它的主体税种却很明确，而且日本无论是中央还是地方都采取双主体税种模式的税制结构。日本的事业税和居民税都属于所得税类，由此可见，日本地方税的主体税种主要是所得税类和财产税类。

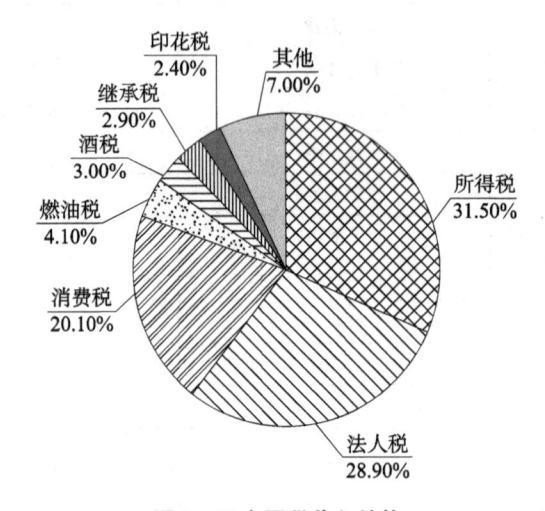

图8 日本国税收入结构

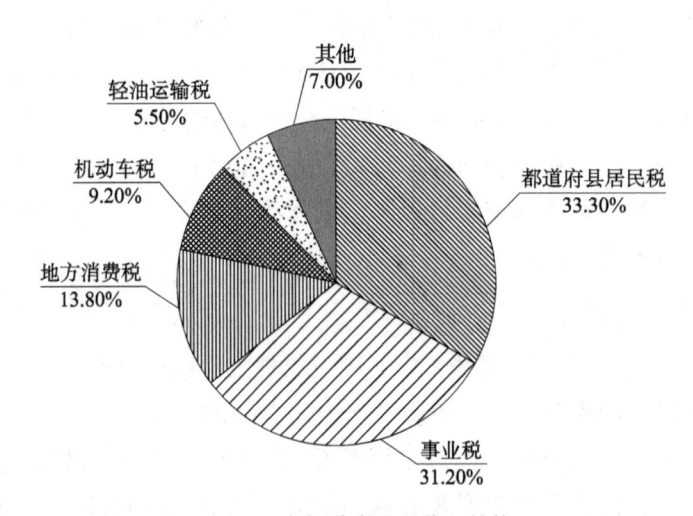

所得税 31.50%
法人税 28.90%
消费税 20.10%
燃油税 4.10%
酒税 3.00%
继承税 2.90%
印花税 2.40%
其他 7.00%

图9 日本都道府县税收入结构

都道府县居民税 33.30%
事业税 31.20%
地方消费税 13.80%
机动车税 9.20%
轻油运输税 5.50%
其他 7.00%

---

[1] 财政部：《日本财税立法及执行法进修报告（四）》，http：//www.mof.gov.cn/pub/tfs/zhengwuxinxi/faguixinxifanying/201101/t20110112_411027.html，2011年1月12日。

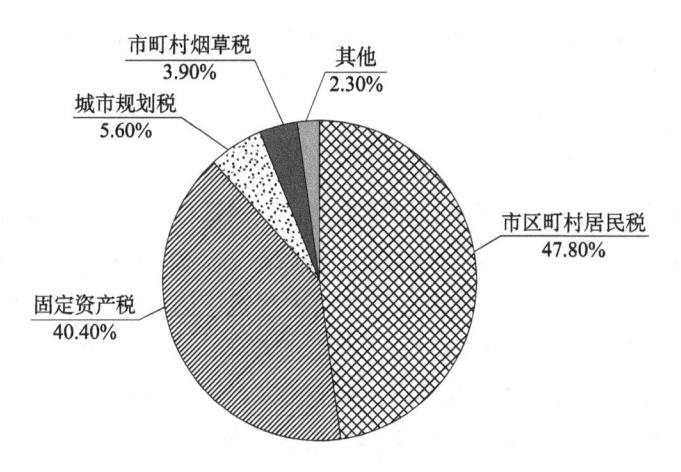

图10 日本市区町村税收入结构

市町村烟草税 3.90%
其他 2.30%
城市规划税 5.60%
市区町村居民税 47.80%
固定资产税 40.40%

（三）税收征管

税收征管方面，日本的税务机构分为国税系统和地方税系统，三级政府都有各自的税务机构，各自征收本级政府的税收，部分税种由两级政府共同征收。日本的国税征管机构，总体上分为两个层级：国税税政机构，包括主税局和关税局；国税征收机构，包括国税厅和海关。主税局负责国税的规划、调查及法律、法令的立案工作；关税局负责与关税、吨税、特别吨税有关法案的拟定，与关税有关的税政工作以及征管、监督等行政事务；国税厅是管理国税征管工作的机关。地方税的税政与税收征管工作由自治省以及地方政府负责。

同时，税理士制度是日本税收征管的重要特色。税理士是以依照他人的委托制作与所得税、法人税、营业税等有关的税务部门提出的必要文件，以及其他税务事项的代理及相应咨询为业者。税理士的法定业务包括税务代理、税务文书的编写、税务咨询等，除此之外，还作为企业税理士顾问参加税务机关的税务调查。日本税理士作为专家发挥其专业作用，不仅可以帮助纳税人适当实现其纳税义务，而且有助于申报纳税制度的妥善运营。

第四节　经验与借鉴

通过对美、法、德、日四国地方税体系的分析发现，一个国家选择何种税制模式是该国同期的政治体制、经济体制、经济发展水平以及法律制度等诸多因素综合作用的结果。在前文的基础上，总结出以下几方面地方税制建设的国际经验。

一、税收法定

从各个典型国家税权划分的经验来看，无论是哪种政府组织架构的国家，大多以法律的形式对各级政府的税收立法权限、立法程序以及税收征管等问题进行明确的规定。例如，美国在其宪法中规定了国会征税的权力及其范围，德国《租税通则》对包括税收立法、征收管理等一系列内容作出了系统性规定，法国宪法规定了必须以法律形式规定税基、税率和征收方式，日本也同样要求税种的开征和变更应由法律作出规定。各个国家通过立法的形式规定了从中央到地方各级政权的税收权限以及对各税种的支配关系，从而在一定程度上避免了税权划分过程中的随意性，维护了税收制度的正常运行，防止了税收政策与税收实践之间的脱节。此外，在地方税运行的法律制度环境上，一些国家对地方税的主要内容以国家立法的形式加以确定，如日本就有经国会统一立法的《地方税法》。许多国家在税收征管法律中特别重视纳税人的权利和义务，切实保障了税务机关与纳税人之间恰当的税收征纳关系。

二、税收收入归属合理分配

较为完善的分税制体系，一般按照"事权与财权相对应"的原则在中央和地方之间划分税收收入。绝大部分国家税收管理级次划分都和政权级次相一致，只是集权与分权程度相异。各国在税权的划分上也比较强调中央税权的主导地位，在中央税和地方税设置上，也以保证中央政府收入为主。税基流动性大、能够对收入分配和经济调控产生较大影响的税种，往往划归中央税范畴；划归地方的税种一般是对宏观经济发展影响较小，不易于流动，但对地方经济发展、公共设施建设和公共服务提供等影响较大的税种。

在税收分享中，不同国家采取了不同的划分方式，形成各级政府固定的收入来源。在此基础上，有的国家实行税收专享，中央税与地方税相互独立，不设共享税，地方税种一般由地方政府专享，如法国，这种方式可以在很大程度上缓解高度集权带来的地方政府自主权的缺乏，从而调动地方政府发展经济的主动性。有的国家地方税种与中央共享，如美国，联邦、州和地方的主要税种在各级政府之间采用的是同源共享方式，这种方式可以在很大程度上减少高度分权带来的地方政府各自为政的状况，使得各级政府形成利益共同体。

三、地方主体税种的地位突出

不论是联邦制国家还是单一制国家,虽然其税收制度和税种的构成有所差异,但各级政府普遍都设有主体税种。有主有次、主次分明的地方税种结构可以保证地方税收入的稳定,为地方政府履行职能提供重要的财力保障。从各国地方税主体税种的结构来看,可以分为两大类:单主体税种结构和双主体税种结构。单主体税种以美国为代表:美国州政府的税种结构以销售税为主体,辅之以个人所得税、公司所得税、消费税等其他税种;地方税以财产税为主体,辅之以个人所得税、地方销售税等其他税种。双主体税种以日本为代表:道府县以居民税和事业税为主体税种;市区町村以居民税和固定资产税为主体税种。从各国地方税主体税种的类别来看,大部分国家选择了财产税和所得税。如在美国,财产税约占地方政府税收收入的3/4,日本的固定资产税在本级税收收入占比达到40%,法国地方收入结构中建筑税占比为44%;日本的事业税和居民税都属于所得税类,市区町村居民税占本级税收收入的比重接近一半,都道府县事业税和居民税占比超过60%。

四、合理的税收征管机构设置

将税务征管机构划分为国税和地税是分税制国家的普遍做法。在征管机构设置时各国都十分重视效率和权责分明,中央政府掌握重要税种的立法权和执行权,同时又赋予地方政府相对独立的征税权力。国家税务机构与地方税务机构之间不存在领导与被领导的关系,只是业务联系,相互协调和配合。既保证两级机构税收征管的独立性,又避免了各级政府的行政干预,各级税务机构能够相对独立、公正、客观地从事税收征管工作。

… 第六章　法学视野下我国地方税改革的基本路径 ———

地方税改革是一个系统工程，与其他学者一样，本书亦倾向于按照地方税体系的框架来规划我国地方税制度的改革路径。一般而言，地方税体系包括收入体系、税权体系、税制体系、征管体系四个部分。需要说明的是，本书第七章会着重就省级政府的税权配置进行论述，故而本章有关税权体系的部分会略写；再由于本书第九章会专门就我国地方税的征管法律制度的完善进行论述，故而本章不再涉及地方税的征管体系。

第一节 地方税建设的目标定位和基本原则

一、我国地方税制建设的目标定位

当前，我国面临的国内外政治经济形势发生重大变化，新一轮财税改革的思路与路径已经明确，就是要在保持分税制财政体制基本稳定的前提下，围绕推进基本公共服务均等化和提高宏观调控能力，健全中央和地方财力与事权相匹配的体制，建立健全规范、完善、相对独立的地方税体系。

本书认为，我国地方税体系建设总的目标建议是，以新一轮财税体制改革为统领，在中央的统一组织协调下，科学重划政府间事权基础上，重构我国地方主体税种，并争取赋予地方适当税权、健全征管体制、增强地方财力，构建优化我国地方税体系，并形成有利于结构优化、社会公平的税收制度，为地方社会经济可持续发展提供改革动力和收入保障。

（一）近期目标（2017年底）

结合新一轮财税体制改革尤其是"营改增"改革，争取进一步完善分税制财政体制，提高中央与地方分享税中的地方分成比重；在"营改增"试点全面推进的基础上，进一步完善我国的增值税制度；完成房地产确权登记等工作，扩大个人住房征收房产税改革试点省份；为环境保护税的开征做好前期准备；开展地方综合治税和财税信息共享平台建设，优化税制结构，科学配置税权，初步构建以提高分享税为主体、多个地方税种为辅助的地方税体系。

（二）中期目标（2017—2020年）

在具体税种上，完善城市维护建设税、印花税等，启动以家庭为单位及分类综合征收为主要内容的个人所得税改革；进一步扩大个人住房房地产税试点,并实现对房地产税的征收;开征环境保护税,并将其构建为一个重要的地方税;研究论证遗产赠与税的开征工作;在地方税征收管理上,通过健全税收法律制度,清费立税,培育地方主体税种,科学划分中央税与地方税种,理顺地方税收征管体制,建立地方综合治税、齐抓共管工作机制。

(三) 远期目标(2020年之后)

从远期目标总体来看,做大财产税,完善行为税,稳定共享税,突出地方主体税种,健全税收法制,提高地方税收入比重,力争使地方税收收入占总税收比重提高并稳定到60%以上。具体到各税种,包括完成个人所得税分类综合制改革,开征遗产赠与税;同时,要不断规范地方税权运用,建立长效机制,促进形成具有地方特色的产业体系和税源结构,并最终构建以财产行为税、所得税为主体,结构优化、税制完善、收入稳定、与地方科学发展相适应的地方税体系。

二、我国地方税制建设的基本原则

地方税体系的建设是一项系统工程,可以说牵一发而动全身,涉及税收制度、税收权限等多方面的变革。如果地方税体系的建设过程中缺少一个总体原则,就会失去目标和方向而变得盲目、混乱。一方面,使得地方税体系不完善,不具有现实指导意义;另一方面,更深层次的,会导致各级政府职责履行的混乱,甚至整个社会和经济的运行混乱。因此,地方税体系建设中必须遵循一定的原则,这样才能有章可循,沿着既定的目标和方向健康地、合法地运行和发展。

(一) 法治化原则

党的十八届四中全的召开,标志着我国的法治建设进入一个全面深化改革与推进法治中国统筹并进的新时期。法治化原则应是开展地方税体系建设的基本依据,同时也是贯穿于地方税体系建设始终的一项根本原则。只有遵守这个原则的活动或行为才是合法的,才会受到法律的保护,否则就会受到法律的惩罚。法治化原则在地方税改革中有双重含义:第一,中央和地方政府之间事权的划分、税种的归属、共享的比例、税收征收管理机构的属性和权限等内容都必须以法律的形式固定下来,不能随意改变,并只能根据法律的规定依法进行。第二,在赋予地方税收立法权这一问题上,无论是分析它的可行性,还是探讨具体的实施方案,都必须以法律为准绳,在法治化原则指导、约束和规范下依法进行。

（二）集权与分权相结合原则

地方税是相对于中央税而言的，具有取之地方，用之地方的属性。因此，契合现代财政制度的地方税体系必须有自己的税种体系，必须有符合地方性、合理性、前瞻性、简洁易征、收入功能较强等特点的主体税种，企图依赖中央税和共享税来解决地方财力问题绝非长远之计与治本之策。

地方税虽然有别于中央税，但从地方角度审视，它仍然必须承载地方财政收入和对地方经济社会发展一定程度的调控功能，因此应在中央统一立法的基础上，赋予各省一定的税收立法权和管理权，并允许省级人民政府制定实施细则或具体实施办法等，这样有利于地方政府积极发展经济、培植税源、组织收入，促进社会事业发展，这是建设现代财政制度的需要，也符合国际通行做法。

（三）事权、财力与税权相匹配原则

事权是指各级政府基于自身的地位和职能所享有的提供公共物品、管理公共事务的权力。财权是指各级政府所享有的组织财政收入、安排财政支出的权力。财税体制的实质是各级政府间事权、财权划分的制度安排。财权与事权相匹配，才能保证各级政府顺利地提供社会发展所需的公共物品和服务。在税收占到财政收入近80%的情况下，财权与事权相匹配可体现为税权与事权的匹配。现行分税制在税权与事权划分上的特点表现为：事权重心偏低，而税权高度集中，形成事权、税权的不统一，在一定程度上削弱了地方因地制宜、合理配置本地资源、调控地方经济、组织地方收入的积极性和主动性。

完善地方税体系的内容之一就是在合理界定各级政府事权的基础上，实现税权、财权与事权的统一。合理划分地方所属税种、确定地方税主体税种、赋予地方一定的包括税收立法权在内的税收权限，从而调动地方政府管理区域经济和社会的积极性和自主性。同时，建立完善的中央政府对地方政府的转移支付制度，平衡各地方的经济发展差异，实现各级政府基本公共服务能力的均衡化目标。可见，通过完善地方税体系以实现事权、财权与税权相匹配是建立在各级政府明确划分事权为前提和完善的转移支付制度为配套的基础之上的。

（四）兼顾公平与效率原则

构建地方税体系必须站在一国税制的高度，使其出发点和立足点有利于整体税制的科学优化。当下我国地方税在构建时仍然必须兼顾公平与效率，优先考虑解决好适度财政收入、经济发展和社会公平问题。

公平原则首先是指受益标准。根据利益说，税收是政府为纳税人提供公共物品的价值补偿，纳税人应根据政府提供的公共物品的数量和质量来决定是否纳税、纳多少税。因此，在建立地方税体系、确定中央与地方的税收分配关系时，主要应该根据政府提供公共物品的属性和地区受益程度来确定。一般来讲，全国性公共物品如国防等一般由中央政府提供，地方性公共物品由地方各级政府提供，跨区域性的公共产品应由中央和地方政府共同承担。除了受益标准，公平原则还有"公正"的含义，主要包含三层标准：第一，财政的体制性公平，即中央与地方在税种的设置和归属、税权划分与征管之间的关系要协调；第二，地方税制的设计区域内外要公平，以利于商品和要素在区域内外合理流动；第三，地方税制必须为纳税人创造公平的纳税环境和竞争环境，以及能有效促进本地居民的收入公平。

效率原则包括经济效率和行政效率。经济效率也是资源配置效率，即在市场进行资源配置有效时，应减少或避免税收对市场资源配置的干预；反之，在市场进行资源配置无效或低效时，可以运用税收来改善资源配置的效率。对地方税而言，要求地方税制的构建必须有助于资源的有效配置、有利于企业经济结构的调整和促进地方经济的发展。税收的行政效率，即征税收益与征税成本的比较，较高的税收行政效率要求在保证税款及时足额入库的同时，降低税收的征纳成本。这也要求在划分税种时，如果由中央政府征收更为有效，应由中央政府征收、支配和管理，如果由地方政府征收更为有效，则应由地方政府征收、支配和管理。

公平与效率原则的另一种表现形式为保民生与保增长之间关系的协调上。应该认识到，二者是齐头并进、相辅相成的。以山东为例，山东是一个经济外向度较高的省份，当前国内外经济形势普遍低迷，外需不足对我省经济造成了较大冲击，一定程度上增加了失业率。在这种情况下，通过财政税收等宏观经济政策，对促进山东经济发展，增加就业具有重要意义。从这个角度来看，保增长就是保就业，促稳定；同时，着力保障和改善民生是经济发展的根本目的，也是转变经济发展方式，进入经济"新常态"后的重要内容。

具体而言，为实现公平与效率目标，在构建我国地方税体系时要特别注重调整直接税与间接税的比率关系，通过强化所得税、财产税为主的直接税体系建设和结构性减税，优化税种结构，做实地方税基础。

（五）合理调控原则

地方税体系的建设，不仅要达到筹集收入的目的，还应促使政府和市场行为的规范化。市场经济要求减少行政手段对市场的干预,而更多应利用市场机制优化资源配置,推进科技创新,从而在市场竞争中实现经济增长方式由主要依靠物质资源消耗向依靠科技进步、劳动者素质提高和管理创新转变。

与此同时,政府的职能由之前的直接带领经济发展转变为监督规范市场,提供公共服务和产品的服务性职能。所以地方税体系的构建不能有违统一市场建立的趋势,而要充分结合税种属性来制定税收政策,发挥税收二次分配和引导行为的作用。

(六)可持续发展原则

可持续发展原则对地方税建设提出如下要求:一是与征管能力相适应。为了协调好地方税制改革与地方税收征管之间的相互关系,在改革地方税制时首先要考虑到地方税收征管能力的限制,在决定税制的政策目标和繁简程度时,应当以已经或可能达到的税收征管能力为前提,并前瞻性地进行地方税征管能力的建设和人才的培训。二是保证税源充足,税收收入持续稳定增长,并且通过规范现行税制,使税收在提供重要财源的同时,能尽量减少对市场资源配置的扭曲。从这个角度来看,财产税、所得税双主体的地方税制体系应当作为我国地方税体系的中长期目标。财产税应当是天然的地方税主体税种,这是由财产税本身的性质特点所决定的。首先,就财产课征的区域性来说,财产税一般不会造成因对不动产课税而引起财产在区域间流动,同时明显体现了收益和赋税对等的原则。其次,财产税的税源相对充足而且广泛,特别是随着社会经济的不断发展,财产税的税源将会越来越广,税基也会越来越宽,收入规模也会越来越大,税收收入来源的基础扎实而可靠。再次,财产税符合便于征收管理的原则,对经济和社会的调节方面也发挥着非常积极的作用。财产税是对有形实物征收,尤其是大量财富由不动产构成时,如果开征财产税,那么被遗漏的情况相对比较少。此外,财产税可以调节贫富分配不均,有利于形成"征收越多,提供的公共服务就越多"的良性循环。面对我国财产税税种繁多、主体税种缺失、聚财功能不强的特点,应当将财产税的征税范围由城市扩大到农村,将征收对象由实物扩展到对行为课税,在保留原有车船税等税种基础上,分别设立房地产税、遗产赠与税等相应的财产税,并在税收权力划分方面逐步走向规范化、科学化,使财产税逐渐成为地方税的主体税种。

第二节 地方税收入体系

充足的财力保障是地方政府履行公共职能的基本物质前提，故而构建地方税收入体系为新形势完善地方税体系的基础性一环。本节的研究重点旨在确定地方税的主体税种，并就优化地方主体税种提出种种可行措施。为了将问题剖析得更深入具体，本书这一部分的写作依然重点围绕山东的个案研究而展开。

一、选择地方税主体税种的考虑因素

地方税主体税种在整个地方税体系中处于主导地位，其收入和调控功能的强弱决定着地方税体系的性质和发展方向。因此，在新一轮税制改革中，构建完善地方税体系的一项核心工作就是选择培育地方主体税种，这是新一轮税制改革成败的关键之一。本书认为，地方税主体税种的选择，首先应体现地方税应具有的一般特征，具体包括：第一，税基的非流动性，即税基相对稳定或只在某个小范围内流动，适合地方征收；第二，税源充足且具有稳定增长潜力，能为地方政府提供稳定、充足的收入来源；第三，税源具有地域性，能体现受益原则，能体现地区居民从地方政府公共物品和服务中的受益大小；第四，地方征管税务行政效率更高，税源较为分散或征管难度比较大的税种由地方税务系统征收效率会更高。除此之外，考虑本项研究的实践意义，本书将结合山东地方税建设的具体情况进行分析，以期通过个案的深入剖析为我国地方税建设提出更具启发意义的建议。我们认为，除上述的一般原理，在山东省地方税主体税种的选择中，还要基于以下考虑：

（一）与国家、省发展战略及发展目标相一致

根据十八届三中全会及 2014 年 6 月中共中央政治局《深化财税体制改革总体方案》所确定的国家税制改革的总布局，以及《山东省国民经济与社会发展"十三五"规划纲要》，山东在地方税主体税种选择中应与国家税制的主控目标良性互动，相辅相成，符合中央和地方的双重发展利益。

（二）与地方政府承担的事权相适应

主体税种的首要功能是收入功能，为地方政府实现其事权所需要的财力

提供基本保障。事权具体内容根据国家制度、集权分权程度和市场化发展阶段呈现一定的差异。一般而言，在分税制体制下，地方政府要负责本地区行政经费和经济社会事业发展所需要的公共物品和服务的提供，承担着较为独立的事权。

对于不同层级政府之间的事权划分，一般遵循以下原则：首先，纯粹全国性受益的公共产品由中央提供，比如国防、外交、司法、公共政策等涉及国家安全的公共产品属于中央事权范围。受益范围为全国性但在市场经济下带有显著的地方外溢性特征的事权，像社会保障、公共卫生以及义务教育等，应当以中央提供公共服务为主，地方提供为辅。其次，交叉性事权，难以判断其事权归属的，受益范围具有地域性但同时又会产生一定的外溢性的公共服务，如重大交通建设、电网建设、水利建设等，可以由中央和地方共同承担并确定合理的分担比例。最后，地方局部性受益的公共产品，如地方文化、教育卫生等各项事业费应确定全国统一支出标准，主要由地方提供，并通过转移支付方式对地区间财力差异进行调节，实行公共服务的均等化。

在科学确定中央地方的事权后，中央与地方各层级政府之间的事权配置要进行规范化和法定化。层级高的政府不能将属于本级政府的事权推脱给下级政府，特别是由各级政府共同承担的事权，需合理测算各级政府承担的财力占比，而且层级高的政府应更多考虑层级低的政府财力大小，特别是基层政府，不应给它添加过多支出压力，增加发展经济的包袱。

随着市场经济体制的深入和分税制度的确定，山东省各级政府的事权和支出责任有了很大程度的扩张，从近10年的情况来看，山东省财政自给率由2005年的73.19%下降到2015年的67.2%。地方政府事权范围的扩大，需要有更多的财力资金作保障，这就要求地方税主体税种应具有较为充足的税源，来提供稳定可靠的地方税收入来源。因此，要科学构建地方税体系，一个前提是科学进行事权划分，并以人大立法的形式予以明确。

（三）具有内生增长机制

即地方税主体税种应对地方经济保持适度的弹性，地方税收入能随着地方经济的发展而稳定增加。但是如果弹性太大，则受经济周期性影响其收入波动性也大，收入相对会不稳定，也不适合作为地方税主体税种。因此，地方税主体税种的选择应该坚持税基稳定且税源具有一定弹性，收入不易发生周期性波动，且能随着经济发展而稳定增加。

（四）与税权划分程度相适应

中央与地方政府之间的税权划分程度无疑就是在集权与分权之间的权衡和博弈。对于我国这样幅员辽阔、地区差异很大的国家来说，应赋予地方较高程度的税权。要通过法律明确赋予地方政府独立调整税收要素的权限，这样地方政府就可以根据区域经济发展的需要，灵活地对地方税主体税种的税目、税率、减免税范围和幅度以及某些税种的开征停征进行相机调整，以更好地发挥主体税种对区域经济的调控功能。

（五）与地方税务机关征管能力相适应

从课税基础来看，流转税和财产税的征税成本一般比所得税要低，单一环节征税的成本要低于多环节征税的成本，以不动产为课税对象的征税成本比以动产为课税对象的征税成本低。在确定地方税主体税种及其征收要素时，要考虑各地方税务系统征收经验、人员素质、技术装备等因素导致的征收能力的差异，尽量选择与地方税务系统征管能力相匹配的地方税主体税种或其税收要素，减少由于征管能力而造成的税收流失。

二、地方税主要税种设计

现行地方税体系主要包括城市维护建设税、个人所得税、房产税、城镇土地使用税、耕地占用税、土地增值税、资源税、车船税、契税、印花税、烟叶税和环境保护税[1]共12个税种。根据以上选择地方税种的考虑因素，"营改增"完成之后，宜将消费税、所得税、资源税、房地产税改造成为地方主体税种，代替营业税发挥主体税收的调节职能和财政职能。

表33 "营改增"后我国地方税主要税种设计

税种	税收归属性质	所属收入层级	备注
增值税	共享税	中央、省级	
消费税	共享税	中央、省级	石油、卷烟类消费税属于中央，其他属地方
个人所得税	共享税	中央、省级	实行分类征收与综合征收
企业所得税	共享税	中央、省级	

---

[1] 环境保护税将于2018年1月开征，据相关媒体报道及来自财政部的相关信息，将来的环境保护税收入要全部归地方。

续表

税种	税收归属性质	所属收入层级	备注
遗产赠与税	地方税	省级	尚未征收
城市维护建设税	地方税	市级	
资源税	地方税	市级	
耕地占用税	地方税	县级	可考虑并入资源税
印花税	地方税	市级	证券交易印花税仍属中央
车船税	地方税	市级	
环境保护税	地方税	市级、县级	尚未征收
房地产税	地方税	县级	取消原房产税、城镇土地使用税、契税和土地增值税

对表33中地方税种与所属收入层级的设计，主要基于以下考虑：

第一，消费税和所得税可作为省级政府的主体税种。消费税有利于省级层面统筹配置资源、调控地方经济。首先，此举利于省级政府利用税收手段合理配置资源。省级政府可以根据本地区资源和经济发展情况，从保护生态的角度出发，对不同行业适用不同的税收政策。例如，对高能耗产品、本地资源比较缺乏的产品可以征收较高的消费税，从而实现生态保护的目的。其次，地方政府可以获取稳定的税收收入。因为消费具有相对稳定性、增长性和区域性特点，而且税源分布广泛。再次，有利于省级区域内财力的平衡，提高落后地区政府的公共服务能力。另外，企业所得税和个人所得税中的地方分享部分可作为省级政府税收收入的重要补充。需要说明的是，增值税不适宜作为地方税主体税种，即使进行分享，地方分享比重也不宜过高，否则从制度上带来地区间"以邻为壑"的局面，阻碍资源和生产要素的合理流动与配置，不利于全国层面社会经济的整体发展。

第二，资源税可作为市级政府的主体税。资源税的征税对象为自然资源，局限在一定的区域范围内，适合划分给地方政府。通过将资源税列为市级政府主体税，一方面可以保证地方政府获得稳定的财政收入。另一方面还有利于再生资源的保护及提高不可再生资源的利用效率。山东为资源大省，资源税税源丰富。以矿产资源为例，截至2010年底，全省已发现各类矿产150种，查明资源储量的有81种，分别占到全国矿产种类总数的87%和51%。此外，山东有69种矿产的储量居全国前10位，包括对经济发展具有基础作用的重要矿产，如金、石油、煤炭、钾盐、铁矿、铝土矿等，其中有44种列全国前5位。❶ 而在矿产资源开发方面，矿业总产值居全国第二位，其中煤炭产量居全国第五位。与此同时，山东境内与资源税有关的企业众多，如兖矿集团有限公司、济南钢铁集团、山东能源集团等，这些都为资源税作为市级政府主体税种提供了保证。而且山东省的资源税收入一直居于全国前列。2013年山东省实现资源税收入92.62亿元，位居全国第2位，仅在辽宁省之后，2014年这一数字达119.57，列全国第一。2015年，随资源税的改革，山西、内蒙古的资源收入跃升，分别超过山东，但山东依然取得103.81亿元的收入，列全国第三位。我们相信，随着下一步征税范围的扩大、征收标准的提高及征税方式的改变，资源税在山东及其他资源大省的地方财政收入中的比重必将大幅提升，并将在促进地方政府治理资源环境、减轻环境污染等方面发挥积极作用。

表34　山东省与其他省份自然资源基础储量对比表❷

地区	石油（万吨）	天然气（亿立方米）	煤炭（亿吨）	铁矿（亿吨）	原生钛铁矿（万吨）	铜矿（万吨）	铝土（万吨）	菱镁矿（万吨）	高岭土（万吨）
全国	323967	40206	2157	193	24585	2812	105064	185163	37765
山东	34329	379	74	9	654	18	159	14852	419
新疆	56299	8809	148	4	47	80	0	0	0
江苏	2933	24	10	2	0	4	0	0	728
广东	8	0.3	0.2	1	0	31	0	0	5496
浙江	0	0	0.4	0.4	0	9	0	0	768

第三，房地产税可作为县级政府的主体税种。其理由：首先，房地产税税源不具有流动性，它的征收对地方经济的负面影响较小；并且随着我国城镇化水平的日渐提高，房地产税的征收将有较宽广的税基，税收收入来源和规模与其他税种相比十分可观。其次，各种不动产有不同的形态、结构、地理位置、历史年限等差异，财产税的征收方案与方法各不相同，这对增加地方税收收入、调动地方政府征管的积极性有一定促进作用。再次，征收房地产税对调节地区间与地区内收入差距有较强作用，有利于社会共同进步、稳定社会秩序、构建和谐社会。最后，将房地产税由县级地方征管符合税收效率原则。房地产税计税依据复杂，需要房产评估部门逐一评估认定，而县级

---

❶ 数据来源于百度百科。

❷ 个别资源，由于储量太少，在此做忽略处理，记为零。资料来源：《中国统计年鉴》，《中国矿业年鉴》，山东能源网站。

政府最接近基层，具有信息优势，所以该税种由县级地方政府进行征管具有成本优势。

经过上述调整，未来我国税种体系共有14个税种，纯中央税有车辆购置税和关税。地方税体系共有12个税种。其中地方税主体税种有资源税、房地产税及共享税中的企业所得税、个人所得税、消费税、增值税，辅助性地方税种有环境保护税、城建税、遗产赠与税、车船税、印花税、耕地占用税6个。

现以2015年山东税收收入为基础进行测算，在按表35所示进行税种在不同政府层级的划分后，在短期内，省级税收收入所占地方税收总收入的20%，市级税收收入所占地方税收总收入的40%，县乡级税收收入占地方税收总收入的40%。而在按表33所示全面完成地方税系重构后，地方税总收入占全国税收收入比重预计达到60%左右。在地方税收构成中，省级税收收入所占地方税收总收入的15%，市级税收收入占地方税收总收入的30%，县乡级税收收入占地方税收收入的55%左右。

表35 山东主要地方税种及收入比重测算

政府层级	主要税种 短期	主要税种 长期	所占收入比重 短期	所占收入比重 长期
中央	增值税（共享）、消费税（共享）、企业所得税（共享）、个人所得税（共享）、车辆购置税、关税	增值税（共享）、消费税（共享）、企业所得税（共享）、个人所得税（共享）、社会保障税、车辆购置税、关税	50%	40%
省	消费税（共享）、企业所得税（共享）、个人所得税（共享）	消费税（共享）、企业所得税（共享）、个人所得税（共享）、遗产赠与税	10%	9%
市	资源税、印花税、车船税、城市维护建设税	资源税、印花税、车船税、城市维护建设税	20%	18%
县	房地产税、耕地占用税	房地产税、环境保护税	20%	33%

三、地方税主要税种具体优化措施

根据十八届三中全会确定的"路线图"，地方税的重构优化过程中要充分体现结构优化、社会公平、效率提高的时代要求，在选择增值税、房地产税、资源税、环境保护税等作为地方主体税种的基础上，需要不断改革优化，以促进地方税体系的建构与完善。

（一）推进增值税改革，适当简化税率和降低税负

增值税为我国第一大税种，增值税改革亦为我国新一轮改革及税收立法的重点之一。在稳定推进营改增的前提下，适当简化税率、降低税负将为增值税改革的主要目标。

1. 明确增值税改革总体目标与路径

增值税在较长时间内仍是我国的第一大税种，需要根据不超过现有分成比例的前提下作为地方税省级主体税种。针对当前增值税的现状与改革进程，需要对增值税的总体改革路线进行设计。本书认为，下一步增值税改革要"四步走"：第一步，2016年实现"营改增"全覆盖；第二步，进一步完善增值税税制；第三步，完善增值税中央与地方分配体制；第四步，实行增值税立法。

2. 简化并适当降低增值税税率，实现总体减负

增值税属于流转税，在税收体系中应当更多发挥效率的作用，税制的设计应当不扭曲消费者对商品和劳务的选择，其特点是中性、公平、简化，因此要求税率档次设置不宜过多。同时，增值税是对最终消费征税，从计税原理上，通过中间流转环节的抵扣，税负由最终消费者承担。这就意味着增值税的税率尽可能统一，才能保证不论提供何种商品或劳务，各环节生产者负担的税款相同，换言之，就是生产者无须出于税收的考虑选择提供商品或劳务。同时，最大程度实行税款抵扣的制度，才能保证最终对各环节的增值额征税，尽可能避免重复征税。

在我国"营改增"试点政策中，增值税一般纳税人适用的税率多达5档（17%、13%、11%、6%、0），而且整体税率较高。多档税率使税制变得复杂且难以操作，纳税人的遵从成本和税务部门的征管成本大幅增加，增值税"中性税收"作用难以发挥。另外，我国对增值税小规模纳税人采用简易征收的办法，不扣除在购进商品和劳务过程中负担的增值税款，无法体现增值税仅增值额征税的优势，重复征税不可避免。长期以来我国小规模纳税人比重偏高，特别是"营改增"后的小规模纳税人比重将高达80%以上，这使得增值税的"中性税收"优势无法显现。

针对增值税整体税率偏高且税率过于复杂的问题，未来改革中可设计为三档税率：标准税率13%；优惠税率6%；出口货物和劳务适用零税率。对

小规模纳税人设计3%征收率。❶ 此外，结合我国实际，宜通过以下两步改革逐步减少并最终取消小规模纳税人：第一步，大幅度提高增值税起征点。可将生产性企业起征点提高到200万元，其他企业300万元；同时给予起征点以下的经营者自愿登记为一般纳税人的选择权。第二步，待时机成熟时，取消小规模纳税人制度。

（二）改革消费税制度，调整征税范围和纳税环节

消费税主要目的是调整产业结构、有效配置资源、引导消费方向等，与世界多国通行做法相比，我国消费税存在着征收范围过窄、环节靠前、税率偏低等问题，无法充分实现消费税的上述功能。未来消费税改革需要在调整消费税征收范围、征收环节和改变收入归属等方面进行优化。

1. 调整消费税征收范围

一般情况下，消费税征收范围包括奢侈品、劣值品、高能耗、高污染和不可再生产品。现行消费税税目既有高档化妆品、高档手表、贵重首饰及珠宝玉石、游艇等奢侈品，也有卷烟、白酒及鞭炮烟火等劣值品，以及成品油等不可再生产品。事实上，消费税征收范围也在一直不断进行调整。2014年12月1日，取消了小排量摩托车、汽车轮胎、含铅汽油、酒精的消费税。2015年2月1日，将电池、涂料纳入消费税范围。2016年12月1日对超豪华小汽车加征消费税。本书对"营改增"后我国消费税征税范围的优化提出如下思考：

在不同的经济发展阶段，奢侈品的界定和范围不同。第一，现行应税消费品中，化妆品已作为非生活必需品进入大众消费领域，不再"超出人们生存与发展需要范围"，不再具有"独特、稀缺、珍奇"特征，应剔出消费税征收范围。❷ 第二，与此同时，私人飞机、高档箱包等奢侈品已形成一定规模的消费市场，应纳入消费税征收范围。第三，娱乐业"营改增"后，其税负将急遽下降，应在推进"营改增"的同时，将狩猎、跑马、高尔夫、音乐茶座、棋牌室、歌舞厅、夜总会、游艺厅、私人会所、高级会员俱乐部等价高利大的娱乐业企业纳入消费税征税范围，在实现消费税向劳务领域延伸的同时，对娱乐业进行合理的税收调节。第四，当前我国面临着环境保护的巨大压力，

---

❶ 财政部、税务总局《关于简并增值税税率有关政策的通知》规定：自2017年7月1日起，简并增值税税率结构，取消13%的增值税税率。此当为我国增值税税率改革的重要一步。至于将来增值税立法时法定税率的确定，尚待进一步关注。

❷ 我国于2016年10月1日起不再对普通化妆品征税，高档化妆品消费税税率从30%降至15%。

消费税应与资源税、环境保护税、企业所得税等税种有效配合，将含磷洗衣粉等高耗能、高污染产品及无利于环保节能的产品及劳务纳入征收范围，在环境保护领域发挥调节和引导作用。

2. 调整消费税征收环节

现行消费税主要在生产、委托加工、进口环节征收，仅对卷烟增加在批发环节征收，对超豪华小汽车增加在零售环节征收，对金银首饰、钻石及钻石饰品设置在零售环节征收。"营改增"后，应对消费税征收环节进行相应调整，除石油、卷烟等重要税源和重大战略物资仍保留在生产环节征收外，将大部分消费品和消费劳务由生产环节征收改为消费环节，使消费税调节作用显性化。将消费税移至消费环节征收好处有二：第一，有利于扩大消费税税基。在生产环节征收，计税依据为出厂价格；在消费环节征收，计税依据为零售价格，有利于通过扩大税基增加财政收入。第二，有利于企业以销定产，抑制产能过剩和重复投资。

3. 调整消费税收入归属

现行消费税为中央税，全部收入归属中央政府。"营改增"税制改革使得曾作为地方主体税种的营业税的消失，将倒逼分税制财政体制的调整。因此，将消费税后移至零售环节征收后，应调整消费税收入归属，除石油和卷烟消费税收入保留归属中央政府外，将改在零售环节征收的消费税收入全部划归地方政府。这样调整好处有二：第一，有利于保持中央和地方原财力格局总体稳定；第二，有利于调动地方政府刺激消费的积极性。

(三) 逐步建立综合与分类相结合的个人所得税制度

分类所得税制以"所得源泉论"为理论基础，将同一纳税人的所得，按照收入的来源和性质进行分类，按照不同的类别依据不同的税率、费用扣除标准等分别计税。也就是说，不同的收入按照不同的且独立的计税方式计税，分别计税互不干扰。分类所得税的好处在于计算简便，我国自个税开征以来一直采用分类所得征收模式，这与我国经济不发达，税收的征管水平相对落后，公民纳税意识薄弱的具体国情密切相关。

但分类所得税制本身存在诸多弊端：一是不利于公平。在分类所得征税模式下，居民的收入差距难以调节。我国经济正向着多元化发展，居民收入来源多样，工资薪金已经不再是居民唯一的经济来源，其他类型的收入多种多样，例如津贴、奖金、福利等，但由于分类所得税模式不能全面整体地体现纳税人综合纳税能力，这将大大影响个人所得税对居民收入差距调节的效果。二是容易产生逃税漏税现象。分类所得税制下，各项所得适用不同的费用扣除标准和税率水平，容易产生纳税人通过转移、分配收入来源进行合理避税，甚至是逃税。相对来说，高收入群体的经济来源渠道多，可以利用这种方式大大减少纳税税额，相反，经济来源单一的工薪阶层进行税收筹划的可能性小，加大了高收入群体和工薪阶层的收入差距。

由于分类所得税制模式存在以上诸多问题，结合我国的征管技术和水平现状与发展趋势，在现阶段，应择机实施综合与分类相结合的个人所得税。具体而言，将应税所得划分为劳动性收入和资本性收入，对工薪所得、劳务报酬所得、稿酬所得、特许权使用费所得等并入劳动性所得，对利息、股息、红利等并入资本性收入；在计税方法上，对劳动性收入实行综合征收，对资本性收入实行分类征收，体现区别对待、量能负担的税收原则。

要有效实行综合与分类相结合个人所得税制度，其前提是建立全国统一、有机互动、系统共享的涉税信息管理网络，堵塞收入漏洞，完善配套条件，为个人所得税综合征收奠定基础。为此，应做好六项准备工作：第一，强化部门协作与信息共享。包括国家税务机关与地方税务机关、税收征管机关与税务稽查机关在税务登记、税收征管、税务稽查情报交换等方面的协作，税务机关与金融机构建立统一的纳税人账户信息共享和信用查询平台，为所得项目的综合征收奠定征管基础。第二，尽快落实重要财产申报登记制度，包括房地产、汽车、金融资产等。我国在这方面的工作已经展开，如2015年3月施行的《不动产登记暂行条例》，其中规定建立不动产统一登记制度，要求不动产所有人将不动产权利归属及相关法定事项记载于不动产登记簿，辅以房地产信息管理系统，实现对居民不动产的税源掌控和税收管理。第三，制定完善《税收征管法》等法律文件，并明确政府部门和有关单位及时向税务机关提供涉税信息的报告义务，明确税务机关查询纳税人相关账户、资金流动、利息收支及账户余额等情况时金融机构的协助义务，奠定纳税人涉税数据信息交换共享的征管基础。第四，尽快建立纳税人识别号制度，实施以公民身份号码为基础的公民统一社会信用代码制度和以组织机构代码为基础的法人和其他组织统一社会信用代码制度，奠定纳税人数据信息内容交换共享的征管基础。第五，尽快推进纳税服务信息化进程，提升税务机关主要业务信息化覆盖率、主要业务信息共享率和电子政务网络互联互通率，建立个人所得税信息化征管系统。第六，完善个人所得税自行申报制度。包括个人金融资产、财产、户籍、婚姻状况都要向税务机关申报。在上述系列措施的基础上，尤其要进一步加大对高收入者的纳税申报管理力度。

（四）加快房地产税立法并适时推进改革

现行税收制度对房产与土地分别设置税种，对土地征收土地使用税，对房屋征收房产税，房产税计税依据中包含土地价值，土地价值中又包含土地税收，存在重复计税现象。因此，应合并房产税和土地使用税，推出统一的"房地产税"，取代房产税和城镇土地使用税，时机成熟后再取代土地增值税和契税。房地产具有非流动性、不可藏匿性特征，使得房地产税在未来应天然成为基层政府的重要税种。"营改增"后，房地产税改革的重点在于征税范围、课税对象、适用税率、计税依据和税收优惠五个方面。

1. 征税范围应包括农村

现行房产税征税范围为城市、县城、建制镇和工矿区，不包括农村。在20世纪80年代，除极少部分用于农副业生产外，农村房屋大部分用作农民居住，为了减轻农民的生活负担，一直未将农村房屋纳入房产税征税范围。随着经济发展，中国城镇化进程不断推进，城镇化率由1994年的28.51%快速提高到2014年的54.77%，年均增长超过1个百分点，处于稳步上升态势，预计2018年达到60%。而今，部分地区城乡边界已越来越模糊，部分区域城乡差别也越来越小，应遵循城乡税制一体化理念，将农村房屋纳入房地产税征税范围。但是考虑到地方政府对农村在治安、教育、交通、医疗等方面公共产品和公共服务的投入总量较少、水平较低，可依照受益原则，结合城镇化进程，对农村房屋在相当长的时间（如15—20年）内设置减免税待遇。

对建造在农村集体土地的小产权房，宜择机纳入房地产税征税范围。随着农村土地流转制度改革逐步推进，应准许房屋所有人补交合理的土地出让金及相关费用后确权获得由房管部门颁发的产权证，合法拥有房屋并进入市场体系合法租售、依法纳税。

2. 课税对象应包括存量房屋

课税对象包括居民存量房屋是改革后的房地产税区别于现行房产税的最明显特征。我国实行住房制度改革之后，住房商品化越来越普遍。当经济发展和城市化水平达到一定阶段后，人均拥有住宅面积不断增加并趋向饱和。只有包括存量房屋在内的房产才能体现个人或家庭的财富价值，只有包含存量房屋的征税对象并在持有环节征税才能体现公平公正的税收伦理特性。因此，房地产税的征税范围不仅应包括存量房屋，而且存量房屋还应成为房地产税的主要课税对象。

3. 计税依据应为房地产评估价值

现行房产税区分房产的不同用途，对自用房屋按照房屋余值从价计征，对出租房屋按照租金收入从租计征；土地使用税一直采用定额计征方式。按照土地面积征收土地使用税，反映的是土地的实际占用数量而非经济价值，导致城镇土地使用税计税依据远远背离经济规律；按照折余价值征收房产税，反映的是房屋的历史成本而非市场价值，导致房产税计税价值远远背离市场价值。基于市场经济发展、土地使用制度改革，考虑到地方财政可持续增长要求，房地产税应以评估价值作为计税依据。以评估价值作为计税依据好处有三：第一，切实提高税收收入与房地产市场价值的相关性；第二，客观反映房地产的现实价值和纳税人的承受能力；第三，进一步提高土地和房屋的利用效率。

为了减轻纳税人负担，降低征纳税成本，以及考虑到房地产评估机构人员较为缺乏的现实，进行房地产评估可采用若干年评估一次的方式，如5年。

4. 税率应考虑到地区差异采用幅度比例税率

现行房产税采用比例税率形式，城镇土地使用税采用定额税率形式。不同的是，房产税进一步区分企业和个人房屋分别设计税收待遇，再区别房屋用途分别设计税率水平。对于企业，自用房屋适用1.2%税率，出租房屋适用12%税率；对于个人，自用房屋享受免税待遇，出租房屋适用4%税率。自2011年1月28日起，重庆和上海试点征收针对居民存量住房为对象的房产税，在给予一定的家庭人均面积起征点后，重庆适用0.5%—1.2%税率，上海适用0.4%—0.6%税率。未来房地产税在税率形式上，总结试点经验，宜采用幅度比例税率形式；在税率水平上，对个人住房以0.4%—0.8%为宜，工商业房产以0.5%—1%为宜。具体税率由地方在中央确定的范围内自行决定。区间范围的确定以兼顾地方政府的财政收入规模和房屋所有人保有房产的税收成本。

5. 税收优惠设计应综合考虑房屋面积和价值

居住是民众的一项基本生活需要，政府职责之一是确保居者有其所，因此，房地产税应设置税收优惠。房地产税优惠的设计依据，有房屋套数、房屋面积和房屋价值三种选择。第一，按照房屋套数设计税收优惠，若允许家庭自定首套房屋免税，会诱发居民购置大面积房屋作为首套房屋以避税；若依据家庭购房时间确定首套房屋免税，会由于首套房屋的情况不同而产生税收不公。第二，按照房屋面积设计税收优惠，将无法回答一系列问题：房产面积是以个人为单位还是以家庭为单位？是否会诱发离婚行为？对单身者是有利还是无利？相同面积但是不同地段的房屋适用同样的税收负担是否公平？第三，按照房屋价值设计税收优惠，相对公平和有效，只是当所有的房地产均以价值作为计税依据时，房地产评估就成为制度实施的关键，考虑到目前中国房地产评估人才较为缺乏的现实，房地产税优惠方案宜结合房屋面积和房屋价值进行设计。

在确定人均面积免征额时，需结合我国当前实际住房面积状况与趋势。改革开放以来，我国居民居住条件得到较大改善，城镇人均住房建筑面积由1978年6.7平方米快速增加到2013年的33.8平方米。预计到2020年，城镇人均住宅建筑面积可达35平方米，实现"一户一房"住房标准；2030年，城镇人均住宅建筑面积将达44平方米，实现"一人一间"住房标准。鉴于此，考虑到一定的前瞻性，房地产税优惠面积应以人均40平方米为宜。即未来房地产税应对每户家庭按照人均40平方米建筑面积设计免税待遇，对超过免税待遇的部分，以房地产市场评估价值为基础按照一定的折扣率计算缴税。

需要注意的是，恢复对居民个人房屋的征税，将直接触动居民尤其是城镇居民个人的利益，公众从个人利益角度出发对缴纳房地产税的意愿预期较弱，纳税人遵从度预期较低，改革推行的阻力与难度预期较大，为此，房产税的推行尤其要注意立法先行。

（五）加快资源税改革

中国资源税虽然"普遍征收，级差调节"，但其征税对象仅限于原油、天然气、煤炭、金属矿、非金属矿和盐六大类，征收范围主要囿于矿藏品和盐。随着地方税制改革的深入，应进一步扩大资源税征税范围。依照十八届三中全会决定提出的"逐步将资源税扩展到占用各种自然生态空间"的要求，资源税改革应坚持"使用资源付费、谁污染环境谁破坏生态谁付费"原则，逐步将水流、森林、草原、滩涂、荒山、湿地等需要保护和节约利用的国家重要资源，全部纳入资源税征收范围。

从短期看，宜择机将水资源和耕地优先纳入资源税征税范围。中国是干旱缺水较为严重的国家，河流和湖泊是主要的淡水资源，但河湖地区分布不均，耕地分布南少北多而水资源分布却南多北少，城市和工业占用越来越多的农田和农业灌溉用水，北方地区缺水程度不断加剧；水利工程建设数量较多，但相对于2010年起每年超过6000亿立方米的经济社会用水需求，❶ 水资

---

❶ 根据水利部《2015年中国水资源公报》，我国2015年用水总量为6103.2亿立方米，而国家统计局网站的数据为6180亿立方米。

源供给与利用情况不容乐观。为了缓解水资源短缺压力，促进水资源的节约与高效利用，应尽快全面开征水资源税，并同步调整水资源定价机制。❶

同时，我国也是一个人多地少的国家，现行耕地占用税依据纳税人占用的耕地面积从量定额计征，既未体现出耕地浪费和破坏成本，也未反映出耕地价格变动。考虑到耕地占用税在本质上具有资源属性，宜将耕地并入资源税征收范围，纳入资源税改革进程实行从价定率方法征收。这样做好处有三：第一，简并税种，简化税制；第二，通过价格调整机制，抑制耕地浪费与过度使用；第三，为耕地保有与治理提供财力支持。

上述五大税种改革完善加之2018年环境保护税开征之后，将彻底实现着眼于长远机制的税收制度的系统性重构。期待通过上述改革，最终建立科学的税收体制，为优化资源分配、维护市场统一、促进社会公平、实现社会经济稳定发展提供制度保障。

第三节　地方税税权体系

优化中央与地方的税权配置，首先必须明确方向与原则，然后再进行具体的制度改进。如果仅仅停留在微观层面，中国将仍然陷于"收权"与"放权"之间的治乱循环。

一、地方税税权配置的方向

税权配置的终极目标是满足社会对效率、公平的追求，这一点毋庸置疑。在地方税税权体系中，效率、公平同样是衡量中央与地方税权配置效应的根本标准；用这两个标准衡量中国税权纵向配置，发现当前中国税收分权实践中同时存在着两个方面的损失，既不公平，也不效率。根本原因在于对这种权力配置方式所隐含的对公平、效率的理解偏差：将效率片面理解为经济增长，注重结果公平而忽视了起点公平、规则公平，最终导致整个制度在效率和公平上都出现问题。因此，效率是公平的函数，起点公平决定结果公平。解决我国中央与地方税权配置中的问题，终将以起点公平为原点，追求税权

---

❶ 2016年7月1日起，河北已经开始水资源税改革试点，中国水资源税改革迈出了关键性的步伐。2017年12月1日，北京、天津、山西、内蒙古、山东、河南、四川、陕西、宁夏亦纳入试点范围。

法治，以推动中国税权配置从对"人治"的路径依赖转向"法治"的良性循环。

二、地方税税权配置的原则

中央与地方税权配置的基本原则一方面承接了其蕴含的价值追求与理念，另一方面对税收分权具体制度的构建也起着直接指导作用。在我国税权配置过程中，既要保证中央在宏观调控中的主导地位，又要充分发挥各级地方政府在税收调节方面的积极作用；既要追求效率，又要考虑公平，具体原则有以下几方面：

（一）法治原则

所谓税权配置法治原则是指政府间税权和事权的划分、调整都必须由相关法律明确规定，遵循一定的法定程序方可进行。由于税权配置属于财政基本事项，由立法决定不仅是市场经济发展的必然要求，也是民主政治的应有之义。税权是国家最重要的财政收入权，事权代表政府的支出责任，属财政支出范畴，与税权密不可分，二者实质上是一个问题的不同侧面，此处一并述及。

税权配置法治原则主要包括以下三方面内容：第一，各级政府关于税权、事权配置的初始框架必须以某种法律的形式加以固定，如宪法、税收基本法、预算法等；第二，事权与税权配置关系的调整与变动也应以法律的形式确定；第三，各级政府具体的事权与税权需要由同级立法机构（人民代表大会）依法授权，并接受法律监督，不得空白授权与转授权。

需要指出的是，税权配置的优化是一项系统工程，除税权外，与之相配套的其他制度，包括事权划分、财政转移支付等，也应遵循法治化原则。

（二）公共成本最小化原则

中央与地方间事权与税权配置，价值目标在于如何在最小的成本范围内实现中央与地方关系在协调效益上的最大化。在交易费用无法避免的前提下，资源配置中应当尽量采取最小交易费用、实现最大收益的政策与方法，并将这一原则贯穿于税权配置决策始终。不但在配置之初就要考虑成本、收益因素，在税权配置制度运行中也应依据成本最低原则不断进行相应调整，设计监督制约机制，尽量降低制度运行成本。在决策实施完毕后，也应秉持该原则进行总结和评价。

(三) 地方享有适度自主权原则

与中央政府相比，地方政府更加贴近辖区民众，也更加了解所辖地区居民的实际偏好；它由辖区居民选举产生，实际上是实现不同地区居民对公共品种类和数量不同选择的一种机制。奥茨（Oates，1972）基于居民偏好差异性及中央政府提供相等公共产品的假设基础上，提出了分散化提供公共产品具有相对优势的"分权定理"：如果公共产品由中央政府等量提供时的单位成本与由地方政府自己提供时的成本相同时，那么由地方政府来提供将更加具有效率。马斯格雷夫（Musgrave，1959）也正是在分析了中央和地方政府存在的合理性、必要性的基础上，对"分税制"的含义进行了界定，指出资源配置政策应依据各地居民偏好不同而不同，在公共产品供给效率和实现分配的公正性方面，在中央和地方政府间实行必要的分权是可行的，可通过税种分配的形式赋予地方政府以相对独立的权力。

三、现行税权配置格局与特点

1994年的分税制财政体制改革确定了中央和地方的税权边界，在之后的二十余年间，我国的税收分权体系仍在不断进行调整，并逐渐演化成当前的配置格局。

根据宪法、立法法和税收征收管理法等相关规定，能够行使税收立法权的国家机关有两个层级——中央和地方，包括权力机关和行政机关。税收立法权限高度集中于中央，实际由国家立法机关与行政机关共享。地方仅拥有少量的、非常有限的立法权。

在中央层面，全国人大及其常务委员会作为立法机关有权制定税收法律，国务院及下属职能部门作为行政机关，分别有权制定税收行政法规及部门规章。在2015年8月房地产税、环境保护税、增值税等7部税法纳入人大常委会立法规划之前，除税收征收管理法、企业所得税法、个人所得税法等少数税收法律外，其他税种的相关法律规定，均由国务院以行政法规形式发布。同时，国务院及其职能部门还分别有权制定税收法律的实施细则和部门规章。

在地方层面，尽管根据宪法和立法法、税收征收管理法等法律规定，在不与上位法相抵触的前提下，省级人大、政府分别可以制定地方性税收法规和规章。但在实际过程中，地方税收立法权被极度压缩。目前几乎所有地方税种的税法均由中央制定，地方拥有的少量立法权主要来自税收法律、行政法规等的授权，且兼具税收征管权特征，如规定幅度内的税率决定权、少量税收减免权等。由此可见，即使对于被确定为地方税的税种，地方所拥有的税收立法权也是非常有限的。

从我国税权配置的特点来看，一方面，税收立法权的行政化使得我国税权配置缺乏一个稳定的规则。长期以来，国家的税收立法权主要集中于中央，但这种集中并非以法律的形式，而是一次次的行政命令。税收立法权不是集中于中央立法机关，而是集中在了中央行政机关。这种异化使得我国的税收分权不是法律意义上的"集权"与"分权"，而表现为行政性的"收权"与"放权"。"放权"与"分权"的一个根本区别就在于，后者具有规范性和稳定性，而前者带有较强的机动性与随意性。这种长期由中央政府单方面主导的税权划分方式，使得未来中央与地方间的收入划分具有很大的不确定性，对此，地方政府既无法预期，也无力阻止。表面遵从的背后，是中央与地方间的不断博弈。我国税权配置从形式上表现为收权—放权—收权的循环。

另一方面，地方在有限的名义税权之外，还拥有部分实际税权。在税权集中、事权下放的共同作用下，地方政府面临的财政压力可想而知。实践中，正是由于地方拥有的税权有限，其往往更倾向于采取其他形式，包括以"财政支出"式的财政返还减免企业的纳税义务，或以费代税，通过收费、基金等形式，从而享有实质意义上的"税收立法权"。

四、地方税税权配置的策略

由前可知，我国的税权划分模式是一种根植于行政权力框架下的、由中央政府主导的"自上而下"的分权模式。但是，这并不意味着我国就不存在"自下而上"的地方居民需求。随着市场经济体制的建立与发展，税收在国家财政收入中所占比重越来越高，公民的税权意识也越来越强，对政府获取收入行为的规范性的要求日益高涨。特别是随着私营经济、外资经济的蓬勃兴起，来自"私人部门"的税收收入逐渐上升。表明我国税权配置实际隐含着"自下而上"的地方居民需求与"自上而下"的行政权力约束之间的矛盾。因此，中央与地方间的税权配置优化须跳出集权与分权比例的固有思路，应首先追求政府间财力关系的稳定性与确定性，并将其作为制度优化的首要之义。此外，还要考虑税权配置的成本与收益。综合以上因素，在税权配置时可考虑从以下方面予以优化：

（一）加快法制化进程，通过税收法律体系对税权配置予以规范

法治是税权配置的最基本原则。其实质意义在于由国家立法机关以法律的形式确定税权，使得国家税权具有合法性；避免国家滥用征税权；同时，界定中央、地方各自的税权行使范围，避免行政分权的随意性和不稳定性。地方经由对立法提案的表决，拥有了表达自身诉求的渠道与手段，使得最终通过的法律已是各方利益群体博弈的结果。税权配置、事权划分均依法律明文规定进行，使得它们不再是中央与地方在经济、政治利益上的讨价还价，而是一种基于制度化的权力共享。法律的形式在保证税收立法权集中的同时，也在一定程度上反映了地方的利益诉求。

诚然，为了保证结果的公正性，立法程序较之通过下达行政命令更为复杂，会导致事前交易费用增高，但却会大大降低事中的交易费用及事后的监督、调整成本。因此，我们追求"税权法定"，不是简单基于国外经验的借鉴，而是当前我国社会发展的内在需求。对于"税权法定"而言，"法定"是其形式外衣，"公平"才是实质内涵。

一个完整的税法体系，既需要从宪法层面解决国家税权的合法性与税权配置的基本制度问题，也离不开税收基本法及各单行税法的全面支撑。构建我国税收法律体系以建立现代税收制度，并非一朝一夕可以完成，而是需要一个循序渐进的过程。应结合当前我国相关立法实际进行"三步走"。具体思路如下：

短期：可以通过对宪法、立法法相关法律条款出台立法解释，进一步明晰税收立法权的配置，为最终入宪打下基础。同时，对现存部分税种的授权立法予以清理，将分税制改革以来由国务院制定的十余部税收行政法规适时上升为法律。对授权立法作出明确规定，禁止空白授权与转授权。值得重点关注的是，我国对于授权立法的清理过程已在提速，2015年8月，房地产税、环境保护税、增值税等7部税法已经纳入本届人大常委会立法规划，2016年12月25日《中华人民共和国环境保护税法》已由十二届全国人民代表大会常务委员会第二十五次会议通过。

中期：加紧制定税收基本法。与单个税种立法相比，制定一部税收基本法则显得尤为重要。事实上，目前的很多问题不是由于没有单行税法，而是因税收基本法的缺失而起，它使得一些最基本和最重要的涉税问题长期得不到法律上的确认，造成部门、地方立法不规范，发布规章、规范性文件极其随意性。

远期：在前两步工作完成的基础上，选择适当时机，以宪法修正案的方式将税权法定原则补入宪法。在目前一时难以对宪法加以修订的情况下，可采取由全国人大对现行宪法的涉税条款进行立法解释的形式先行规定，然后，再选择合适时机将其写入宪法。

(二) 加强监督管理，通过构建强有力的监督机制对税权予以制约

权力天生具有扩张的欲望。当税权从国家税权异化为政府税权时，加强对政府税权的控制就成为合理分权的内在逻辑。除了以法律形式还原国家税权应有之义外，借助全社会力量，构建强有力的内部监督制约机制、纳税人利益表达机制及来自媒体等社会组织的监督制约同样不可或缺。

首先，应完善政府审计模式。审计是权力机关内部实施监督最为常见的形式。审计制度从理论上可划分为四大类：一是议会型审计模式，即最高审计部门隶属于国会或议会，依据法律授权，独立行使审计权，向议会负责并报告工作。二是行政型审计模式，指国家最高审计机关是隶属于政府的职能部门，其职权来源于政府的赋予并对政府负责。三是司法型审计机关，指国家最高审计机关拥有司法权，审计机关以审计法院的形式出现。四是独立型审计模式。此种模式下，审计机关独立于立法、行政、司法部门外，依据法律授予的职责独立开展工作。我国现行审计制度属行政型审计模式，国家审计署是中央政府的一个职能部门，向政府提交审计结果，并代表政府向全国人大作定期审计报告。此种审计模式下，由于审计机关地位不独立，极有可能影响到审计工作的独立性、客观性和公正性。考虑到我国国家权力结构体系，我国政府审计制度应实行独立性改革，建议将审计署从政府部门内部独立出来，直接设为全国人大常委会的内设机构，并在审计机关内部实行垂直领导，避免受到各级行政机关的干扰。

其次，健全政府信息公开制度，将政府收支计划和执行情况公之于众。只有信息公开，才有可能接受来自全社会的立体监督。2008年5月开始实施的《政府信息公开条例》中，虽然明确将财政预算、决算报告作为政府信息公开的重要内容，并对公开的方式、程序等进行了细化。然而，对于税权监督而言，这些内容还远远不够。下一步，还应重点就公开财政转移支付资金的计算方法、规模、审计结果等事项予以细化。

(三) 完善税权在不同层级的配置，授予地方更大的税收自主权

按照"分税权、赋法权"的思路，研究建立相对独立的地方税税权体系。我国是实行单一制国家结构形式的社会主义国家，决定了我国不可能像美国、加拿大等联邦制国家那样实行相对分散、地方拥有较大税收立法权的体制；

同时我国又是幅员辽阔、区域社会经济发展很不平衡、民族众多、文化差异很大的大国，地方经济资源和税源的显著差异决定了如果税权全部集中于中央，将很难适应各地自然、经济、文化差异悬殊的客观现实要求，使税收调节作用的针对性和灵活性大打折扣。因此，为适应国情的需要，在坚持统一税法的前提下，赋予地方适度的地方税收立法权是必要的，它既可以保证中央对税收大政方针的决策权、维护中央在税收领域中的领导地位，又有利于调动地方的积极性。❶考虑到不同税种的属性和功能，并按照上述税权配置原则，可对我国地方税税权（立法权）配置在中央与地方之间作如下安排：

（1）对全国统一开征、税基流动性较大、与稳定国民经济、调整收入分配有关的税种，如消费税、增值税、资源税、社会保障税、环境保护税等，其立法权应集中于中央，并且适当给予地方相应的税收管理权限。事关市场体系统一和地区间平衡、协调，或事关中央税的税基，在中央宏观调控中有着与中央税种一样重要性的地方税种，相应的立法权、开征停征权、解释权等必须集中在中央。

（2）对各地普遍开征、作用范围仅限于地方、对全国统一市场没有太大影响的税种，如契税、印花税、城建税、房地产税等，由中央统一立法，地方政府可以确定实施细则和征管办法。此外，允许各地自定税目或税率，增加对高能耗、高污染产品的课征额度。

（3）对具有地方性特点的税源开征新税种，如对本辖区内特有的大宗产物课征特产税、对本区域具有税收特征的收费或基金改为地方税种，赋予省级政府完整的立法权和征管权。此外，地方独立立法权的行使要遵循以下原则：一是不得对生产和流通环节课税；二是不得实行地域歧视政策；三是不挤占中央税源，不影响宏观调控；四是地方的税收立法权只限于省一级，不宜层层分散。

---

❶ 2015年10月13日中央全面深化改革领导小组第十七次会议审议通过的《深化国税、地税征管体制改革方案》中否定了呼声较高的国、地税两套征管机构合并的观点，明确将继续维持两套税务机构平行运行的格局，只在职能界定、职责分工、责任不清等方面作进一步的厘清、调整与完善。有专家分析，单从目前两套税务机构的运行情况来看，继续分设已经是弊大于利，但中央高层选择可谓着眼长远，此举或为在下一步税收管理体制改革中，给地方政府税收立法权留空间。如果站在改革的角度，站在扩大地方政府自主权的角度来看，两套税务机构独立运行还是有必要的。原因就在于，各项改革正在逐步到位，如环境保护税、房地产税等的逐步开设，且大多可能在税种划分时被列为地方税，同时还有可能将税收的立法权交给地方，那么地方税务机构保留的意义也就会越来越大。

第四节 地方税税制体系

地方税税制体系是地方税体系的重要组成部分。作为国家整体税制的组成部分，地方税税制体系建设应遵循国家税制建设的基本原则，在此基础上结合地方的特点和优势，形成地方税税制结构。

一、地方税税制体系建设原则

十八届三中全会以来，以"完善立法、明确事权、改革税制、稳定税负"为指导原则的新一轮税制改革正在积极有序地进行。改革的核心在于深化税收制度改革，完善地方税体系和实现财税法定。虽然改革的方向和具体的实施方案已经确定，但具体操作时还应有序分步骤进行。新一轮税制改革也要遵循基本原则，即"简税制、宽税基、低税率、严征管"。"简税制"一方面是对现行税种从数量上进行简并，另一方面是对个别税种从内容上进行简化，其目的是减少税收成本和提高税收效率；"宽税基"一方面是从外延上扩展征税范围，另一方面是清理并缩减税收优惠，使税基更加"整洁"；"低税率"一方面缩小名义税率与实际税率的差距，另一方面对某些税负明显偏小、税率明显偏低的税种要适当调高税率；"严征管"一方面要求通过强化税收征管来保证税收收入的足额筹集，另一方面也要求税制改革方案设计与我国经济管理水平和税收征管水平相适应，具有较强的可操作性。

地方税制是国家整体税制建设的一个方面，地方税制的建设自然应遵循国家税制建设的基本原则，在此基础上结合地方的特点和优势，形成地方税税制结构。借鉴国外地方税制设计的理论依据和成功实践，立足我国和山东省的实际情况，在确定地方税体系时，应遵循以下原则：

第一，经济调控原则。一般而言，把具有较强的稳定经济运行和调节收入分配功能的税种应划归中央政府，如所得税，在实行累进税制情况下就具有较强的宏观调控功能，所以多数国家把企业所得税和个人所得税作为中央税种，地方政府在中央所得税税基上征收地方所得税，实行同源分率征收。与之同时，把税源具有明显区域特征的税种划归地方政府，便于地方政府通过对地方税的调节，起到对区域经济的辖区内调控，促进区域经济的稳定协调发展。

第二，受益原则。地方税应具有较强的受益性，要与地方政府提供的辖区内基础设施、公共福利设施、公益服务事业和投资环境、生活环境的改善相对应，使当地的纳税人能明显感受到政府征税提供公共产品和服务所带来的利益。

第三，税基的流动性大小。对于税基具有较强流动性的税种应划归中央政府，税基流动性较小的税种划归为地方政府。这样，一方面可以在一定程度上避免由于征税而造成的税基流动和资源配置的扭曲，另一方面也可以减少地方政府间不必要的税收竞争。

第四，最大征收效率原则。税种划归中央政府或是地方政府还要看由谁征收的成本最小而效率最大。一般而言，税基广泛、具有较强流动性的税种由中央税务机构征收，以便于税源统一管理，提高效率。对于税基狭窄、税源分散且比较固定的税种应由地方税务机构征收，易于准确掌握税源和进行有效监控，提高征税效率。

第五，满足收入需要原则。税收是各级政府财政收入的主要形式，无论在中央还是在地方，通过税收所筹集的收入应该成为各级政府最主要的收入来源，能够满足各级政府职能实现的必要资金需要量。因此在确定中央与地方税种时，不同税种所具有的税源的充足程度以及稳定程度也是要考虑的重要因素。

二、完善地方税税制体系的策略

以提高地方税保障能力为目的，研究建立相对健全的地方税法律制度体系。健全地方税法律体系，将地方税权在宪法、立法法和或税收征收管理法等法律的层面确立下来，有利于保证中央地方税权划分的规范化、制度化和权威性，从而既可以有效地避免中央与地方之间的非常规博弈行为，又可以避免地方行为的短期化和机会主义，实现地方治理的现代化。与此同时，权威性的税收法律制度既能保证地方政府获得稳定、持续的财政收入，最大程度上减少地方政府举债的风险，也能较好地避免收费可能带来的不公平性。概言之，健全地方税法律体系应当从以下三个方面着手：

（一）提高地方税法律规范的立法层次

全面、系统清理各类税收规范性文件，提高税收法规质量，为健全地方税法规体系奠定基础。进一步完善那些符合社会经济发展需要的地方税法律法规，提升其效力等级，及时提交立法机关制定法律；对那些不再符合社会经济发展要求的地方税法律法规，应当立即废除或者加紧修订。考虑我国税收法治化现状,地方税法制工作应当特别突出税政执法相关法律法规的建设,尽快制定税务代理、税务稽查、税收处罚等法规章程,严格区分征、纳、代三方的法律责任和依法享有的权力(利),健全税务诉讼程序,规范税收执法行为。

(二) 强化地方税税政管理法制化保障

在进一步完善我国财政体制、合理划分税权的基础上,积极推动《税收基本法》尽快出台,授予地方人大一定的税种设立权,给予房地产税、资源税、消费税等作为地方税主体税种的法律保障;同时赋予地方政府一定的在自己的权限范围内,设立一些辅助税种、调整税目和税率的权力;各级政府应按照各自的权限,完善地方税的立法工作,形成较为完整的地方税法律法规体系。

(三) 构建简洁高效的地方税司法机制

设立税务法院是我国税收司法体系建设的重点内容。随着我国涉税事项的日益增多,税务争议和纠纷是税收司法必须面对的现实问题。因此,我国迫切需要建立税务法院来有效处理各类涉税司法纠纷和税收犯罪行为。一方面,按照经济区域而非行政区域设置税务法院,可以保证税务法院不受地方政府干预,保持税务法院较强的抗干扰能力。而且由于各省份的地区发展不平衡,涉税诉讼案件的分布也不均衡。因此按照经济区域以及涉税诉讼案件的地区分布情况来设置税务法院,提高司法资源配置效率。另一方面,要有效衔接税收行政复议制度与税务法院。夸大税务法院制度否认税务行政复议制度会导致税务法院的工作量庞大,也不利于纳税人权益的保护。因此应将二者结合起来,让纳税人自己自主选择行政复议或行政诉讼而非直接上税务法院。

第七章 我国省级政府税权配置研究[1]

---

[1] 本章主要内容源自山东财经大学法学院张召君的 2017 年硕士学位论文,由本书作者刘中建指导完成。收入本书前本书作者进行了一定修改。

作为我国现行财政体制的一个重要层面,央地税权配置处于失衡状态这一现象的客观性为学界所普遍认同,甚至学者们对于中央与地方税权配置问题业已有了相当成熟的研究。但据实而论,学界专门就省这一层级政府税权配置问题的研究却相对薄弱。省级政府作为连接中央与市、县各级政府的纽带,对其税权配置进行专门研究对于我国财政体制的完善及建立现代财政制度有着特殊的意义。相对于中央政府,省级政府是地方政府,承担着管理省及省以下经济、文化、政务管理以及进行公共基础建设的功能;而相对于省以下地方政府,省级政府又承担着类似中央政府的职能。中国地方政府规模庞大,央地税权配置是一个极具挑战性的系统工程,且必然是一个循序渐进的过程,故而,研究并解决省级政府税权配置问题对于整个税权体系的建成和完善具有基础性的作用,它使得分阶段重新配置中央与地方政府税权成为可能。

第一节 省级政府税权配置概述

税权体系为地方税体系的重要组成部分,与之同时,由权力配置的角度研究税收现象又体现了法学的特色。本节拟在前文论述的基础上对税权的概念及省级政府的内涵进一步进行分析,并对省级政府税权配置的理论基础进行阐述。

一、税权配置基本理论

(一)税权的内涵

"税权"一词最早出现在新中国的经济生活中,是在1991年4月9日第七届全国人民代表大会第四次会议通过的《中华人民共和国国民经济和社会发展十年规划和第八个五年计划纲要》中,"统一税权,集中税权,公平税负"被列出来作为税制改革的指导原则。"税权"一词近些年来虽然在学术界被频繁使用,但是经过二十多年的发展,人们尚未对税权的含义达成统一的认识。

"税权"有广义和狭义之分。广义上的税权包含了和税收有关的所有权力和权利。广义上的税权有三个含义:国家层面、政府层面以及国家和公民层面。

国家层面上的税权反映国家之间的税权关系。税权是与一国的主权相联系的，国家的主权决定了一国征税方面的完全自主性，在处理国内相关税收事务时有不受其他国家干涉的权力。一国政府可以自行决定征税的对象、税目、税率等，这是国家享有主权的体现。一国对国内税收事务的管辖权，就是国家层面上享有的税收权力。

政府层面的税权指的是同级政府以及不同等级政府之间的税权关系。一般来说，一项权力的配置主要体现在产生、执行、监督等方面，税权也不例外。国家机构与国家机构之间的税权配置主要体现在立法权、执法权、司法权几个方面，从这个意义上讲，税权又分为税收立法权、税收行政权、税收司法权。

第三个层面上的税权指的是国家与公民之间的税权关系。这个层面上的税权又可分为两个部分进行解读：一方面，政府有权力依据法律进行税收征管，并根据财政状况和各地实际情况提供公共产品和公共服务，这是政府的权力，亦为政府的义务。另一方面，纳税人拥有享受公共产品和服务的权利，这是纳税人依据让渡税款财产所有权所应当享有的权利。作为享受公共产品的对价，纳税人有依法纳税的义务。但与之同时，依法纳税又可被视为一种权利，这种权利一方面指纳税人纳税必须有法律依据，使纳税人免受非法征税的侵害，另一方面又指纳税人对政府征税行为的一种监督。

广义的税权包括所有涉税主体全部权力（利），体现在设税、纳税以及税收管理的每一个环节，是国家税收权力（利）和纳税人税收权力（利）的统一。而狭义上的税权仅仅是指政府税权，是国家为实现其职能，取得财产所有权的权力（利），主要体现在税收立法、税收征管和税收收益等方面。本节所指税权即狭义上的税权。

（二）税权的内容

学界对于税权的内容观点不一，本书采纳大部分学者的主流观点，从立法、征管、收益、司法四个方面概括税权的内容。

1. 税收立法权

就其内容而言，国家权力一般包括立法权、执法权、司法权三个方面，税权亦然。尽管学界对于税权的内容尚未达成一致意见，不过趋同的观点都认为应当包括税收立法权、税收行政权；而对于司法权是否包含在税权之中，学界分歧比较大。

税收立法权是基础性的税权，在整个税权体系中居于最高地位，是国家的立法权在税收领域的具体体现，其功能在于制定统一的规范，使得国家和政府的行为以及在处理国家和公民税权关系时有法可依。

税收立法权主要包括两个方面的内容：第一个方面的内容是税收立法权的根本方面，即开征、停征税种以及由此产生的对税收相关法律的制定、修改和废止的权力。新的税种的开设和废止必须要有法律的明确规定，包括开征、停征的时间，税种的税目、税率、征收方式等，根据税收法定的原则，必须由国家立法机关制定相关法律，以保证相关制度的运行。

税收立法权第二个方面的内容是根据当地实际，在不违背相关税法的前提下对税收法律法规进行系统性的解释和落实，包括制定税法实施细则，解释税收法律、法规等，还包括在税收法律法规的基础上开展的一些附属性的立法活动，诸如根据当地经济发展水平适当调整税率、制定税收优惠政策等。

2. 税收征管权

税收征管权，顾名思义，包括税收的征收和管理两部分内容。税收征管权是行政机关执行税收法律法规、进行税款征收和税收事务管理的权力，本质上属于行政权的范畴。[1] 我国《税收征收管理法》第三章"税款征收"中集中规定了税收征收权的内容，具体包括征税、处罚、采取税收保全措施、采取税收强制执行、追征和稽查等一系列权力。而在第二章"税务管理"和第四章"税务检查"中集中规定了税收管理权的内容，其中包括发证权、核定权、管理权、核准权和检查权等，具体涉及了税务登记、税款税基、账簿凭证、延期申请等一系列税务相关内容。

税收是一种"取之于民、用之于民"的财产转移，税收征管权的行使是一个"取之于民"的过程，其意义在于将原本属于"民"的私有财产转化成为属于国家的公共财产，它的主要作用是筹集，而不是从中获益或使用。

税收征管权的实施对于保障税款及时、有效筹集，保障资源从私有财产转化为公共财产从而更好地运用于公共建设起着重要作用。我国行使税收征管权的机关主要是各级税务机关，财政和海关部门也拥有部分税收征管权。但本书主要讨论由税务机关所行使的税收征管权。

3. 税收收益权

税收收益权，也称为税收分配权，指按照事权划分，将税款进行分配并

---

[1] 姜孟亚：《论税权的内容》，载《黑龙江社会科学》2009 年第 2 期。

缴入各级国库的权力，是实现税款"用之于民"的重要过程。税收收益权因为税收征管权的实现而产生，没有税务部门将税款妥善征收，就没有税收收益的可能。只有政府部门妥善行使税收的征管权，才能够保证税收收益权的实现。

税收收益权可以说是财政权中最重要的权力之一，因为它是政府间税权划分的最终落脚点。税收收益直接关系到各级政府的财政收入规模以及所提供的公共产品与服务是否能够得到有效的财力保障，对政府的一系列行为都会产生重要影响。所以说政府间对税收立法权、税收征管权的配置，归根结底是对税收收益权的配置。

4. 税收司法权

通常认为，一项完整的权力或权利应该包括立法、执法、司法三个层面的内容，所以不少学者便将税收司法权列为税权的内容。诚然，在税收活动中司法权必不可少，它起着有效规范行政机关的税收征管行为、保护纳税人合法权益等重要作用。但是，税收司法权是不是应该纳入税权的内容还有待商榷。

首先，从司法权的功能来讲，司法权本身就与政府税权是相互独立的。在我国，司法权由审判机关和检察机关来行使，而司法机关和检察机关都是独立于立法机关和行政机关的，与其不具有隶属关系。如果从立法与行政的角度来看税权央、地划分问题的话，司法权只有国家司法权，不存在"地方司法权"的概念。本书旨在探讨中央与地方之间的税权划分，司法权显然不在这一范畴之内。其次，司法机关不仅仅对纳税人的违法犯罪行为进行审判，而且会在行政诉讼中对税务机关在执法过程中的违法行为进行裁判。总之，税收领域的司法权不仅要维护行政机关的利益，更要维护行政相对人的利益，如果将税收司法权纳入税权的范畴，可能会不利于纳税人即行政相对人权益的保障。

税收领域的司法权在维护行政机关利益、保障税收征管权方面确实具有重要作用。但是，国家司法权的统一性和独立性决定了司法权不宜作为政府税权的内容。

（三）税权配置的内涵及分类

税权配置，是指税权在各级政府之间的配置与划分。税权配置源于财政分权理论。世界上多数国家，无论政治体制如何，大都致力于财政分权的改革，可以说分权是一个世界性的大趋势，而税权分权或者说税权配置是财政分权的核心。

税权配置分为横向配置和纵向配置。[1] 税权横向划分是指税权在同一级政府的不同部门之间的划分与配置，另外也指在同级政府主要是同级地方政府之间的划分。税权横向划分问题起始于孟德斯鸠的三权分立理论，即税收领域的立法、行政、司法权三权分立，相互制衡。

如前文所述，司法权由司法机关独立行使，征管权当然由行政机关行使，而税收受益权是基于纵向财政体制而产生的，不存在横向配置的问题，所以，税权的横向配置主要是指税收立法权的配置。税法有广义和狭义之分，狭义的税法指由全国人大及其常委会制定的税收法律。狭义的税法更加强调税收法定主义，主张税收立法权由立法机关独享。而广义的税法也包括全国人大及其常委会之外的主体制定的法规、规章等，广义的税法使得立法、行政以及司法机关都可以享有一定的税收立法权。故而，上文所论税收立法权的横向配置更多是基于广义税收立法权而言的。

税权的纵向配置指的是税权在不同等级的政府之间的划分与配置。税权的纵向配置问题主要涉及中央和地方政府税权配置问题，而确定地方税权是分税制的核心。经济学中的公共产品的特点是具有层次性，可以按照受益范围的大小将公共产品分为全国性、跨区域性和地方性三个层次。为维持效率最大化，不同层次的公共产品应由不同级次的政府负责，不能相互替代。中央政府在维持宏观经济稳定工作中发挥重要作用，但是在地方的经济发展中，由于不同地方经济发展状况参差不齐，中央政府无力对每个地方的经济、社会状况作出干预或管理。相反，地方政府可以根据各地特殊的发展情况有针对性地提供公共产品，以最低的成本和最高的效率满足不同地区居民的需要。所以从经济学角度上来看，中央和地方合理配置税权显得尤为重要。

此外，赋予地方政府合理税权是政治稳定的要求，亦为民主政体的客观要求。我国是一个集权制国家，一切政策来源于"中央政府"，依据权力与责任相统一的原则，中央政府理论上是所有责任的归咎点，而实际上中央政府无力承担，这在一定程度上会威胁到统治的稳定性。所以，中央政府将部分权力分离出去，一方面可以接受司法以及其他机关的限制，另一方面，将部分权力划分给地方，可以削减下级政府中的问题对整个行政体制的冲击，从而保持整个行政体制的稳定。此外，税权纵向配置也是我国民主政体之人民

---

[1] 贾蒙蒙：《税权配置视野下地方税体系优化研究》，西南政法大学 2014 年博士学位论文。

主权原则的基本要求。根据宪法，中华人民共和国一切权力属于人民，人民❶有两层含义：一曰全国之民，二曰地方居民。不同于中央政府，地方政府所提供的皆为当地居民最需要的且往往具有地方特色的公共产品。如果地方没有相对独立的税权，其财政收入完全依赖于上级政府行政性的"让与"，它便不能成为一个具有能动性的财政主体，亦不具备财政责任主体资格，由此必然导致其所提供的地方公共产品难以符合本地居民的需要，我国人民当家作主的民主体制就不能得以有效发挥。财政是庶政之母，对财政尤其是对税权的合理配置对于维持政治稳定及完善我们的民主制度具有重要作用。

二、省级政府税权配置

在地方税构建中，作为地方"总代表"的省级政府居于特殊的位置。

（一）何谓省级政府

在我国，自上而下有五级政府，即中央政府、省（自治区、直辖市，以下统称为省级政府）、设区的市（地级市）、县、乡。除中央政府外，其余四级政府均为地方政府。省级政府是层级最高的地方政府。

一般认为，政府指的是行政机关，相应的，省级政府指的是省级行政机关，只负责省一级的行政管理活动。然而在本书中，省级政府适用"大政府"的概念，指省一级国家机构的总体，包括立法、行政、司法系统在内的权力系统。❷

（二）省级政府在我国的特殊地位

首先，我国政府层级结构的特殊性决定了省级政府在我国具有特殊地位。从政府层级结构上来讲，省级政府是我国层级最高的地方政府。作为最高级别的地方政府，省级政府在整个政府体系中起着承上启下的作用。一方面，中央政府对地方的治理一定意义上是通过对省级政府的管理来实现，省级政府可以说是中央政府的代理者，负责中央决策的具体组织和实施；而对省以

---

❶ 主权有两重含义：一为本源的整体状态下的主权，人民为一整体概念，不具有可分性；二为运行状态下的主权，又称主权权力，具有可分性。前者可称为主权的所有权，后者可称为主权的使用权。详细论述参见童之伟：《国家结构形式论》（第二版），北京大学出版社 2015 年版，第 141 - 151 页。本书将人民解读为"全国人民"和"地方居民"，侧重于由使用权角度理解主权。

❷ 周振超：《中国行政区域研究——以省级政府为中心的考察》，上海三联书店 2014 年版，第 1 页。

下地方政府而言，省级政府又是其管理者以及基本诉求的主张者。

其次，省级政府独特的作用决定了省级政府在我国具有特殊地位。省级政府特殊作用及地位的确立有一个漫长的历史过程，为中国历代不断探索的结果。自秦朝建立第一个中央集权制国家以来，历朝都对政府层级的划分进行过有益的尝试。元朝在吸取前朝经验教训的基础上设立了行省制。行省制建立了一种地方分权的有效体制。自元代行省制度设立至今已有七百余年，七百余年的历史发展中，省级政府分享了中央政府的部分权力，分担了部分中央政府的责任，使得中央政府免受政治责任的直接冲击，维持了政治的稳定性。

省级政府的特殊地位在我国的财政体制中也有所体现。1993年颁布的《国务院关于实行分税制财政管理体制的决定》规定："从一九九四年一月一日起改革现行地方财政包干体制，对各省、自治区、直辖市以及计划单列市实行分税制财政管理体制。"而与此同时，《决定》又规定由各省级政府根据《决定》制定对各自所属市、县的财政管理体制。可见，正是由于省政府的特殊地位及其重要性，仅仅就税权这一环节而言，中央与地方的分税制改革实质上就是中央和省级政府之间的税权分割，而对于省以下政府的财政管理体制，由省级政府参照《决定》进行。所以，省级政府在我国尤其是在税权配置方面有特殊的地位。

总之，所谓省级政府的税权配置，就是指税收立法权、税收征管权、税收收益权在中央和省级政府之间的配置，是指通过综合分析中央与省、省与省以下地方政府之间的事权，科学配置省级政府的税收立法权、税收征管权和税收收益权。

三、省级政府税权配置的理论基础

无论联邦制国家抑或单一制国家，出于国家治理的需要都会赋予包括省政府在内的地方政府一定的税权。对这一现象不同学科有不同的解读，这里仅仅介绍财政学的财政联邦主义及政治学的地方自治理论。

（一）财政联邦主义

财政联邦主义指基于公共产品分类及提供效率的考虑而在一国不同层级政府之间分配财权而形成的一类财政体制模式，其突出特点是强调地方政府具有一定的财政自主性。财政联邦主义与国家结构形式没有必然联系，非指联邦制国家实施的财政体制，相反，世界上好些单一制国家也建立了规范的财政联邦式的财政体制。财政联邦主义起源于西方国家，其以财政分权为核心，[1] 旨在解决市场经济下各级政府怎样将财权进行划分才能提高政府的管理效率的问题。现代的市场经济国家，某种意义上来讲都在实施财政联邦主义，即中央与地方财政分权。财政联邦主义在处理中央和地方财政关系中具有重要意义，它的基本特点是在明确中央和地方事权配置的前提下，注重地方拥有独立的财政收入，以合理配置中央和地方的财政收支关系，提高财政体制运行效率。

财政联邦主义有一些基本的理论模式，比如施蒂格勒提出的最优分权模式、布坎南提出的"俱乐部"理论以及蒂布特的"以脚投票"理论等。此处我们着重评介一下施蒂格勒的最优分权模式。

施蒂格勒阐述了地方政府存在的必要性和合理性：一是相较于中央政府，地方政府最大的特点是处在基层，更贴近民众，更能方便了解群众的需求；二是民众自身有权对适合自己需求的公共产品进行选择，由地方政府提供公共产品能够保证产品和服务的多样性，更方便民众选择。施蒂格勒虽然肯定地方政府具有重要作用，但是并没有因此而否定中央政府的作用，中央政府所具有的宏观调控功能是无法替代的。总之，财政联邦主义理论要求各级政府应该具有相对独立性，各级政府也应该有自己的财政收入，要按照公共产品的受益范围划分中央和各地政府的职权和支出责任，但同时不能忽视中央政府的调控作用。

财政联邦主义为省级政府税权配置理论提供了理论基础。省级政府相对于中央政府更贴近民众，更了解本级行政区域内民众的需求，一部分公共服务由省级政府提供会更加契合民众所需，更能因地制宜制定政策促进经济的发展。事实上，由中央向地方分权、"充分发挥中央与地方两个积极性"一直是改革开放以来我国行政体制演变的基本趋向。近年来，央、地关系没有完全理顺并成为各界关注的焦点问题，只是在于两方在事权分权的同时相应的财政分权却没有落到实处，导致省级政府没有足够的财力处理辖区内相关事务。财政联邦主义也要求合理配置中央与省级政府之间的财权和事权，在保持中央政府宏观调控职能的前提下，通过赋予省级政府一定的财权尤其是税收权力以保持地方政府的财政独立性和自主性，以充分发挥地方政府尤其是省级政府的社会治理和公共服务的职能。

---

[1] 刘银喜：《财政联邦主义视角下的政府间关系》，载《中国行政管理》2008 年第 1 期。

（二）地方自治理论

地方自治是相对于中央集权而言的一种治理地方社会的理念、制度、方式，其实质是一定区域内的公民对该区域内的公共事务拥有自主权，其精髓是民主主义。❶

地方自治具有多方面含义：首先，地方自治以主权国家的存在为前提，只有在主权国家内部才有必要探讨地方自治问题；其次，地方自治关乎国家内部的权力配置，核心是权力在中央和地方政府之间的纵向配置。地方自治是一种政治自治，但是政治自治实现的程度受制于经济基础。一般而言，地方自治的前提是实现经济上的自给或者说是财政独立，只有真正实现了财政独立，才能实现所谓的政治自治。

合理配置省级政府税权是地方自治理论的要求。省级政府作为最高级别的地方政府，只有真正实现了财政的独立，才能够真正发挥好一级政府应有的职能。而税收是政府财政的主要收入来源，要实现财政独立、实现地方自治就要赋予省级政府税权以保证税收收入的稳定，保证财政收入的独立性。

第二节　我国省级政府税权配置现状

省级政府在我国的国家结构中处于承上统下的作用，对中央而言它代表了地方，对市、县、乡政府而言，它又是地方上的最高政府。故而，研究省级政府的税权配置现状有两个层面：一则，作为地方总代表，它与中央是如何划分税权的；二则，作为地方政府的一级，它与其他层级政府是如何围绕税权而分工的。

一、我国省级政府税权配置现状——基于央地关系

对于税权的内容学界观点不一样，这里采用大多数学者的意见，将其划分为立法权、征管权、收益权三个部分。

（一）我国省级政府税收立法权

在税权的配置中，税收立法权的配置处于关键地位，其实质就是税收资源配置的决策权。

---

❶ 陈绍方：《地方自治的概念、流派与体系》，载《求索》2005 年第 7 期。

我国《宪法》对于省级政府的税收立法权配置并没有明确规定。《宪法》除第2章第56条规定"中华人民共和国公民有依照法律纳税的义务"之外，再无包括政府间税权划分在内的直接涉及税收权力、义务的规定。但是我国《立法法》第4章第72条规定："省、自治区、直辖市的人民代表大会及其常务委员会根据本行政区域的具体情况和实际需要，在不同宪法、法律、行政法规相抵触的前提下，可以制定地方性法规。"显然，《立法法》赋予了省级政府一定的立法权，省级人民代表大会可以根据各地行政区域的实际发展情况和具体需求，制定地方性法规。但与此同时《立法法》又要求税种的设立、税率的确定和税收征收管理等税收基本制度以及对非国有财产的征收、征用等权力必须由法律（这里的法律仅指由全国人大及其常委会制定的法律）规定。这一条规定又将省级政府的税收立法权予以限制，似乎完全剥夺了省级政府的税收立法权。事实上，我国多年来的立法实践大体体现了《立法法》所规定的央、地税收立法权配置思路，只是囿于立法能力及其他原因，全国人大及常委会将相当一部分税收立法任务授予了国务院，使得国务院一度成为我国实际行使税收立法权的最主要部门。

与中央相比，我国省级政府在税收方面的立法权力极为有限，仅仅拥有解释和在既定框架内制定实施细则的权力。另外，省级政府亦可以在法律明确授权的前提下，制定不与相关税收法律、行政法规相违背的地方性规章。除此之外，在一些特定的税种上，省级政府还拥有一定的税率的调整权，可以根据本地实际对相关税种作出加征或者减征的规定。总之，省级政府的这些权力仅仅是对相关法律的小修小补，对于实质意义上的税收立法权诸如决定开征、停征税种的权力，省级政府无权涉足。

综合上述，在当下税收立法权配置上，省级政府事实上不具有税种的开征停征权，而只具有制定实施细则和解释的权力。

（二）我国省级政府税收征管权

1994年的分税制改革，将所有税种归类划分为中央专享税、地方专享税和中央地方共享税三类，并建立了中央和地方两套税务机构，分别对中央和地方的税收事务进行征收和管理，从而逐步建立和完善了中央和地方两套税务体系。中央税和共享税由中央税务机构负责征收，地方税由地方税务机构征收。

中央税包括：关税，海关代征消费税和增值税，消费税，中央企业所得税，地方银行和外资银行及非银行金融企业所得税，铁道部门、各银行总行、各保险总公司等集中交纳的收入（包括营业税、所得税、利润和城市维护建设税）等。

地方税包括：营业税（不含铁道部门、各银行总行、各保险总公司集中交纳的营业税），地方企业所得税（不含地方银行和外资银行及非银行金融企业所得税），个人所得税，城镇土地使用税，固定资产投资方向调节税，城市维护建设税（不含铁道部门、各银行总行、各保险总公司集中交纳的部分），房产税，车船使用税，印花税，屠宰税，农牧业税，对农业特产收入征收的农业税（简称农业特产税），耕地占用税，契税，遗产和赠与税，土地增值税。

中央与地方共享税包括：增值税、资源税、证券交易印花税❶。

以上皆为1994年分税制《决定》对中央、地方税权的划分。之后，随着制度的演变，中央和地方税收征管权的范围发生了一定的变化。

首先，原有地方税的税种有所减少。随着"营改增"的全面推进，营业税被增值税替代，而"营改增"后的增值税由国税部门征管❷。相应的，地税对于营业税的征管权自动丧失。企业所得税和个人所得税被纳入共享税的范畴，企业所得税由国税征管❸。而农牧业税和农业特产税、屠宰税等随着农业税的取消也成为历史❹。对于固定资产投资方向调节税，自2000年后也暂停征收，且于2011年彻底废除❺。省级政府原有的税收征管权被压缩。

其次，对于分税制之后新设的税种，如车辆购置税，由国家税务局征管❻。烟叶税❼由地方税务机关征收。2006年通过的《中华人民共和国车船税暂行条例》在设立新税种车船税的同时，废止了《中华人民共和国车船使用

---

❶ 2015年《国务院关于调整证券交易印花税中央与地方分享比例的通知》将证券交易税调整为中央税。

❷ 2016年《营业税改增值税试点实施办法》第51条规定："营业税改征的增值税，由国家税务局负责征收。纳税人销售取得的不动产和其他个人出租不动产的增值税，国家税务局委托地方税务局代为征收。"

❸ 2001年《国务院关于印发所得税收入分享改革方案的通知》规定对除中央专享企业所得税之外的企业所得税，由中央和地方共享。对于改革方案实施后新登记注册的企事业单位的所得税，由国家税务局征收管理。

❹ 2005年《全国人民代表大会常务委员会关于废止〈中华人民共和国农业税条例〉的决定》全面废止农业税。

❺ 2011年《国务院关于废止和修改部分行政法规的规定》废止《中华人民共和国固定资产投资方向调节税暂行条例》。

❻ 2000年《中华人民共和国车辆购置税暂行条例》第11条规定。

❼ 2006年通过《中华人民共和国烟叶税暂行条例》规定。

税暂行条例》，仍旧由地方税务机关征收，2011年，这一税种实现人大立法。2016年12月全国人大常委会通过了《中华人民共和国环境保护税法》，设立了环境保护税，由地方税务机构征管❶。

综上，省级政府现在拥有的税收征管权范围包括：部分企业所得税；个人所得税；城镇土地使用税；城市维护建设税（不含铁道部门、各银行总行、各保险总公司集中交纳的部分）；房产税；印花税；耕地占用税；契税；遗产和赠与税；土地增值税；车船税；烟叶税；环境保护税。

（三）我国省级政府税收收益权

省级政府所享有的税收收益权实际上就是地方政府所享有的税收收益权，我国省级政府的税收收益权包括对地方专享税的收益权以及对中央地方共享税中属于地方政府部分的收益权。

在地税享有征管权的税种中，省级政府拥有除企业所得税、个人所得税之外的其他所有税种的收益权。而对于企业所得税（除铁路运输、国家邮政、中国工商银行、中国农业银行、中国银行、中国建设银行、国家开发银行、中国农业发展银行、中国进出口银行以及海洋石油天然气企业缴纳的所得税作为中央收入外）、个人所得税中央分享60%，地方分享40%；对于增值税，原定为中央分享75%，地方分享25%，"营改增"后，为维持中央和地方的税权平衡，将分享比例调整为中央和地方各50%❷；资源税按不同的资源品种划分，大部分资源税作为地方收入，海洋石油资源税作为中央收入。

除以上税收收入之外，由于我国幅员辽阔，各地经济发展不平衡，财政收益差距也较大，所以即使财政收益权划分很合理，也会存在地方收支不平衡的现象。为了保证中央的宏观调控作用，调节地区间收入差距，我国设立了财政转移支付制度。现有的政府间转移支付方式主要有税收返还、原体制定额补助、过渡期转移支付、专款补助、年终结算补助、自然灾害临时补助六种形式。财政转移支付制度是衡平地区间收入差距的重要举措，但是税源分配、税收分享是"初次分配"方式，而财政转移支付是一种财政的"再分配"方式，虽然都是政府获取财政收入的方式，但是在本质和作用上还是有区别的，不可将其混淆。

---

❶ 由县级以上地方人民政府建立税务机关、环境保护主管部门和其他相关单位分工协作工作机制。

❷ 2016年《全面推开营改增试点后调整中央与地方增值税收入划分过渡方案》规定地方按税缴纳地分享增值税的50%。

二、我国省以下各级政府税权配置现状

尽管1993年国务院《决定》中曾明确要求各省级政府按照分税制原则确定省对下的财政体制，但一方面缘于省级政府对本辖区内财政体制拥有一定的自主权，加之各省省情的确多有不同，故而在实践中全国省以下没有形成统一的分税制模式。2002年，《关于完善省以下财政管理体制有关问题的意见》规定了合理划分省级以下各级政府财政收入的基本规则，但是没有规定具体的划分范围，甚至没有给出地方各级政府的税收收入体系框架，地方政府间的税收收入划分边界远没有中央与省级政府间税收收入的边界清晰。

（一）省级以下政府税收立法权

分税制改革的实质是中央政府和省政府之间的税权划分。《决定》对中央和省级政府的税权的分配有着明确规定。就地方各层级之间的税收体制及税权划分，《决定》明确由各省根据分税制原则予以确定，也就是说，对于省级以下政府的税收立法权、税收征管权以及税收收益权，由省级政府负责分配。

如前文所述，现阶段中央和省级政府税权配置中最突出的问题为省级政府缺乏相应的税收立法权。故而，基于这一现实以及税收法定原则，省级政府在自身税收立法权缺乏的情况下无法将税收立法权分配给省级以下政府，所以，我国省级以下各级政府税收没有税收立法权。

需要特别说明的是，虽然省级以下政府税收立法权缺失，但是在税权配置的优化建设中，我们主张税收立法权最多下放到省一级政府，对省以下政府仍然不予配置税收立法权。

（二）省级以下政府税收征管权

全国各地省以下税收征管权配置各不相同，但基本上都实行"属地征管、就地入库"的原则，即市、县级地税部门对其辖区内的税种享有征管权，而具体的征管税种则是由各省级政府决定的。以山东省为例，除部分跨区域企业税收外，现行体制省级分享税收全部下划到了市、县，作为市、县财政收入，省级下划税种主要是营业税、企业所得税、个人所得税等主体税种，对于这些税种实行"属地征管、就地入库"原则，省以下各级政府对其辖区内此类税种的税收事务享有征管权。❶ 与山东相类的还有湖北等省。

---

❶ 2013年《山东省人民政府关于进一步深化省以下财政体制改革的意见》。

(三) 省级以下政府税收收入分配体制

1994年分税制改革以来，由于我国地方主体税种偏少偏弱，加之地方政府层级过多，故而一直存在的一个问题就是省级以下政府无税可分，导致在省以下地方政府的分税制中仅仅是按照管辖区域划分或者是按照税收分成的比例划分。实际上，从1994年到现在，省以下地方政府分税制基本上是一个分成比例的概念。

综观各省，省级以下政府税收收入分配体制主要有以下几种不同的分享办法：

一是按税种划分和按比例分享共存。这一模式接近于中央与省级政府之间的分税制，代表性省份为海南省。海南省参照中央对地方的分税制划分省与市、县的财政收入，按照税种划分省级固定收入、市县固定收入以及省与市县共享收入并将收入较多的增值税、营业税、企业所得税和个人所得税作为共享收入并确定各自分享比例[1]。

二是按比例分享。这是绝大多数省份采取的省以下的主要分享方式。以湖北省为例。湖北省在与中央分税的基础上，对属于本省的收入进行了划分，将增值税中地方分享部分、一般企业所得税、一般个人所得税等在内的税收收入与市、县按比例划分[2]，而不是按照税种或者归属地等原则划分收入。

三是在区分不同地域或企业类型的基础上再按比例或税目分享。如重庆市对主城区的共享税实行市与区六四分享，对郊区县实行市与区四六分享[3]。

地方税收收入中占比较大的税种是营业税，但是其中银行系统、铁路系统、保险系统等的营业税，都是划归中央政府所有。随着营改增的全面推行，营业税退出了历史舞台，为省级以及之下各级政府寻找稳定的财政收入来源必然成为当前税制改革所面临的重大课题。

另一个不可忽视的问题是，过于复杂的政府财政层级设置使得地方政府间划分收入的可操作性大大减小。目前我国的地方政府层级设置中，四级制是主要的设置形式。政府层级对应着相应的财政层级，复杂的财政层级在国家税收运行、管理效率以及税收衡平方面都引发出不少负面效应。过多的政府、税收层级带来的政府间税收收入划分的问题是，有限的税种经过一条过长的链条到达分税制体制末端时，很可能会无税可分，因此，我国很难像世

---

[1] 2002年《海南省政府关于重新确定分税制财政管理体制的通知》。
[2] 2010年《湖北省人民政府关于进一步调整和完善分税制财政管理体制的决定》。
[3] 1995年《重庆市人民政府关于实行分税制财政管理体制的决定》。

界上大部分国家那样完全按照税种划分各级政府间的收入,而只能加大共享收入。

三、我国省级政府税权配置所面临的问题

我国省级政府税权配置所面临的问题同样可从立法权、征管权、收益权三个方面体现出来:

(一) 缺乏相应的税收立法权

在我国省级政府的税权配置中,最重要也是最严重的一个问题就是缺乏税收立法权。省级政府真正拥有的开征停征税种的权力只有屠宰税和筵席税,但这两种税或者已被取消,或者征收意义不大而很少开征,实质上省级政府没有真正拥有开征停征税种的权力。

省级政府税收立法权的缺失阻碍了地方积极性的发挥。我国人口众多,幅员辽阔,各地的经济发展状况和税源情况也不相同。税权高度集中的管理体制虽然可以促进我国财政和经济发展的稳定性,但是也会使得地区间发展差距进一步拉大。总之,我们认为,由中央统一制定税法,尽管彰显了形式公平,保障了"税法面前人人平等",但不利于实质公平的实现。

一方面,省级政府税收立法权的缺失造成了税源的浪费和流失。如前文所述,中央垄断立法权难以适应各地在自然、经济、文化差异等方面差异悬殊的要求,大大削减了税收调节的灵活性,降低了税收的效率。一些地方特色税收资源在中央看来可能没有单独制定税法的必要,但对于省级政府来说可能是取得财政收入的重要来源。一味由中央政府制定税收法律,就可能会造成税源的流失和浪费,不仅省级政府丧失财政收入,也会导致资源配置效率低下。

另一方面,省级政府税收立法权的缺乏使得省级政府支出负担沉重,为维持正常的管理职权"另辟蹊径"。分税制使得财权集中于中央,而事权却有不断下放的趋势。省级政府负担着大量的事权,而税权收入又相对较少,财政转移支付制度不能够满足日益增长的行政管理、公共服务成本的需要。在省级政府没有税收立法权,不能针对本省自然、经济资源的实际开征新税种、开发新税源的情况下,不得不以税外收入保证政府的财政支出,于是地方预算外资金逐渐膨胀,"以费挤税"现象盛行,这种现象不仅侵蚀税收基础,而且扰乱了正常的社会经济秩序。

(二) 国、地税征管机制不协调

我国设立中央与地方两套税务机构,分别履行对中央和地方税收收入的

征管职能。这种财政管理体制对于保证中央和地方财政收入的增长，加强税务管理，保证分税制顺利实施，发挥了重要作用。

但是，现行征管机制也存在诸多问题。第一，从税收征管权看，国税与地税的征收管理权限出现了交叉，一些划分为地方专属的收入，仍由国税机构代为征收，地方政府不能完全行使属于自己收入的税收征管权。第二，是税务机构分设后，按税种分别执法并没有完全到位，在诸多环节存在交叉与矛盾，国税、地税在税务管理方面如发票管理、纳税申报等方面在还存在着权限界定不明确、重复管理的现象，导致实际操作中产生了一些矛盾，造成了税收征管过程中的漏洞和问题。第三，国税、地税两部门的分头管理体制造成两者的征管任务、征管模式、征管力度都不同。地税部门执法更容易受到当地政府的干预，地方政府由于财力紧张的压力，强制性下达地方税务局税收任务，导致地税征管任务层层加码，征管力度相对较紧，在现实中也引致了一些权限、利益纠纷。第四，税收的征收管理与税收收益相分离，影响征管效率。现行征管模式会导致央、地征管权与收益权的错位：虽然进行征收管理但实际上收入并不归属本级国库，或者是地方政府仅仅有收益权却没有对具体税收事务管理权，导致征管效率偏低，不利于充分调动中央和地方两个积极性。

虽然在 2015 年 12 月 24 日，中共中央办公厅、国务院办公厅印发了《关于深化国税、地税征管体制改革方案》，但是该方案对国税、地税具体征管职责仍没有作出具体规定，而只是原则性地规定"中央税由国税部门征收、地方税由地税部门征收，共享税的征管根据税种和方便征收的原则确定"。

（三）省级政府缺乏相对稳定的税源

在我国现行财政体制下，属于省级政府的税种不少，但总体来说，这些税种也难以满足省级政府的财政需求。省级政府税收的较为稳定来源是企业所得税和个人所得税，以及营业税。但是企业所得税和个人所得税都属于中央与地方共享税，而随着"营改增"的全面推开，营业税已经成为历史。此外，省级政府虽然也享有其他税种的收益权，但基本上都是分散的、征管难度较大的税种。地方税中的一些税种比如城市维护建设税、土地使用税等征收范围偏窄、税率较低，收入较少，对省级政府税收收入增长作用不大。另外，我国的遗产与赠与税虽然已经划分给地方政府，但是具体的出台时间未定。财产税也没有形成体系，收入规模偏小，再加上税制改革滞后，亦难堪重任。总之，目前省级政府缺乏主体税种，收入增长缓慢。

省级政府是最高级别的地方政府,省级政府的税收收入依赖于地方税的收入,并由省级政府安排省级以下地方政府的税权配置。省级政府主体税种的缺乏,不仅限制了省级政府的管理能力,更是限制了省以下地方政府的管理职能的实现。过多的依靠中央政府的转移支付,也会使得省级政府自主性降低,难以充分发挥能动性促进辖区发展。

第三节 优化省级政府税权配置的方案

要合理配置省级政府税权,首先要确定税权配置的指导思想,在明确指导思想的前提下才能更好地确定省级政府税权配置的整体规划。

一、优化省级政府税权配置的指导思想

(一) 遵守税收法定主义

税收法定原则是指税收要素、税权的配置都要有法律明确规定。税权配置的过程实际上是各级政府利益博弈的过程,利益的争夺使得税权关系变更、调整更加频繁。

如果中央和省级政府之间的税权配置没有法律予以固定,便时常会出现中央政府临时调整政府间财政关系的情况。再考虑到我国的行政体制,与中央相比,作为下级政府的省级政府处于相对弱势的地位,在央、地税权调整的博弈中必然节节败退,地方财政利益可能会被中央步步蚕食。中国分税制以来的财政体制演变已经证明,省级政府的利益很少能在财政关系的调整过程中得到满足和维护,甚至无法得到足够的财力以提供公共产品和公共服务,使得个别地区公共物品供给不足。

故而,要严格按照税收法定的原则,将中央与省级政府、省以下地方政府的税权配置关系以税收基本法的形式规定下来。所涉内容主要包括税权的初始配置形态、事权的配置原则;事权和税权调整、变动的依据、原则、方法等,使得在调整中央和地方政府税权关系时有法可依。

(二) 符合"发挥两个积极性"的宪法精神

《中华人民共和国宪法》第 3 条规定,"中华人民共和国的国家机构实行民主集中制的原则。……中央和地方的国家机构职权的划分,遵循在中央的统一领导下,充分发挥地方的主动性、积极性的原则"。省级政府税权配置中

也要遵循这一原则，充分发挥中央和地方两个积极性，实现经济发展上下联动，促进经济发展和公共服务的完善。

考虑到税权向中央高度集中的中国现实国情，所谓充分发挥两个积极性最主要的就是发挥地方政府的积极性。地方政府在提供公共产品及服务方面拥有中央政府难以拥有的优势。地方政府更加接近居民，在搜集辖区信息时更方便、有效率，更可能有针对性地对居民提供公共产品及服务。地方政府最接近纳税企业和单位，了解企业的形态及运营状况，在征收、管理税收事务时也比中央政府具有更高的征管能力，避免偷税漏税等违法问题的发生，增加政府的税收收入。赋予地方政府更多的税收自主权，会更有利于提高地方政府的积极性，促成地方政府之间相互学习、竞争的良性互动机制。只有各地及各级政府都充分发挥积极性，提高提供公共物品的效率和水平，才能真正促进社会的整体进步。

当然，我们探索发挥地方政府积极性的路径是以保持中央政府的积极性为前提的，中央政府的宏观调控作用是任何地方政府不能替代的。在税权配置中也要维护中央政府的基本权威，保证其充分的财力。只有充分发挥两个积极性，才能更好地推动税制建设的发展。

（三）契合完善分税制财政管理体制的要求

分税制是世界各市场经济国家普遍采用的财政管理体制。完善的分税制财政管理体制要求各级政府之间的财权、税权、事权划分科学合理，各级政府都能有足够的财政收入来满足事权支出的需要。我国目前的分税制财政管理体制与上述目标还有不小的差距，主要体现为地方政府财政支出责任多、税权配置少、税权与支出责任不对称等。与此同时，由于作为分税制重要补充制度的转移支付制度又不尽完善，地方政府不得不采取各种手段来满足本地财政支出的需要，"以费挤税"等现象层出不穷。这些做法不仅侵蚀了税基，更是造成地方经济秩序的混乱。所以，在对省级政府税权进行配置时，必须要通过各种措施，保证地方财政收入的独立性和自主性，恢复和巩固税收收入在财政收入中的主体地位，以不断完善我国的分税制财政管理体制。

（四）兼顾地区间的差异

我国幅员辽阔，地区间在经济、社会、人口素质、地方文化和传统习俗方面千差万别，税权配置如果各地区一致，那么在"税法面前人人平等"的主导下，必定只注重形式公平而忽略实质公平。税权配置要充分考虑各地区间的差异，一方面，可以根据地区经济社会条件的不同制定不同的政策，另一方面可以赋予当地政府特别是省级政府适当的调整权,使得各地省级政府可以根据当地的实际情况对税收政策进行适当的调整,实现税负的实质公平,以衡平各地区间的收入差距,促进各地区间协调发展。

二、优化省级政府税权配置的路线图

政府间税权配置最主要的依据就是法律。在以法律为依据的税权配置模式下,中央政府与省级政府的税权,尤其是立法权的配置,应该由《宪法》规定,同时,《宪法》之下应该制定相关法律对税权配置的结果予以固定和保护。然而在我国,制约省级政府税权合理配置的最主要的因素也恰恰是法律的规定,即省级政府税权配置问题缺乏宪法和法律保障。

无论是联邦制国家还是单一制国家,政府之间的权力配置皆为一国立宪设计并经由长时期政府之间相互博弈的结果。政府间的博弈结果欲形成稳定的制度,必须以法律形式确定下来,否则央、地关系必然呈现为一种无序、波动状态,严重影响各级政府的公共服务水平。就我国的状况而言,有关中央政府和省级政府的税权配置主要法律根据仅仅是诸如国发〔1993〕第85号、国发〔1993〕第80号等效力等级较低的文件,而非法律。正由于央、地税权划分缺乏稳定的法律,所以两者之间的权力配置时常处于不确定状态,时常会因为国务院颁发的一些"决定""通知"而发生变化,地方税收利益不断为中央所蚕食。[1] 总之,这种以行政主导的模式来进行政府之间税权划分的方式极不规范,立法缺位成为实现省级政府税权配置最主要的制约因素。

所以,要实现央地税权合理配置,就要在法律制度上有所突破。法律制度要体现正确、积极的价值理念。当前我国税收政策和法律体现的都是"效率优先、兼顾公平"的一种实质上的"去公平化"的理念,由此导致央、地税权失衡。省级政府税权配置首先要转变价值理念,在价值衡平理念的指导下,更加注重公平,以权力的配置弥补初始权力分配不公平的状态。应该制定一部可以统领税收领域的基本法,对中央政府和省级政府以及省级政府和省级以下地方政府的税收立法权、税收征管权、税收收益权等权力的配置和调整予以明确规定,真正实现税权衡平和税负衡平。同时要完善财政转移支付制度作为省级税权的保障机制,并完善相关配套措施,进一步巩固和保护税权配置的确立和实施。

---

[1] 翟继光:《税制改革中地方税收利益的蚕食与维护》,载施正文主编:《中国税法评论》(第2卷),中国税务出版社2014年版,第166页。

三、省级政府税收立法权的配置

根据十八届三中全会"落实税收法定"的基本精神及《宪法》《立法法》的相关规定，探讨省级政府税收立法权的配置一定以税收法定这一税法首要原则为前提。

（一）税收法定主义前提下扩大省级税收立法权的路径选择

扩大省级政府的税收立法权必须要在税收法定主义的前提下进行。税收法定主义的前提下扩大省级政府税收立法权，实质就是将省级政府的税收立法权以法律形式明确规定下来。一方面，将省级政府的税收立法权以法律形式确定下来，可以使省级政府合法地针对当地实际开征新的税种，有效增加省级政府的税收收入，弥补财政缺口。同时，以法律形式确定中央政府和省级政府各自的事权和税权范围，各项权力的运行均有法可依，就可以有效避免中央对省级地方税收立法的侵犯和蚕食。

另一方面，将省级政府的税收立法权以法律形式确定下来，也是对省级政府行使税权的一种监督和约束。省级政府获得税收立法权时，出于对自身利益的考虑，可能会随意开征税种，不仅可能会侵蚀中央政府的利益，而且会对辖区内的纳税人造成沉重的负担。所以，坚持税收法定主义原则既是对省级政府权力的保护，又是对省级政府滥用税权的约束和监督。

那么，在坚持税收法定主义的前提下如何扩大省级政府的税收立法权呢？笔者的主张是正确认识和利用授权立法，制定《中华人民共和国地方税法》或由全国人大向省人大特授权以及在具体税种法中进行法条授权都是切合我国国情的扩大地方税收立法权的途径。对此，本书第八章"税收法定主义与我国地方税收立法权之配置"将有详细论述。

（二）省级政府税收立法权的权限范围

对省级政府的税收立法权的权限范围要有合理界定。笔者认为，省级政府的税收立法权的权限范围应该包括以下几个方面。

第一，对地方专享税中的个别税种享有税收立法权。地方税由中央立法，但是地方税种中，有一些在全国而言不宜开征但是在某些地方已经条件成熟的税种，比如遗产和赠与税❶，便可由省级政府决定在本地区开征。将该类税的税收立法权赋予省级政府，可以很好地起到增加财政收入、衡平收入差距

---

❶ 该税在税种分配时划归地方税，但是因为各种原因，遗产和赠与税一直没有开征。

的作用。

第二，开征社会保障税。社会保障可以看作一种公共产品，由地方提供会更有效率，且"费改税"会使得社会保障基金更具稳定性。"二战"后在德国、巴西等国家，社会保障税已成为第一大税种。❶其次，各地经济发展水平不同，社会保障的水平也不同，如果由中央统一立法、统一标准，可能会无法满足不同发展水平地区居民的需要，而由各省级政府立法能更符合辖区公民对社会保障的需求。

第三，对当地特有资源享有立法权。各省自然、人文资源分布不同，省级政府也可以根据当地特有资源或条件，在不与相关法律冲突的情况下开征新的税种，以减少税源的流失和浪费，增加财政收入。

此外，考虑到我国的单一制国家结构形式以及地方立法能力，省级税收立法的扩大一定要掌握在一定限度之内。一则，省级政府税收立法权不得与相关法律冲突，要在法律规定的框架中进行；二则，省级政府税种的开征不得挤占中央政府税收资源，不得侵害国家整体利益和地方公共利益。

四、省级政府税收征管权的配置

省级政府税收征管权的配置总体而言就是实现国、地税之间征管机制的优化。目前，有观点认为国、地税之间分开征税，会造成纳税人负担加重，因此主张在时机成熟之时国、地税合并，实现税收征管由一家单位进行。对于这一观点，笔者持怀疑态度。首先，2015年《深化国税、地税征管体制改革方案》对国、地税采取合并或是合作关系进行了说明，即"发挥国税、地税各自优势，推动服务深度融合、执法适度整合、信息高度聚合"，国税、地税之间是合作而不是合并。其次，国税、地税之间征管体制的优化要在分税制体制下进行，国、地税合并违背了分税制要求，不利于分税制管理体制的完善。最后，国、地税之间分别征管更有利于中央、地方两个积极性的发挥，较之于只发挥中央或地方一个政府积极性更有效率。总之，国、地税之间采取合作而不是合并的方式会更有利于财政体制的完善。

笔者认为，对国、地税之间征管体制的优化应由以下几个方面进行。

首先需要对国、地税之间的征管权限进一步调整、优化。按照税种划分国税、地税的征管权限，除关税由海关征收和管理之外，属于地方税税种的征收和管理工作，由地税部门全权进行；属于中央税税种的征收和管理工作，

---

❶ 尹丹莉：《社会保障税的国际比较及其借鉴》，载《环渤海经济瞭望》2003年第5期。

由国税部门负责；对于共享税，要按照税种和方便征收的原则确定征管单位，对于适合由地税部门征管的，由地税征管，其他由国税部门进行征管，将征收金额按照分享比例分别纳入各自国库。以法律形式明确规定国税、地税的征管权限范围，两机构在行使税收征管权时要严格按照法律规定，对属于自己管辖范围内的事权积极进行管理，不能相互推诿，对不属于自己管辖权内的事权不得超越权限进行干涉。

其次，国、地税之间要加强合作和交流。对于国、地税之间职权交叉部分，要成立联合部门进行办公，联合执法，采取对外一个窗口，在内分别办理的形式，最大程度上便利纳税人。对于相关信息，实现国、地税的信息共享，避免二次征管、重复征管等现象的发生。

最后，要加强对两部门的监督，确保国税、地税两部门能真正按照法律规定进行征管，协调二者的关系，最终实现国税、地税征管体制的优化。

五、省级政府税收收益权配置

（一）省级政府基本事权与基本财力需要

省级政府税收收益权要基本满足省级政府事权的需要。省级政府的事权，就是省级政府的职责范围，包括全省的经济、政治、文化建设等多方面内容。只有具备充足的财力，才能保证省级政府职能的有效行使，这也是各级政府之间税权配置的基本原则。

（二）省级地方主体税种的选择

建立一个税种设置科学、税源稳定、适合地方税特点的地方税体系，是实行分税制财政体制的基础。❶ 相对于中央政府，省级政府事权重而税权少；但相对于省以下地方政府，省级政府的事权却具有一定的宏观性，而更大量具体的公共服务是由市、县级政府提供的。所以，在配置省级政府主体税种时，既要考虑中央与省级政府之间的税权关系，让中央政府适度下划部分税种的收益权；又要考虑省级政府与市、县级政府的税权关系，使省级政府在维持省级事权需要的同时赋予市、县级政府更多的收益权。

综合上述，可以考虑将企业所得税、个人所得税以及增值税中划归地方分享的部分作为省与市、县共享税，并且合理划分二者的分享比例。将消费税、遗产和赠与税作为省级政府专享税种，并且将消费税作为省级政府主体

---

❶ 霍军：《当代中国税收管理体制研究》，中国税务出版社2014年版，第294页。

税种。对于消费税来说，真正的税源应当是消费，而不是生产，只有经过消费者检验的生产才是有效率的，否则只能是低效生产甚至无效生产。❶ 消费品只有被消费者购买才产生价值，所以消费税只有在零售环节而不是生产环节征收才真正体现消费税的价值。如果仅以单一的消费税作为主体税种而缺乏收入规模较大的辅助税种，可能会造成省级政府收入的不稳定，出现与"营改增"之后地方主体税缺失相似的状态，所以需要将企业所得税、个人所得税以及增值税中划归地方分享的部分设为省与市、县地方共享税，合理分配省以下地方政府的收益权。

（三）省级以下税收收入体制的完善

省以下地方政府是负担事权最繁重的政府，同时也是财政收入最少的政府，完善省以下税收收入体制十分有必要。从数量上看，要考虑各税种当前的收入规模及潜在能力，不能仅仅搞数量匹配。❷ 省与市以下政府间税种的划分，首先要考虑税种的特点，在匹配地方事权的前提下，要将税源稳定、波动幅度小、流动性弱的、收入充足的税种划归省以下各级政府，按照属地征管的原则，各级政府分别对辖区的税种进行征税。

所以，除上文中提到设置省与市、县共享税外，需要将城镇土地使用税、房产税、土地增值税、契税等税种合并为房地产税，作为县级政府主体税种，资源税作为市级主体税种并将城市维护建设税（不含铁道部门、各银行总行、各保险总公司集中交纳的部分）、车船税、烟叶税、环境保护税等在市县之间进行合理分配。

房地产作为不动产，适合所在地政府管理。县级政府作为基层政府，为当地居民提供了优质的公共产品和服务使得辖区的房地产不断升值，同时升值后的房地产为政府带来大量的税收收入，这样会形成一个良性循环。同时，县级政府了解当地房地产业的实际情况，在征收方面具有优势。按测算及学界大量研究，房地产税会带来大量的税收收入，能够满足县财政需求。

值得说明的是，笔者主张将资源税作为市级地方税很大程度上是基于山东的省情而得出的结论。考虑到全国各地自然资源分布情况不一，由此产生的税收收入有很大的不确定性，因此，地方税的配置尤其是地方各层级政府主体税的配置不存在一个完全统一的模式。在省与中央税权划分清楚的前提

---

❶ 李玉红、白彦峰：《地方税制改革格局中的主体税种选择问题研究》，载《中央财经大学学报》2010 年第 6 期。

❷ 李波：《省以下地方税主体税种选择》，载《中南财经政法大学学报》2007 年第 6 期。

下，各省应当拥有决定本地各层级的税权配置的自主权，这是完善分税制体制及实现国家治理现代化的基本要求。

六、省级政府税权配置的相关制度保障

（一）制定《税收基本法》

《税收基本法》是税收领域具有统领性的法律，对上承接《宪法》的规定和精神，向下对各税收单行法进行统领和指导。《税收基本法》的制定是对税权配置成果的确定和巩固。

《税收基本法》首先要对中央、省以及省以下政府的税权配置关系进行规定，既要包括税权横向配置问题，又要包括税权纵向配置问题。省级政府与中央政府以及省级政府与省以下地方政府税权配置关系的确立、调整等都要在《税收基本法》中予以确定。要明确各级政府的税收立法权、税收征管权、税收收益权的权限范围；明确国税、地税机构的征管权限和征管范围以及争议解决办法等，保证税权配置完善后各项制度的顺利实施。

（二）完善财政转移支付制度

转移支付制度是国家进行全国性公共设施建设、平衡地区间财政收入和经济发展的重要手段。在我国财力不充裕、地区发展不平衡的现状下，财政转移制度对扶持落后地区、减小地区间发展差距方面具有重要意义。

要完善转移支付制度，首先要实现转移支付的法制化。长期以来，由于没有法律的明确规定，转移支付缺乏统一的标准，从而导致诸如地方政府"跑部钱进"等乱象，致使转移支付的资金发挥不到真正的作用。因此，要进一步完善转移支付法律制度，制定统一的转移支付标准，使资金的转移支付公开化、透明化，真正发挥调整地区间发展差距的作用。

其次，要实现转移支付目标的多样化。在今后的转移支付制度设计中，要开拓转移支付制度对经济发展、地区发展的新作用，使转移支付制度能够发挥激励地方政府自行增加财政收入的作用，激励地方政府自身的发展。

在转移支付资金流动方向上，除中央向地方政府的转移支付外，还要实行横向的转移支付制度。鼓励同级政府间尤其是同级省级政府间进行资金的流动。中央政府的财力毕竟是有限的，对于经济发展特别落后的地区，往往也是无能为力。如果在省级政府间设立横向的转移支付制度，比如一对一帮扶制度等，则可实现发达省份对欠发达省份的有针对性的帮扶，使得转移支付资金发挥最大价值，平衡地区间经济差异。

最后，要完善转移支付制度，最根本是要保持中央政府的财力，确保中央政府在行使基本事权的同时有足够的财力进行转移支付。

七、中央与省级政府税权争议解决法治机制的构建

谈论省级政府税权配置的一个最基本的前提是将省级政府视为一个相对独立的权力（利）主体，有其独立的利益。没有利益的保护机制及利益冲突的协调机制，任何一个权力（利）主体的独立性都是很难得以保障的。故而，在我国单一制国家结构及中央集权的政治体制之下，建立中央与省级政府之间税权争议解决机制尤为必要。显然，这是一个牵扯到我国国家体制的大课题，本书无力全面展开，此处仅仅提出两个方面初步建议。

（一）全国人大设立地方"专职常委"

中央与省级政府税权争议的出现，很大程度上是省级政府利益诉求难以表达而产生的。要减少争议的产生，最好的办法就是将争议扼杀在摇篮中，从根源上解决中央与省级政府的税权争议。这就要求在有关税权的配置、税法的制定中体现省级政府的利益，在事前解决争议。

全国人大设立地方"专职常委"，为各省表达各自利益诉求提供了途径。一方面"专职常委"的选拔要经过严格的程序，人员要具备过硬的专业知识，体现在立法上就会更专业，能把握中央与省级政府的税权矛盾。另一方面，各"专职常委"也是各省利益的代表。在充分了解各省实际情况的前提下，协调各方利益，以实现各省利益的兼顾和协调。

（二）全国人大设立税权委员会

税权的设立、税法的实施涉及每个人的生产和生活，税权配置的专业性和税法设立的合理性也与人民的日常生活息息相关的。重要的税权的设立和税法的制定都要经过全国人民代表大会的决议。但是现阶段，我国全国人民代表大会的代表来自各行各业，知识水平参差不齐，再加上全国人民代表大会会期短、任务重等客观原因，导致税法在专业性、实效性方面会有所欠缺。全国人大设立税权委员会，由专门的财税法学专家以及有经验的财税法领域相关工作人员担任委员，在全国人大闭幕期间对相关税法草案以及税权配置草案进行专业的研究，从理论和实践上确定其可行性，这样制定出来的规则或许更具有可操作性，也更符合各级政府利益的衡平和人民利益的维护。

第八章 税收法定主义与我国地方税收立法权之配置

地方税立法权是地方税权体系的核心部分。囿于我国单一制的国家结构形式及中央集权的现实国情,加之地方立法能力的不足,是否给予地方独立的立法权及在多大范围内赋予地方税收立法权一直是学界争论的焦点问题。党的十八届三中全会提出"落实税收法定主义"的明确要求之后,对这一问题的探讨更是多了一份"复杂性"。随着《环境保护税法》的出台及我国税收法治进程的进一步提速,如何在诸如《房地产税法》《资源税法》等地方税方面配置中央与地方立法权,成为一个紧迫的时代课题。[1] 一般认为,所谓落实税收法定主义就是全国人大收入税收立法权,一切税收的基本制度及税收的基本要素都要以全国人大及其常委会制定的狭义的法律为根据。诚如是,那么地方税收立法权的空间何在?一部分学者认为,坚持税收法定主义就意味着地方就不可能有独立的税收立法的空间;另一部分学者从地方税收立法权的必要性出发,对税收法定主义提出明确的批判,认为税收法定主义根本不合乎中国国情。

税收法定主义前提下地方税收立法权还有多大的空间,在坚持税收法定主义前提下如何赋予地方税收立法权?落实税收法定主义与赋予地方税收立法权真的矛盾吗?本章旨在从理论对该问题作出回答。

第一节 赋予地方税收立法权的必要性分析

无论是从社会公共产品理论还是进一步完善我国分税制财政体制的需要,抑或基于构建地方税收体系的要求乃至发挥地方政府配置资源调控经济的需要都要求赋予地方一定的税收立法权。此外,赋予地方税收立法还具有一定的历史基础,国外亦有成功的经验可以借鉴。

一、社会公共产品理论要求地方享有税收立法权

根据现代财政学理论,税收是国家提供公共产品所依赖的最重要的物质基础,亦体现为国家对社会总产品的一种分配活动,因此税收立法权与公共产品的提供密切相关。基于公共产品受益区域大小所呈现的层次性的特点及

---

[1] 《环境保护税法》在地方税收立法权配置方面有重大突破,包括税额标准的增减、税基范围的拓宽、税收征管权限的扩大等。立法实践中的新突破需要理论界及时回应并努力为我国税收法治建设指明方向。

提供主体与受益对象之间的信息不对称性的局限，在提供区域性或曰地方性公共产品时中央政府比地方政府更具有优势。依据美国著名经济学家施蒂格勒的理论，相比较而言，地方政府比中央更了解辖区域情况及所辖地域居民的需要。此外，由于一国之内各区域的居民对公共产品要求在数量、品类方面多有不同，出于资源配置的有效性及公平分配收入的考虑，相关决策在较低行政层次的政府部门进行更具有合理性和可行性。美国另一经济学家特里西则指出，基于国家规模尤其是政府层级的原因，中央政府对全体公民的消费偏好可能存在认识失误，相反，贴近居民的地方基层政府掌握较充分的信息从而在提供公共产品方面具有某种先天的优越性。同样是来自美国的著名经济学家奥茨则通过分析社会福利最大化的一般均衡模型得出结论：部分公共产品由地方政府提供优于中央政府提供。❶ 上述经济学家的系列研究结论表明，在某些公共产品的提供上地方政府比中央政府更为有效。既如是，如果地方不具有相应的税收立法权，必然会影响地方因地制宜地提供区域性公共产品，降低资源配置的效率。

二、完善分税制的财政体制要求地方享有税收立法权

从制度层面而言，税收立法权纵向划分是完善分税制财政体制的制度需要。分税制财政体制是适应现代市场经济体制的一种公共财政体制，为现代市场经济国家所普遍选择，是现代市场经济条件下各级政府间财政关系的理想承载体。分税制财政体制作为中央与地方各级政府间财政关系的基本制度安排，是市场经济体制的基础性条件之一，在成熟的分税制财政体制下，中央与地方之间的利益分配格局处于一种规范、稳定的状态，地方相对独立性与中央宏观调控性可以相得益彰。所谓地方相对独立性是指充分尊重地方的财政自治性，通过法律保证地方政府在财政方面的独立性地位，而不是隶属于中央政府。所谓中央宏观调控性是通过法律保证中央对地方具有一定的调控权，目的是保证国家财政收支活动整体上的统一性、和谐性。分税制的制度优势十分明显，但其优势的发挥必须依赖于系列具体法律制度设计。分税制相关法律制度中，事权划分制度是前提，财政转移支付制度是重要纽带，而财权的划分制度是关键。一般认为，税收立法权的纵向划分是财权划分制度的核心。税收立法权的纵向划分能实现既分税又分权，赋予地方一定的自

---

❶ 前述各经济学家的观点转自赵云旗：《中国分税制财政体制研究》，经济科学出版社 2005 年版，第 468－471 页。

主权和独立性。我国自1994年开始推行分税制财政体制改革，取得了一系列的成就，尤其是在正确处理中央与地方的收入分配关系方面发挥了重要作用。但显然的是，完整意义上的分税制不仅仅是在中央与地方之间划分税种和收入，还应该在中央地方之间合理划分包括立法权在内的税权，实现权、责、利的统一和协调。由我国分税制的现状而言，虽然我国明确划分了中央税、共享税和地方税，地方税的征管权也基本下放到了地方，分税制的框架已经初步建立起来，但是时至今日，我国的分税制基本上局限于对于税收收入和税种的划分，缺乏对税权的较明确的划分，税权总体呈现高度中央集中的态势，完全没有照顾到地方应当具有的独立性。相对独立的税收立法权的缺乏，极大地妨碍了地方政府职能的实现，制约了地方经济的发展。地方拥有一定的税收立法权，就可以通过确定税收规模、选择税制结构、设置具体的税制要素等手段充分实现地方政府职能与税收职能有效结合。总之，地方政府拥有税收立法权，这是地方政府依法获得稳定财政收入，保障地方政府的相对独立地位，实现地方政府职能的一种有效手段。随着十八届三中全会全面深化财税体制改革等相关改革目标的提出及我国分税制财政体制的进一步发展和完善，必然要求赋予地方相应的税权，特别是税收立法权。因为分税制的关键在于对税权的划分，而税收立法权是整个税权中一切权力的渊源，是税权划分的核心内容。总之，赋予地方相应的税收立法权是正确处理中央与地方税收分配关系的需要，更是进一步完善分税制财政体制的内在要求。

三、赋予地方税收立法权为构建地方税体系的基本要求

一方面，赋予地方税收立法权为地方税的本质要求。从经济学的视角来看，税收是凭借国家的政治权力，以国家为主体的一种分配方式。国家权力是通过各国家机关之职权的形式实现的，因此税收在现实中也就表现为以政府为主体的分配活动，即体现政府意志的国民收入再分配活动。与此同时，政府又分为中央政府与地方政府，各级政府各司其职，因而上述经济学意义的税收又可引申为中央政府与地方政府进行的国民收入再分配的活动。按照这一思路，以中央政府为分配主体的税类即为中央税，而以地方政府为分配主体的税类则为地方税，这才是中央税和地方税的本质。总之，由税收的经济学视角的分析可知中央政府与地方政府都可以成为分配的主体，既然地方政府作为地方税收的分配主体，那么就应该享有地方税收分配的权力，当然包括地方税收的立法权，这是由地方税的本质所决定的。另一方面，地方税收立法权亦为构成我国地方税体系的重要组成部分。正如前文所述，完整的

地方税体系不仅包括税种的划分及地方税制结构的构建，还包括地方税的税权体系，其中包括税收立法权、税收执法权和税收司法权等。学界尤其是经济学界在研究地方税体系的时候更多地关注于地方税收入规模及地方税种体系的建设，关注的是地方财力的配置，较少关注地方税的税权体系，甚至把地方税体系简单地同地方税制结构体系画等号，这种认识是具有片面性的。有些学者反对赋予地方税收立法权的一个理由是地方政府可能会滥用立法权，事实上相反，完整的地方税体系特别是地方税收立法权更有利于规范地方政府的行为。当前地方政府存在的大量的财税越权行为很大程度上是由于地方税权不足造成的。在事权日渐增加而税权尤其是税收立法权配置不足的情况下，一方面，地方政府会变相开征许多所谓的收费和基金；另一方面，许多地方却出于各自利益的考虑擅自制定各种税收优惠措施以吸引投资、培育财源。总之，完整的地方税体系离不开必要的税收立法权，如果没有相对独立的立法权，上述地方的越权、滥权之情形无法根本避免，十八届三中全会所规定的建立现代财政制度的目标也难以从根本上实现。

四、赋予地方税收立法权是地方因地制宜配置资源的需要

一方面，我国地域辽阔，不同地区间的经济社会情况很不相同，各有特色，也有不尽相同的区域性税源；另一方面，我国目前又面临着地方财力不能满足其担负的职能和事权的需要的现实，地方迫切需要新的、独立的收入来源。如果不能赋予地方一定的税收立法权，立法权由中央高度垄断，必然使得税收法律制度难以适应不同地区间的复杂情况，难以与当地经济发展状况相适应、促进地方经济的发展。从一定意义上讲，税收立法权限实质上就是一种资源配置决策权。因此，基于地方因地制宜配置资源的需要，有必要适当下放地方税立法权，以使地方政府可以有效运用税收杠杆对地区经济发展进行特殊调控。例如，近年来我国一些大中城市居民饲养宠物盛行。据中国报告大厅网发布的《2014—2019年中国宠物市场调查研究预测报告》指出，2013年北京登记注册的宠物狗即有50多万只（登记上户的宠物狗数量大约占宠物狗总量的30%），而且仍在以每年8%的速度增长；上海约有70万只，每年在宠物经济上的花费高达6亿元；在经济不甚发达的辽宁养狗数量也已超过20万只，宠物业发展很快，业已形成生产、繁育、流通产业链。据粗略估算，全国宠物狗的拥有量大约在1000万以上，如再加上猫、鸟等其他宠物，全国约1亿只。与之相伴，近年来宠物服务产业蓬勃发展，各种各样为宠物服务的经营企业和单位很受欢迎。由于宠物饲养泛滥，挤占了人类的

生存空间，社会纠纷不断产生。针对这种情况，除采用行政手段进行管理、限制外，也可借鉴国际通行做法对饲养宠物较多的城市，由地方政府决定是否可以单独开征地区性宠物税。这不仅有利于调节收入分配而且还有利于建设节约型、环保型社会。

五、赋予地方税收立法权合乎国际趋势亦切合我国历史

将税收立法权适当地赋予地方，这既是对国际经验的借鉴，更是基于我国国情的需要。从国际经验来看，成功的分税制国家无论是实行单一制还是联邦制，无论是实行税收立法权集权还是分权模式，都不同程度地赋予地方税收立法权。联邦制国家的地方政府普遍拥有一定的独立的税收立法权，典型代表如美国，其州、县两级政府都有独立的税收立法权。事实上，单一制国家赋予地方政府一定的税收立法权也已成为一种趋势，典型者如日本。从立法权的角度来看，日本地方税分为法定地方税和法定外地方税两类。在法定地方税的立法权方面，中央通过税种基本法规定地方税法的原则和大纲，而具体税目、课税标准等税法要素则都由地方议会决定。在法定外地方税方面，地方议会在不与中央税重复征收、不违背中央财经政策的情况下有权自行选择税源立法，并在报经自治省大臣会同大藏省审议、批准后，即可开征适用于本地区的新税种。就中国自身的经验而言，赋予地方税收立法权也是有历史基础的。分税制之前 40 多年的财政体制从总体特征而言属于集权制，但地方始终有一定的税收立法权，即使是在高度集权的 1950 年，对一部分地方税收的减免事宜也授权地方政府在全国统一税法的范围内有权具体确定。由于法治化水平较低，这一阶段地方享有的税收立法权限不太稳定，受国家央地关系政策的影响较大。在中央放权幅度较大的年度，如 1958 年，中央曾将收入较小的 7 个地方税种的管理权全部下放给省级政府自行管理。1977 年国务院批转财政部《关于税收管理体制的规定》部分收回了地方税收立法权限，但仍允许地方政府对房地产税、车船使用税等少数税种制定税收条例的实施细则，甚至对当时仅存的工商税和工商所得税两个主要税种也在有限制的范围内授予省级政府一定的税收减免权。总之，在新的时代背景下谈赋予地方税收立法权绝非学界凭空的"创造"，相反，这在新中国的历史上也是有经验可循的。

第二节　围绕落实税收法定主义与赋予地方税收立法权产生的争议

党的十八届三中全会通过的《中共中央关于全面深化改革若干重大问题的决定》为新时期我国全面深化改革、实现国家治理现代的纲领性文件。文件高度重视财税改革，首次提出"财政是国家治理的基础和重要支柱""建立现代财政制度""落实税收法定原则"等重要命题。与之同时，十八届四中全会通过的《中共中央关于全面推进依法治国若干重大问题的决定》也将"财政税收"作为"加强重点领域立法"的一项任务。三中、四中全会前后呼应，凸显了财税法治在国家治理现代化及全面依法治国战略中的重要性。由此，作为建立现代财政制度重要标杆及实现财税法治重要突破口的税收法定原则的崇高位置被学界高度肯定。此外，基于三中全会所作出的"科学的财税体制是优化资源配置、维护市场统一、促进社会公平、实现国家长治久安的制度保障"之重要论断，进一步完善分税制，赋予地方财政自主权亦成为学界另一研究热点，而其中地方税收立法权的配置问题更是倍受关注。在一些学者看来，税收法定旨在解决全国人大收回税收立法权及进一步提升行政机关"税权法定"意识及执法水平等问题，在单一制政体及中央集权的国情面前，赋予地方相对独立、完整的税收立法权似乎是一种与税收法定主义相冲突的改革路径。显然的，如何较好对二者之间的关系作出理论的解读，对下一步全面落实税收法定原则及进一步推进分税制财政体制改革[1]具有重要的学术意义及实践意义。

对于二者之间的关系，我们最基本的学术立场是：税收法定主义为统领税法体系的首要原则，[2] 地方税收立法权的配置必须是税收法定主义为基本前

---

[1] 一个基本的判断是，作为我国新时期财政改革目标的现代财政制度在体制方面的特征只能是分税制，"瞄准本来意义上的分税制方向，将分税制财政体制改革进行到底，是新一轮财政管理体制不可动摇、必须坚守的基本目标和行动路线。"参见高培勇：《财税体制改革与国家治理现代化》，社会科学文献出版社2014年版，第229页。而完整意义上的分税制，不能不涉及赋予地方税收立法权问题。参见许多奇：《我国分税制改革之宪政反思与前瞻》，载《法商研究》2011年第5期。

[2] 将税收法定主义定位为税法体系的首要原则而不是最高原则，采纳了刘剑文教授的观点。参见刘剑文：《落实税收法定原则的现实路径》，载《政法论坛》2015年第3期。当然，本书之所以认为税收法定主义为地方税收立法权配置的前提，一个重要的原因在于税收法定主义为宪法基本原则在税收领域的体现，而作为税权配置的地方税收立法权问题当然应当服从于这一体现宪法精神的原则。参见张守文：《论税收法定主义》，载《法学研究》1996年第6期；裘明圣：《税收法定原则在中国：收回税收立法权没有时间表》，载《江西财经大学学报》2014年第4期。

提,赋予地方税收立法权的路径选择必须充分体现税收法定主义的基本精神。围绕"税收法定主义"与"地方税收立法权配置"之间的关系,学界的基本观点及相关的争议主要表现在两个方面:

一、税收法定主义前提下赋予地方税收立法权的必要性

仅仅就赋予地方税收立法权的必要性而言,财政学、法学等各领域专家由公共物品供给、地方政府效率、地方自治、权力制衡、促进制度竞争等多个角度提供了十分丰富的文献论证。就本书主题而言,在税收法定主义框架下谈地方税收立法权配置问题的学者主要来自法学界。大部分学者在论证赋予地方税收立法权必要性的同时都明确指出,财政地方税收立法权与税收法定主义的要求不存在冲突。代表者如袁圣明、刘桂清、安晶秋、白彦锋、苗连营等。❶ 而邢会强、丁一等学者更是通过"税收动态法定原则"及"税收法定主义的三阶段"❷等论断详细论证了赋予地方税收立法权为现代税收法定主义的题中之意。与之同时,以刘剑文、魏建国、张永忠为代表的一部分学者则对学界普遍支持的赋予地方独立税收立法权的主张提出了质疑。❸ 在刘剑文教授所论之"落实税收法定原则的三步走路线图"中亦仅仅包括全国人大

---

❶ 袁明圣:《税收法定原则在中国:收回税收立法权没有时间表》,载《江西财经大学学报》2014年第4期;刘桂清:《税收调控中落实税收法定原则的正当理由和法条授权立法路径新探》,载《税务研究》2015年第3期;安晶秋:《论税收法定主义——以税收立法权为分析视角》,吉林大学法学院2007年博士学位论文;白彦锋:《税权配置论——中国税权纵向划分问题研究》,中国财政经济出版社2006年版;苗连营:《税收法定视域中的地方税收立法权》,载《中国法学》2016年第4期。

❷ 邢会强:《论税收动态法定原则》,载《税务研究》2008年第8期;丁一:《税收法定主义发展之三阶段》,载《国际税收》2014年第5期。

❸ 刘剑文教授在其著作中多次论述,"赋予地方税收立法权"在改善地方财政状况、有效行使地区宏观调控职能上并不一定存在意义和经济效果。刘剑文:《重塑半壁财产法——财税法新思维》,法律出版社2009年版,第159-161页;《中国税收立法基本问题研究》,中国税务出版社2006年版,第55-58页。在新著《财税法专题研究》(第三版)中刘教授进一步指出:"我们国家是单一制国家,不能一味地追求地方的税收立法权,批判目前高度集中的税收立法权","学界和实务界一致地认为要赋予地方税收立法权的观点,实际上值得得我们仔细调研商榷"。参见刘剑文:《财税法专题研究》(第三版),北京大学出版社2015年版,第245、247页。与刘剑文不同,魏建国更多是基于地方现行立法能力的考虑而对赋予地方税收立法权的建议提出质疑。魏建国:《中央与地方关系法治化研究》,北京大学出版社2015年版。张永忠则认为税收立法权具有不可分割的属性,地方不可以拥有这一权力。张永忠:《我国地方税立法权的归属决断》,载《甘肃政法学院学报》2009年第5期。

收回立法权、完善立法质量、实现"善治"等，未曾提及地方税收立法权问题。❶

二、税收法定主义前提下实现地方税收立法权的路径选择

学界对于税收法定主义前提下实现地方税收立法权路径问题的争议主要是围绕授权立法而展开的。除了少数学者之外，学界普遍认为我国现行宪法及法律已经确认了税收法定主义，且税收法定主义之"法"只能是狭义的全国人大及其常委会制定之法。基于这种认知，地方税收立法权的实现只能是依赖于全国人大的分权。考虑到我国单一制国家结构形式的现实，这种分权只能是以授权的形式实现。基于对授权立法的不同理解，学界对于税收法定主义前提下授权立法的可行性有着完全相左的观点。一部分学者认为授权立法分为法条授权与专门授权，规范的税收授权立法并不违反税收法定主义，❷一部分学者则认为，严格的税收法定主义与授权立法是无法相容的。❸

由于立论角度不同，上述各位学者的观点各有其合理之处，本书认为，如果将税收法定主义与地方税收立法权的配置问题置于国家治理现代化的背景之下并以依宪治国的高度进行解读，学者们之间的上述争议或许将显得不再那么重要。在本书看来，对中央地方税收立法权进行法律意义上的划分，是国家治理现代化及依宪治国的必然要求，亦为税收法定主义的题中之意，而授权立法则为当前法制框架下实现地方税收立法权的可行路径。

第三节 国家治理现代化与赋予地方税收立法权的必要性

"治理"源自于市场经济背景下基于利益多元而产生的现代企业（公司）

---

❶ 刘剑文：《落实税收法定原则的现实路径》，载《政法论坛》2015年第3期。事实上，刘教授一定也意识到赋予地方税收立法权与税收法定主义之间的理论不洽适之处，在另一部著作中当他谈及地方税收立法权时提出"需重新界定税收法定主义的外延和内涵，这里所指之'法'应包括地方人大及其常委会制定的地方性税收法规。"而这显然不是他关于税收法定主义的一贯立场。参见刘剑文：《财税法专题研究》（第三版），北京大学出版社2015年版，第234页。

❷ 刘桂清：《税收调控中落实税收法定原则的正当理由和法条授权立法路径新探》，载《税务研究》2015年第3期。

❸ 如熊伟教授即认为，"税收法定与授权立法蕴含内在矛盾。坚持税收法定主义，就意味着反对授权立法；允许授权立法，就等于放弃了税收法定主义"。参见熊伟：《论我国的税收授权立法制度》，载《税务研究》2013年第6期。

运作模式，后为国家政治生活所借鉴，体现为现代社会利益主体多元化背景下国家公共权力的运作模式。十八届三中全会将国家治理体系与治理能力现代化作为新时期全面深化改革总目标，体现了执政党对新形势下我国社会利益主体多元发展现实的充分尊重及对"治理"这一国际最先进的公共权力运作机制的高度认同。对于国家治理现代化的内涵及特征，不同学科的学者皆进行了全面深入的解读。在本书看来，仅仅由形式方面而言，国家治理现代化最为明显的两个法学特征为：分权与法治。笔者认为，无论是基于国家分级治理的需要，还是切合依法治国的要求，都需要以法律的形式赋予地方一定的税收立法权。

一、赋予地方税收立法权是实现国家分级治理、实现地方财政自主权的需要

从分权的角度来看，国家治理现代化体现为三个维度的分权，即政府向市场分权、国家向社会分权、中央向地方分权。❶ 就本书的主题而言，我们重点关注的是中央向地方的分权。国家治理现代化分为体系与能力两个方面，前者更多的是体现现代国家制度建设，而"现代制度设计的主要任务是防止权力的集中，因为权力集中往往与权力不受制约和不受监督相联系。现代国家都不同程度地贯彻了这一原则，并采用分权和限权的方法，来避免集权和专权的出现。"❷ 由治理主体多元的角度的而言，中央向地方放权其目标就是让地方成为一个有效的、相对独立的治理主体，改变我国长期以来中央集权、集中治理的不足，承认地方有自己独立利益，实现分级治理。由财政视野看，所谓国家治理现代化下的中央与地方分权即为承认地方财政是一个相对独立的主体，而非中央财政的附庸，而这恰恰体现了分税制财政体制的基本精神。从本质上而言，分税制就是要分权、分税、分管，其中最为根本的为分权，指"中央与地方对属于自己的税种有开征停征权、税目及税率调整权和税收减免权，同时赋予地方开征新税种的权力"❸，它是分税与分管之基础。国家

---

❶ 三个维度的分权借鉴了刘尚希的相关论述。参见刘尚希：《财政与国家治理：基于三个维度的认识》，载中国财经报网，2015年7月8日。

❷ 燕继荣：《推进国家治理现代化须落实分权原则》，载《中国党政干部论坛》2015年第3期。另据相关学者研究，自20世纪以来，财政分权已经成为世界各国的普遍现象。发达国家大部分实行财政分权，而在人口超过500万的75个转型经济国家中，84%的发展中国家正致力于向地方政府下放部分权力。参见杨灿明、赵福军：《财政分权理论及其发展述评》，载《中南财经政法大学学报》2004年第4期。

❸ 刘蓉等：《政府垄断与税收竞争》，经济科学出版社2012年版，第139页。

治理现代化视野下的中央和地方分权,很大程度上就是通过中央与地方的立法分权划分来实现的,"一个国家中央与地方之间的立法权限划分,在很大程度上是评价该国中央与地方关系的基本杠杆和尺度"。❶ 总之,如果不能确保中央和地方各自享有一定的、相对独立的税收立法权,分税制就不再是原本意义上的分税制,而只能是通俗意上的"分钱制"。❷ 而不能充分尊重地方财政自主权的所谓"分钱制"亦与国家治理现代的旨趣相去甚远。

二、赋予地方税收立法权是国家治理法治化、落实税收法定主义的需要

由法治的角度而言,依法治国是国家治理的最基本手段。十八届三中全会提出了推进国家治理体系和治理能力现代化战略目标;十八届四中全会又作出了全面推进依法治国的重大部署,并明确依法治国"是实现国家治理体系和治理能力现代化的必然要求"。国家治理现代化和全面依法治国的相继提出,充分体现了两者之间高度关联性:法治化是国家治理现代化最基本的内容底蕴和价值追求,国家治理现代化的首要衡量标准即为国家权力配置及运行法治化。税收立法权是国家权力的重要部分,税收立法权在中央与地方之间的配置的法治化为本书关注的重点。目前专门规范我国中央地方税收划分的主要法律文件不是全国人大制定的《税收基本法》或《地方税收法》,而是效力等级较低的《国务院关于实行分税制财政管理体制的决定》(国发〔1993〕第 85 号)和《国务院批转国家税务总局工商税制改革实施方案的通知》(国发〔1993〕第 80 号)等,这显然与法治化的精神相去甚远。地方立法权的存在和运用必须有明确的宪法、法律依据,此乃法治之基本要求。事实上,以全国人大出台的法律形式在中央与地方之间配置税收立法权,本身所体现的正是税收法定主义精神。"落实税收法定主义不仅仅是维护纳税人财产权的需要,更是改善国家权力配置的重要途径。"❸ 从某种意义上讲,落实税收法定主义就是依法治精神规范权力机关和行政机关、中央与地方乃至国家和纳税人之间的关系,而这本身恰恰正是国家治理能力提升的体现。

---

❶ 封丽霞:《中央与地方立法关系法治化研究》,北京大学出版社 2008 年版,第 3 页
❷ [美] 罗依·伯尔:《关于中国财政分权的七点意见》,载吴敬琏:《比较》(第 5 期),中信出版社 2003 年版,第 145 页。
❸ 熊伟:《重申税收法定主义》,载《法学杂志》2014 年第 2 期。

第四节 "依宪治国"背景下税收法定主义之新解读

"依宪治国"为十八届四中全会通过的《中共中央关于全面推进依法治国若干重大问题的决定》的一大亮点。该《决定》在提出依法治国是"实现国家治理体系和治理能力现代化的必然要求"的同时,还明确提出了"坚持依法治国首先要坚持依宪治国,坚持依法执政首先要坚持依宪执政"的重要论断。通观决定全文,共有37次提到"宪法",加之"依宪治国""依宪执政"等表述,全文提到宪法达40余次,这在中国共产党的重要文献中是鲜有的。学界对依法治国与国家治理现代化的关系研究较多,鲜有人专门从依宪治国的角度去解读国家治理现代化。事实上,国家治理现代化与依宪治国之间的关系在十八届三中全会的《中共中央关于全面深化改革若干重大问题的决定》已有着十分清晰的表述:"全面深化改革的总目标是完善和发展中国特色社会主义制度,推进国家治理体系和治理能力现代化。"也即,"国家治理体系和治理能力的现代化"与"完善和发展中国特色社会主义制度"二位一体,共同为我国全面深化改革的总目标。完善和发展中国特色社会主义制度是实现国家治理现代化的前提与基础,国家治理现代化只能在中国特色社会主义制度中实现。显然的,中国特色社会主义的根本制度及相关基本制度只能在国家根本大法的宪法中体现出来。由此,国家治理的现代化与宪法及依宪治国之间存在着极为密切的联系,"从依宪治国与国家治理现代化的关系来看,无论是国家治理现代化目标的提出,还是国家治理现代化建设的手段,以及国家治理现代化目标的实现,都与依宪治国密切相关。"[1]

基于上述考虑,笔者认为,无论是落实税收法定主义抑或地方税收立法权的配置,在合乎国家治理现代化的基本精神的同时,还要遵从依宪治国的基本原则。对于依宪治国的具体内涵尤其是其与宪政概念之间的关系,学界多有争议,本书不予介入,但诸如"宪法具有最高权威性""一切权力都必须以宪法为根据并以宪法为根本活动准则""一切违反宪法的行为都必须予以追究和纠正"等理念却为各方所普遍认同。本书认为,由依宪治国的视角而言,一方面税收法定主义从实质层面而言应当体现出宪法的人民主权、基本人权

---

[1] 刘茂林:《依宪治国与国家治理现代化》,载《改革》2014年第9期。

保护等原则；另一方面，税收法定主义的落实应当体现权力宪定、依宪治国的基本精神。从这两个方面，赋予地方税收立法权与落实税收法定主义之间的理论不洽适性也可以得到有效化解。

一、税收法定主义应遵从人民主权及基本人权保障原则

宪法原则体现为贯穿立宪、行宪过程中的基本精神，是一国政治指导思想、社会经济条件、历史文化传统的集中反映，为"体现宪法应然价值取向、统合宪法规则并指导全部行宪过程的依据和准则。"❶ 与宪法最高效力的法律地位相对应，宪法原则具有本源性、最高性等特征。一般认为，现代民主法治国家宪法普遍体现为人民主权原则、基本人权原则、分权原则、法治原则等四大原则。其中，前两者为目的，后两者为手段。❷ 显然的，前文所论国家治理现代化之分权精神与法治精神所体现的正是宪法的后两个原则。这里仅就人民主权与基本人权原则展开论述。在笔者看来，从实质意义上看，税收法定主义体现的正是宪法之人民主权与基本人权原则。❸ 而赋予地方税收立法权同样是体现了宪法的这一原则。❹

人民主权原则与基本人权原则关系密切，前者体现了人们制定宪法的逻辑起点，后者体现了人们遵从宪法的终极目的。所谓人民主权，是指人民是国家一切权力的来源，故而人民当然是国家的主体。依此逻辑，无论是中央政府还是地方政府，它们的存在均必须以保障人民享有宪法基本人权为其终极目的。❺ 显然，无论是人民主权原则还是基本人权原则都体现了人民对公共事务自决自治的原则。人民之概念可由两个层面得以解读：一曰全国之民，二曰各地居民。与中央政府相对比，地方政府职能所涉皆为地方居民最接近且相关之事务，由宪法之人权保障原则而言，越靠近当地居民的地方政府越具有人权保障之功能，越具有正当性。不仅如此，越是由地方政府行使的权力，越有利于地方居民的反馈和民主参与，公众参与公共事务的意愿更强、机会更多，更能体现宪法之人民主权原则。由财政法的视角看，各级政府所理

---

❶ 秦前红：《宪法原则论》，武汉大学出版社2012年版，第5页。
❷ 朱福惠：《宪法学原理》，厦门大学出版社2011年版，第105页。
❸ 这正如刘剑文教授所言："税收法定原则的实质，就是通过民主控制和程序规范来限制课税权的行使空间与方式，进而保护纳税人权利，维护人的尊严和主体性。" 参见刘剑文：《落实税收法定原则的现实路径》，载《政法论坛》2015年第3期。
❹ 刘国：《税收法定主义的宪法阐释》，载《华东政法大学学报》2014年第3期。
❺ 简玉聪：《分权时代地方财政均衡法制改革之理论——以地方财政权保障为中心》，载《公法学与政治理论——吴庚大法官荣退论文集》，元照出版有限公司2004年版，第459页。

"事务"最核心的部分无疑是财政收支行为。由上述人民的两个层面而言,一方面人民是国家的主人,故而关系到全国之民的财政收支事项,由代议机构决定并受到全国之民监督;另一方面,各地居民亦为地方之主宰,有权决定与其密切相关的地方财政收入与支出事项,并监督其执行。无论是根据人民主权原则还是基本人权保护原则,旨在为地方居民提供公共服务的地方政府都需要一定的自治权及独立的财政收入权。如果地方的财政收入完全来自于中央的行政性"让与",它便不具有完全的支出自主性,亦不具备完整的财政责任主体资格,最终必然导致地方政府的公共服务难以有效回应当地居民的需求与偏好,这显然与前述宪法原则是相悖的。按照现代财政制度的基本要求,国家财政收入的主要形式为税收,地方财政收入自主性必然体现在税收立法权的享有上。

事实上,税收法定主义在本质上正是上述宪法原则在税收领域的体现。在现代税收国家体制下,"税的征收与支出都必须符合宪法规定的保障人民基本权利的目的,作为纳税者的人民享有对符合宪法目的的租税的征收与支出而承担纳税义务的权利。这一由宪法直接引导出来的新人权被称作纳税者基本权",同理,正因为税收法定主义是维护纳税者人权的最根本表现,"人民不仅对租税的课征享有民主管理的权利,而且对租税的支出也享有民主管理的权利",❶ 这恰恰又是人民主体原则的体现。故而,在宪法基本原则的统领下,落实税收法定主义与赋予地方税收立法权之间不存在理论上的不洽,需要我们探讨的无非是在税收法定主义前提下赋予地方税收立法权的路径问题。

二、税收法定主义应服从权力宪定、依宪治国的基本精神

所谓权力宪定、依宪治国,是指宪法为全体国民意志的集中体现,是通过科学民主程序形成的根本大法,一切组织与个人都要服从宪法的最高权力性,从而一切国家权力结构配置都应当以宪法为根据,一切国家权力的运行的都必须以宪法为准则。前述人民主权、人权保障为宪法原则,此处所论权力宪定、依宪治国更多体现了宪法功能的层面;❷ 前述宪法原则较多体现了宪法应然的一面,此处所论更多体现为宪法实然的一面。切合本书的主题,此处所要解决的问题是,落实税收法定主义与赋予地方税收立法权能不能同时在我国宪法上找到根据?

---

❶ [日] 北野弘久:《税法学原论(第四版)》,中国检察出版社2001年版,第17页。
❷ 大体而言,宪法功能大体体现为如下几个方面:分配政治权力;规范并控制国家权力;预防社会混乱;平衡各方利益。参见朱福惠:《宪法学原理》,厦门大学出版社2011年版,第29-33页。

对于我国宪法是否已经规定了税收法定主义，学者多有争议，本书采纳熊伟、袁明圣等学者的观点，认同我国宪法已经体现了税收法定的基本原则。❶ 由此，问题重点便变为从我国现行宪法中能否找到赋予地方税收立法权的根据。正如前文所论，地方税收立法权存在的根据在于地方事务自治权，因为"地方自治以财政责任为核心"❷，"财政独立是地方自治的关键"❸。

何为地方自治，学术上多有争论，但普遍认同的表述是这样的：由于获得宪法赋予的一部分国家统治权，地方政府不再是或不仅仅是中央政府的下属机构，而是成为地方居民以自我负责的方式管理地方事务的自治团体。以财政法的角度解读的话，所谓地方自治是地方居民及地方服从国家主权，在自有的财政收入的支持下，自主决定和办理仅仅关系到本地区居民利益的一部分公共事务，这种事务的范围是可以变动的，它是有利于民主发展的地方性政治制度。❹

那么，我国的宪法支持地方自治吗？如果我国现行宪法支持地方自治，那么赋予地方税收立法权与税收法定主义之间就不会存在宪法精神方面的冲突。应当承认，我国地方各级人大和政府的法律地位在宪法中是有所体现的，只是规定相对比较原则。例如，《宪法》第2条规定：中华人民共和国一切权力属于人民。人民行使国家权力的机关是全国人民代表大会和地方各级人民代表大会。本条没有用"人民行使国家权力的机关是人民代表大会"之表述，而是将"全国人民代表大会"与"地方各级人民代表大会"分别表述，显然是对地方独立宪法地位的一种肯定。宪法第3条规定：中央和地方的国家机构职权的划分，遵循在中央的统一领导下，充分发挥地方的主动性、积极性的原则。地方之"主动性""积极性"如何体现，宪法没有过多文字。曾参与"五四"宪法与1982年《宪法》起草的法学前辈许崇德先生的解读为："我国的地方制度，由于行政领导人由各级地方国家权力机关选举产生，非由中央委员会任命，又由于地方国家机关享有较充分的决定和管理地方性事务的权力，所以实质上也是一种地方自治制。不

---

❶ 熊伟：《重申税收法定主义》，载《法学杂志》2014年第2期；袁明圣：《税收法定原则在中国：收回税收立法权没有时间表》，载《江西财经大学学报》2014年第4期。对上述观点提供明确反对意见的是李刚等学者，参见李刚、周俊琪：《从法解释的角度看我国〈宪法〉第五十六条与税收法定主义——与刘剑文、熊伟二学者商榷》，载《税务研究》2006年第9期。

❷ 葛克昌：《税收基本问题——财政宪法篇》，元照出版有限公司2005年版，第229页。

❸ 刘剑文：《中央与地方财政分权法律问题研究》，人民出版社2009年版，第36页。

❹ 陈晓原：《国外地方自治对我国地方政府改革的借鉴价值》，载《晋阳学刊》2012年第6期。

过我们习惯上没有这样去称呼它。按照我们的理论,统称之为民主集中制。"❶ 显然,我国基本可以断定我国宪法确定了地方自治制度,由此地方获得税收立法权亦具有合宪性。

第五节 税收法定主义与授权立法:赋予地方税收立法权的路径选择

综上所述,无论是由国家治理现代化的角度还是根据依宪治国的要求,我们都不可以以落实税收法定主义为由否定赋予地方税收立法权的必要性。相反,按照宪法之分权、法治原则,以法律的形式赋予地方税收立法权倒是落实税收法定主义的题中之意。那么,接下来的问题是,在税收法定主义的前提下如何实现地方税收立法权?在我国单一制国家结构形式及现行法制框架下最可能的路径是什么呢?曰:授权立法。

一、依宪治国视野下授权立法的新解读

与时下一些学者将授权立法视为税收法定主义的对立面而主张尽快废除的观点❷不同,本书认为,授权立法同样必须置于依宪治国的高度进行解读,其与税收法定主义之间的关系定位才能得到较为准确的说明。根据权力宪定、依宪治国的基本精神,宪法是国家机关权力的最终来源,"一切关于政府权力的研究,最终必须依托宪法的规定。抛开宪法的规定研究权力,不是法治的思维"。❸ 从而,任何机构享有国家立法权都必须在宪法中找到明确的依据。宪法中对立法权作出明确规定的只有一条,即第 57 条"全国人民代表大会及全国人民代表大会常务委员会行使国家立法权"。据此有学者指出,我国国家权力配置中享有立法权的只有全国人大及其常委会,其他任何机构拥有的所谓立法权都只能是全国人大及其常委会"授权"后的附属立法权。❹ 宪法对国务院与地方之立法权的规定为:国务院"是最高国家权力机关的执行机关,是最高国家行政机关",其职权之一为"根据宪法和法律,规定行政措施,制

---

❶ 许崇德:《中国宪法》,中国人民大学出版社 1996 年版,第 245 页。
❷ 熊伟:《重申税收法定主义》,载《法学杂志》2014 年第 2 期。
❸ 邓世豹:《授权立法的法理思考》,中国人民公安大学出版社 2002 年版,第 11 页。
❹ 莫纪宏:《〈立法法〉修订应当明确和理顺立法授权关系》,载《江苏行政学院学报》2014 年第 6 期。

定行政法规，发布决定和命令";"省、直辖市的人民代表大会和它们的常务委员会在不同宪法、法律、行政法规相抵触的前提下，可以制定地方性法规，报全国人民代表大会常务委员会备案。"国务院不具有独立的立法主体地位显而易见，省级人大及其常委会是否具有独立的立法权，学界观点不一。前述持全国人大及其常委会为唯一立法主体观点的学者认为地方人大的一切立法权皆来自于全国人大的授权；有些学者认为地方人大有一定的独立立法空间，依据上述宪法规定的立法范围所进行的立法为职权立法，为中央不得干预的固有权力，而根据《组织法》《立法法》或其他法律所进行的立法方属于授权立法。❶ 在笔者看来，二者的争议并不影响本书主题的展开。一则，尽管宪法规定了省级人大一定的独立立法空间，但却没有明确"地方立法权"的概念，这点甚至《立法法》也未能做到，故而两类观点皆有可取之处；二则，即使承认省级人大及其常委会有独立立法权，根据税收法定主义原则，省级人大及其常委会也不能具有税收基本制度方面的独立立法权。总之，根据依宪治国原则，在现行法制框架之下赋予地方人大税收立法权唯一可行的路径即授权立法。

二、税收授权立法符合税收法定主义的基本原则

如前所述，在依宪治国的视角下，所谓授权立法权是指享有宪法规定立法权的立法主体，通过授权法或者特别授权的形式，将属于自己的部分立法权限转授予其他机关行使的一种立法机制。任何机关的立法权如果找不到宪法根据而仅仅是缘于《立法法》《组织法》或其他法律，抑或是全国人大和其常委会的决定统统归于授权立法，而非职权立法。显然，我们这里所论之"授权立法"与一些学者视为税收法定主义对立面的"授权立法"不是一个范畴，后者所论"授权立法"主要指全国人大或其常委会向国务院的特别授权。事实上授权立法有多种途径，主要可以分为法条授权与特别授权两类，前者更为常见。❷ 取消那些不规范的针对国务院的税收授权立法显然符合税收法定主义的要求，但笼统地认为税收授权立法与税收法定主义不相兼容却是不符合依宪治国精神的。我们认为，通过全国人大向地方人大授权的方式实现地方税收立法权是完全合乎税收法定原则的。作为宪法之人民主权原则在税收领域的直接体现，税收法定原则的本质即"征税必须得到纳税人的同

---

❶ 马岭：《地方立法权的范围》，载《中国延安干部学院学报》2012年第3期。

❷ 刘桂清：《税收调控中落实税收法定原则的正当理由和法条授权立法路径新探》，载《税务研究》2015年第3期。

意",而法律恰恰是纳税人同意权的最基本的表现形式。与全国人大一样,地方人大也是人民行使国家权力的机关,其所通过规范的立法程序作出的有关税收方面的决策当然也是纳税人同意权的表达。故而我们认为,由全国人大这一国家最高立法机关向地方人大授权制定税收地方法规,与税收法定原则的本质是一致的。总之,通过授权立法赋予地方税收立法权在法理上没有任何问题。❶

第六节 赋予地方税收立法权的基本方案

本书前文由国家治理现代化及依宪法治国的角度对落实税收法定主义与赋予地方税收立法权之间的关系作出一种新的解读,较好地化解二者之间理论上的不洽适性。那么接下来的问题便是,如何通过授权立法的方式实现地方税收立法权呢?显然的是,如何配置地方税收立法权所要解决的理论问题不仅仅限于它与税收法定主义之间的关系,甚至这还不不仅仅是个理论问题,地方权力机关的立法水平提高、税制结构的变化❷、分税制财政体制改革的全面推进等都会深深影响到这一问题的解决。❸ 故而,什么时

---

❶ 在实践中,且不说中央通过制定法律的形式赋予地方税收立法权在现行法律体系已为常见现象,即使是通过特别决定的方式授权也不存在什么问题,据乔晓阳回忆,1999 年 10 月 18 日提交九届全国人大常委会十二次会议审议的《立法法(草案)》第 11 条曾规定:"全国人民代表大会及其常务委员会根据实际需要,可以作出决定将应当由法律规定的事项,授权省、自治区、直辖市和较大的市的人民代表大会及其常务委员会先制定地方性法规,但有关国家主权、犯罪与刑罚、公民政治权利和人身自由权利的强制措施和处罚、司法制度等不能授权地方作规定。"只是后考虑到地方的能力和立法质量等因素删除了。参见乔晓阳:《中华人民共和国立法法讲话》(修订版),中国民主法制出版社 2008 年版,第 100 - 101 页。

❷ 如许善达即指出,我国税收立法权不能下放到地方的主要原因主要在于目前我国税种多数都是生产环节征收的,零售环节的税是比较少的。考虑到产业链是跨地域的,所以生产环节的税收立法权是不能给地方的。随着我国税制改革,有些税放在零售环节征收的话,可以把立法权下放给地方。许善达相关论点见刘剑文:《强国之道》,社会科学文献出版社 2013 年版,第 268 页。

❸ 正是基于这种综合考虑,有些学者质疑给予地方税收立法权的可行性。如裘明圣教授即认为,"尽管地方国家权力机关(人民代表机关)有取得或行使税收立法权的正当性和合理性,也符合税收法定原则的精神,但考虑到目前中国政治体制的特点,在地方权力行使的独立性与监督和控制机制真正确立之前,将税收立法权赋予地方国家权力机关,可能并不合适,将税收事项确定为法律的绝对保留事项可能更为妥当"。参见裘明圣:《税收法定原则在中国:收回税收立法权没有时间表》,载《江西财经大学学报》2014 年第 4 期。再如李波、魏建国亦出于对地方税收立法水平的考虑而反对当前赋予地方税收立法权。参见李波:《中央与地方政府间税权划分问题研究》,张千帆、[美]葛维宝:《中央与地方关系的法治化》,译林出版社 2009 年版,第 293 页;魏建国:《中央与地方关系法治化研究》,北京大学出版社 2015 年版。

候、什么条件下以什么样的法律形式授予地方哪些税收立法权，以及授予地方立法权可能导致哪些新问题的出现等，都需要我们另外作出专门的深入的研究。

有学者指出，从理论上讲，单一制国家地方政府课税权之配置具有三种方案：其一，地方政府不仅享有税收行政权，而且享有独立、完整的税收立法权；其二，国家代议机关通过立法划分不同税种，分别由中央政府独有、地方政府独有或者由中央政府与地方政府共享；其三，由国家代议机关制定地方税自治立法的"框架式准则"（如《地方税法通则》），授予地方政府以适度的地方税立法裁量权。❶ 中国财税法学研究会会长、北京大学法学院教授刘剑文亦曾设想过通过第三种方式赋予地方税收立法权："中央立法机关可以制定《地方税法》，规定各级地方立法机构在开征本区域税种方面的权限，要求所开征的税种应当属于《地方税法》所规定的适合于地方征收的税种的范围，并在中央授权的范围内予以制定。"❷ 更多的学者主张通过《税收基本法》的立法方式赋予地方税收立法权。❸ 但无论何种路径，都与本书前文所论之税收授权立法之相关理论不冲突。

本书倾向于由全国人大制定税收《税收基本法》的方式授予地方税收立法权。❹

一、赋予地方税收立法权的基本思路

在税收法定主义前提下，赋予地方税收立法权的本质即为由全国人大通过基本法的形式将一部分税收立法权下放给地方，故而赋予地方立法权从本质上看实际上即为对国家税收立法权在中央与地方之间进行分割。考虑到我国单一制的国家结构形式以及税收法定主义的严格要求，赋予地方税收立法权必须坚持两个基本原则：其一，维护中央的权威，明确中央立法的主体地位；其二，赋予地方一定的相对独立的立法权，以充分达到调动地方积极性

---

❶ 周刚志：《财政分权的宪政原理：政府间财政关系之宪法比较研究》，法律出版社 2010 年版，第 97 页。

❷ 刘剑文等：《中央与地方财政分权法律问题研究》，人民出版社 2009 年版，第 165 页。

❸ 如刘隆亨教授、涂力龙教授、王鸿貌教授等。

❹ 早在 1988 年，有关部门就认为从完善税收法律体系的角度提出应该制定税收基本法；全国人大常委会自 1995 年来两次将制定税收基本法列入立法规划；1997 年，财政部和国家税务总局分别草拟了《中华人民共和国税收基本法》，有关框架和基本内容初步形成；2004 年全国人大财经委和全国人大常委会预算工委成立了税收基本法起草组，重新开启了税收基本法的立法工作，但是至今还没有出台相关法律。

的目的。故而，在税收立法权划分方面，《税收基本法》主要体现为下面四方面的内容。

（一）明确界定中央专有税收立法权

基于税收法定主义的原则及我国的立法体制的现实，全国人大及中央政府享有最主要的立法权是必然的。然而，一则出于对中央立法权威的维护，避免地方的立法主体僭越，二则出于对中央立法权的限制及对地方立法权的保障，❶ 我们有必要在《税收基本法》里把中央享有哪些具体的立法权一一列出来。属于中央专有立法权的事项，等于《税收基本法》中未对地方授权，地方在任何情况下都不可能涉猎。与此同时，为了确保中央立法权权威性，在列举中央专属立法权的同时，还需要明确排除地方税收立法的领域。以避免可能发生的中央与地方立法权限边缘界的模糊性。

（二）明确地方专有立法权

在明确中央专有立法权并明确地方立法不可涉猎领域的前提下，《税收基本法》应当对地方的立法权给予明确的授予。全国人大对地方税收立法的授权亦应当以明确具体的方式罗列出来，使地方能根据各地的地情、法治化水平而去因地制宜地行使专属于自己的税收立法权。

（三）明确央、地共享立法事项中的中央立法优先原则

由于社会经济的发展及国家财税体制改革的持续推进，在税收立法领域可能会出现一些前述中央专有、地方专有及地方立法排除事项都无法涉及的领域。为避免中央和地方立法在该领域造成的冲突，需要在《税收基本法》中规定：当中央和地方共有的税收立法范围发生立法冲突时，坚持中央优先的原则。中央优先原则体现了税收法定主义的基本要求，亦符合前述授权立法的基本精神。

（四）明确地方享有立法权的层级

我们讨论赋予地方税收立法权，不代表每个层级的地方政府都可享有。考虑我国现行税收法律文件的立法质量及地方政府的立法水平，目前授予地

---

❶ 现代宪法的基本精神之一就是分权、限政。依据前述国家治理现代化及依宪治国原则的要求，通过限定中央立法权、保障地方一定程度的立法权方能真正实现对地方税收利益的尊重及国家治理主体的多元。

方立法权只能止于省级一级，而且只能是授予省级人大及其常委会。❶

二、赋予地方税收立法权的具体方案

地方税立法权为地方税权的核心部分，而地方税权又是地方税体系的基础环节，故而谈赋予地方税收立法权的具体方案又必须结合地方税体系来谈，尤其是要结合地方税的税种体系而言。就中央地方税种划分而言，我国税种划分为中央税、共享税与地方税三类。中央税的开停征权、税率的调整、税法的解释权、税收优惠政策等统统归中央专享，地方不得涉猎。

就共享税而言，地方应当拥有一定的立法权，但还要区分不同情况作不同处理。诸如增值税之类，由中央统一征收、地方按规定比例分享税额的共享税，应当由中央享有专项立法权。毕竟这类税种往往税基广、税额大，涉及国家的宏观调控，不适宜由地方享有立法权。而对于诸如企业所得税等由中央与地方分别征收的共享税，应当由中央享有主要立法权，地方享有对相关税收要素进行调整的立法权，即地方在不侵犯中央税收利益的前提下及税法规范性的前提下拥有调整本地区享有多大比例的税额的自主权。

对于地方税，在坚持中央享有主要立法权的前提下，适当赋予地方一些相对独立的立法权。具体包括四种情况：其一，诸如房产税（或将来的房地产税）、遗产税等需要在全国普遍开征的地方主体税种，主要税权应当归中央，但可考虑赋予地方幅度税率选择权。其二，对诸如耕地占有税、城市建设维护税等税基稳，但对宏观经济影响有限且税源不能在地区间转移的地方税种，税种的开停征权、解释权等主要税权由中央享有，地方税收立法权限可以进一步扩大，诸如税目的选择权、税率的调整权、税收减免权和对税收实施办法及其他税收政策的监督权等可由地方享有。其三，对于契税、印花税等税源比较分散且对宏观经济没有什么影响的地方小税种，完全可以授予

---

❶ 将税收立法权仅仅授予省级人大也是符合我国现行法制框架的。我国《宪法》第 3 条规定：中央和地方的国家机构职权的划分，遵循在中央的统一领导下，充分发挥地方的主动性、积极性的原则。《宪法》第 100 条规定：省、直辖市的人民代表大会和它们的常务委员会，在不同宪法、法律、行政法规相抵触的前提下，可以制定地方性法规，报全国人民代表大会常务委员会备案。《立法法》第 63 条规定：省、自治区、直辖市的人民代表大会及其常务委员会根据本行政区域的具体情况和实际需要，在不同宪法、法律、行政法规相抵触的前提下，可以制定地方性法规。较大的市的人民代表大会及其常务委员会根据本市的具体情况和实际需要，在不同宪法、法律、行政法规和本省、自治区的地方性法规相抵触的前提下，可以制定地方性法规，报省、自治区的人民代表大会常务委员会批准后施行。《立法法》第 66 条规定：民族自治地方的人民代表大会有权依照当地民族的政治、经济和文化的特点，制定自治条例和单行条例。

地方较大的立法权限，包括开停征权、解释权、税目税率的调整权、税收优惠权等。与此同时，对这类税中央拥有统一的宏观税制改革权，也即中央一旦决定废止或新设某一税种，地方必须要遵守中央的立法决定。其四，对于那些明显具有区域特征、适合发挥区域优势的地方特色税种❶，地方可以自行决定对该税种的开征与停征，地方享有完全的税收立法权。对这类税种，中央可保留一定的监督权。

三、地方税收立法的监督机制

在我们主张赋予地方税收立法权的同时还要看到当前我国地方立法权运用中存在的一系列问题，诸如立法权的滥用、瑕疵立法增多、地方保护主义盛行等，为此，完善地方税收立法权的监督机制也是赋予地方税收立法权、建设地方税体系的一个重要方面。笔者建议通过以下两种方式对其权力予以监督：

（1）作为授权立法的授权主体，全国人大要加强对其授权立法事项的监督。地方人大根据授权法制定地方税收法规时要及时向全国人大及其常委会备案；对地方已经出台并生效的法规，全国人大同时需要加强监督，对其在实施过程中出现的一些新情况新问题及时提出修改要求，特殊情况下可以行使撤销权。

（2）授权地方立法权的基本理论根据在于宪法之人民主权原则及地方事务的自治权，从而建立完善地方居民参与立法的制度建设亦为加强地方税收立法监督的重要一环，而且事实上，许多专家学者在认定授予地方税收立法权并不违反税收法定主义的同时却反对授予地方税收立法权，很大程度上就是基于地方民主化现状的担忧。故而，在授予地方税收立法权的同时，要努力构建、完善公民参与机制，具体思路可为：其一，将立法听证会、专家咨询会等设定为地方税收立法的必经程序；其二，建立重点涉税群体、单位的访谈、沟通机制；其三，通过网络平台等现代技术工具完善对税收立法事项的公开征集意见系统等。

---

❶ 如有人即建议可以在宠物较多的大城市设立宠物税。

第九章 地方税征管体系的构建与完善

正如本书前文所述，地方税体系是一个系统，它不仅仅是地方税种的简单罗列，而是由税收收入、税权、税收制度及税收征管四个方面组成的有机整体。就四者的关系而言，税收收入体现了地方的财力，税权体现了地方的自治权限，税收制度体现了地方税建设的法治化水平，而征管体系则为在相关制度保障下对地方税权的具体运用，为地方实现其财力、利用税权配置资源的基本手段与保障。

就发达市场经济国家的经验而言，建立地方税征管体系，就是要在地方税征收管理活动各要素之间形成相互联系和制约的一个有机整体，其作用标的是中央与地方共享税和地方政府所属各个税种，宗旨是有效组织地方税收、完成地方税收管理的各项事务。基于地方税征管体系的重要性，本书在前述第七章"我国省级政府税权配置研究"对地方税征管体系进行初步论述的基础上，围绕我国现行征管制度的不足与完善、国地税征管机构的关系协调、信息化税收的实现、信息化时代税收服务体制的构建、《税收征管法》的修订及地方税主体税种征管保障措施的完善等论题展开较为详细的专门论述。需要特别指出的是，2015年12月24日中办、国办正式印发了《深化国税、地税征管体制改革方案》，本章的部分内容是基于对该文件的解读而提出的一些见解。

第一节 现行地方税征管体系的不足

完善现行地方税收征管体系，既是深化税制改革、优化税制结构的客观要求，也是建立地方主体税种和地方税体系改革发展的内在需要。完善地方税征管体系的前提是对现行征管体系的不足进行准确地把握。在本书看来，现行地方税征管体系之不足最明显者体现为如下几方面：

一、征管制度总体落后

我国现行地方税征管体系的基础制度框架来自于《中华人民共和国税收征收管理法》（以下简称《税收征管法》）及其实施细则等有关的法律、法规。现行征管制度是服务1994年分税制改革以来的税制体系而建立起来的，主要契合了增值税、营业税、企业所得税征管的需要，除了法治化水平偏低之外，还存在诸如"职责不够清晰、执法不够统一、办税不够便利、管理不够科学、组织不够完善、环境不够优化"❶等问题，难以胜任新的地方税体系建立后地方税种的征收管理需要。概括而言，我国现行税收征管制度的不足主要体现为如下几个方面。

（一）地方政府缺少税收征管立法权

正如本书第八章及前述多个章节所论，地方税体系建设为我国全面深化改革的重要一环，而深化改革的目标从整体层面而言是为了实现国家治理现代化。分权与法治是国家治理现代化的重要特征，故而实现法治化的分税制财政体制应为我们在新形势下探讨地方税体系建设的题中之意。1994年开始的分税制改革，只是将某些地方税种及共享税的收入分配与使用权划归地方，其相应的税收立法权、税目税率调整权基本都集中在中央，故而我国很难被称之完整意义上的分权分税制的财政体制。包括税收征管立法权在内的主要税权都由中央政府独揽，既不利于各地基于自身资源优势在全国人大授权的范围内开征或调整相应的地方税，也无法充分利用税收调控地方经济。

（二）税收征管法律制度相对滞后

随着经济全球化趋势的加快，网络与信息技术正日新月异地改变着整个社会。加入WTO后，中国必须融入世界信息化的洪流之中，这对包括地方税在内的税收征管工作提出了新的挑战。现行税收征管模式以税务登记、账簿管理等为前提和基础，总体上属于传统型的，对诸如电子商务和新型财务软件所带来的征管难题都不能较好地应对。例如，近年来日渐兴起的电子合同、电子票据、电子凭证等，以及通过网络方式进行的财务支付、结算形式等，都使得经由审核各种纸制凭证、账簿以确定税种、税率以及收入、成本等传统的税收管理方式变得不再合乎时宜。再如，与本书主题相关，在我们前述章节关于构建地方税体系的各项建议中，诸如扩大消费税征税范围、推进房地产税改革等，很大程度上依赖于信息技术的应用，这些都意味着要对现行税收制度进行大幅度的更新完善，对征管模式进行根本性变革。

（三）税收征管程序多有瑕疵

税收征管实务是由诸如税务登记、纳税申报、税款征收以及税务检查等一系列工作流程组成的，流程中每项工作都牵涉诸多的程序，这些程序的规范与完善程度直接关涉征税机关和纳税人双方的责任与义务是否到位，进而关系到税收环境是否建立在一个公平、公正、和谐的基础上。结合现行《税

---

❶ 参见《深化国税、地税征管体制改革方案》。

收征管法》及税收征管实务中出现的问题，我们发现现行税收征管程序存在诸多瑕疵。如在税务登记环节。现行《税收征管法》缺乏对税务登记信息的审核以及对纳税人使用、管理税务登记证件的检查的相关规定，由此极易导致当纳税人不申报或者不缴税款时的管理失控，从而使得税务登记监督管理流于形式。再如在纳税申报环节，现行《税收征管法》对于申报主体、内容、期限、方式、程序及违反程序的罚则都规定得过于原则或者缺乏可操作性，导致在执法过程中税务机关更多地利用裁量权管理，这极易在征纳机关与纳税人之间引起争议。我们可以法国相关税法与我国税法加以简单对比：法国税法规定的居住税的纳税人为每年1月1日实际占用某一房产的自然人（可能是房产所有人、房产租用人或房产免费使用人任何一个），申报主体十分明了；与之形成鲜明对比的是，我国税法规定的个人房屋租赁税收的申报主体仍然是房屋产权所有人，这造成税务机关常常很难征管到位。

（四）政府行使税权监控机制相对缺失

中国现行财政分权体制为地方带来的两个后果是：缺乏与事权相匹配的财权与权力；为获得与地方事权相匹配的财力时常不规范地行使财权。加之，我国法治化的现代财政制还远远未能建立起来，我们目前对地方税权的监控机制也远远没有建立起来，地方税收征管执法的法律风险频发。具体而言，一方面，现行体制决定了对地方税权的监督主要依赖于上级尤其是中央税务主管机关的监督，基于信息的不对称性及监督机制的不规范性，上级尤其是中央税务主管机关很难实现对地方税权的有效监督；另一方面，由于与地方的切身财政利益密切相关，地方税务机关行使税权的独立性受地方党委、政府的严重掣肘，在一级税务机关内部亦难以形成正常的监督机制；此外，受制于现行分税制体制固有的弊端以及我国财政法治化程度，实践中对滥用税权者未能施以较严厉的惩戒，反过来又在一定程度上助长了这种行为的蔓延和升级。总之，在现行法治环境及征管模式下，"国税靠发票、地税靠政府"成为税收征管监督保障机制的形象描述，也即地方税征管的质量水平很大程度上依赖于地方各级政府的支持与监督。

二、国、地税两套征管机构关系不顺

分设税收征管机构是西方分税制国家的普遍做法，我国在1994年分税制改革时也将国家征税机关分为国家税务局和地方税务局两套系统。近年来，随着中央地方财政关系的问题日渐凸显,加之我国税收征管的成本居高不下,[1] 主张国、地税两套税收机关合并的呼声越来越高。概括而言,目前国、地税两套税收机构所存在问题主要包括:

(一) 税收征管成本高,纳税人负担重

目前各界对国地税分设弊端中诟病最多的当数我国居高不下的税收征收成本。税收成本的内涵有广义和狭义之分。从广义上讲,税收成本分为税收立法成本、征税成本、纳税成本和税收社会成本等。狭义上的税收成本一般仅指征税成本、纳税成本和税收社会成本。结合本书主题,这里我们重点关注征税成本及与税务机关设置相关的纳税成本。

1. 征税成本

仅仅由经济的角度而言,征税成本大体由四方面的费用组成:人员费用;设备费用;办公费用;宣传辅导费、培训费、协税护税费、代征代扣费及一系列与税收征管有关的其他费用。国、地税征管机关分设带来的最直接的后果是人员规模相对较大,人员费用超速增长。据作者从一份内部材料看到的数据,目前全国税务系统在编人员近 100 万人,[2] 按平均每人每年 4 万元的工资计算,每年需要花费将近 400 亿元。这只能算是相对保守的算法,实际经费应当更高。就设备经费而言,除上海等特殊地方国、地税合署办公的情况外,两者通常都设置在不同的地方办公,诸如办公楼、服务大厅、车辆、设备、纳税系统等都是相对独立的,相当一部分开支都是双份的。据一份 2010 年的数据,全国国税系统共有机构 53042 个,地税系统共有机构 48643 个,雷同的基建及设备购置对资源造成的浪费是显而易见的。此外,基于税制的安排,两套征管机构通常需要面对同一批纳税人,或者同一个具体的课税对象,对它们进行近乎相同流程的管理、征收及稽查,并在相同的区域内进行税法宣传辅导,这其中显然也存在着服务重叠以及资源浪费的现象。

2. 纳税成本

纳税成本通常又称税收遵从成本或税收奉行成本,是指纳税人依法配合税务征管机关管理、计算税额、缴纳税款过程中发生的费用。上述成本中与税务机关设置相关的费用有:纳税人进行税务登记、建账及进行收入与成本

---

[1] 据世界银行与普华永道联合公布的一份全球纳税成本的调查报告,其中显示中国的纳税成本高居 175 个受调查国家(地区)中的第 8 位。

[2] 国家税务总局局长王军局长在 2015 年 12 月 24 日接受新华网记者采访时提到:"国税和地税系统现在在职干部总数近 80 万人,占整个公务员队伍的 1/10。"

的记录和核算等的支出；缴纳税款时所投入的人力、物力、财力和耗费的时间和精力。长期以来，纳税人必须分别到国地税两家进行纳税登记❶、缴纳税款、领取发票，纳税人花费在准备资料、路程及在税局等待的时间和精力等"隐蔽费用"居高不下。就税务检查监督的层面而言，广大纳税人必须同时接受两套征管机关的监督，时常要应付内容与程序雷同的诸项检查、询问，这对纳税人而言也是一种无形的成本。

(二) 机构间矛盾丛生，协调难度大

国、地税行政机构分设是分税制改革的结果。根据分税制财政管理体制，国家税务局实行中央政府垂直领导，代表中央利益。地方税务局实行双重领导但以地方管理为主，对地方政府负责，主要代表地方政府利益。在我国分税制改革不彻底、中央与地方财权、财力分配不规范不公平的背景下，基于各自利益的需要，经常发生两套税务机构争夺税源、推诿责任等矛盾。如前文所述，我国现行征管模式存在诸多不足，其中非常重要的一项即国家税务局与地方税务局在部分税收征管权限上划分不清，导致管户交叉、征税交叉以及税收稽查权交叉。在征税交叉的情况下，两套税务机关"各为其主"，为了各自利益会去抢夺税源，进行恶意竞争。这种不规范的竞争，既造成了税收征管资源的浪费，又降低了税务机关的征管效率，并由此使得政府的公信力乃至国家法律的权威性在纳税人心中大打折扣。

根据我国现行征管模式，无论是国家税务局还是地方税务局，既要为中央征税，又要为地方征税，同时还可能对同一纳税人征税，税收征管权限的交叉，不仅在国家税务局和地方税务局之间，由于收入计划的原因，容易造成矛盾和摩擦，而且缺乏统一协调制度，结果往往造成表面上都管、实际上都不管的税收漏洞，导致国家税收收入流失。此外，我国目前的税收法律法规赋予了征管机关相对较大的裁量权，❷ 在税收征管权交叉且两套征管机关工作协调不力的情况下，国、地税各自为政，可能会导致对同一核定项目所核定的征税数额存在较大差异的情况，产生执法不公、税负不平，不仅损害纳税人权益，也影响整个税务部门的形象。

---

❶ 这一弊端随着"三证合一"等工作的推进目前有了较大的改观。
❷ 在税收法律法规中不少都有"情节较轻的""情节较重的""情节严重的"这样语义模糊的表述，又没有规定认定情节的法定条件，税务机关在法定的幅度内对特定的事项作出处理时，税务机关和执法人员的价值取向和个人情感等因素都会影响着税务行政决定的作出。

三、税收信息化程度不尽理想

税收信息化是将现代信息技术广泛运用于税收管理，实现税收管理信息的收集、检索、分类、存储和传输系统化、网络化和智能化的税收管理技术创新。税收信息化建设的意义在于通过深度开发和利用信息资源，提高税源监控、税收管理和纳税服务水平，并由此推动税务部门业务重组、流程再造、文化重塑，进而推进税务管理现代化建设，有效地降低税务机关的征税成本，规范税收行政行为，以提高税收行政效率。总之，税收信息化的目的是实现税收管理现代化。总体而言，随着金税三期等的推行，包括山东在内的地方税收信息化程度有了较大的提高，但还是存在的一些明显的问题。

（一）重视工程建设，轻视应用水平的提升

多年来我国一直十分重视加大对税收信息化建设的投入，从某种意义上讲，地方税征管信息化的硬件建设已经日益现代化。山东地税的金税工程自2012年正式开始，2013年10月正式上线，目前运行稳定。但与之开成鲜明对比的是，各地方税收机关的信息技术的应用程度却相对较低，这点在欠发达地区体现得更明显。从硬件设施的层面看，各地税务部门的办公手段早就实现了计算机化，但这种计算机化在很大程度上只是实现了业务操作的机械化，大体相当于手工操作的升级版。经过一番调研即会发现，我们现行地方税征管的所谓信息化无非把过去手工操作的模式提升为"电脑化"的手工操作模式，整个的税收征管工作流程诸如税务登记、纳税申报、税款征收、发票管理等都没有实质性改变，缺乏对税务数据资料的整理和分析等更高层次功能的提升。

（二）信息不共享

税收信息化建设中信息不共享主要表现在两个方面：

1. 国、地税两套征管部门之间信息不能共享

1994年分税制改革时，我国成立了国、地税两套税务系统，但由于两套税务系统在税款的征收管理基本上是各自为政，未能构建起有效的信息沟通机制，无法对纳税人起到应有的国地税相互的监督作用，因而造成国家的税款流失。应当说，金税三期的建设为国、地税信息共享提供了一个较好的平台。事实上，金税三期全面完成的话，全国国税、地税的数据都能为国家税务总局所掌握，从而为实现两税信息共享提供了基本的技术保障。但限于管理体制及其他的障碍，目前两者之间信息共享的通道还是屏蔽的，地税系统

无法及时掌握纳税人的增值税、消费税等数据,从而无法主动分析相关的城建税、教育附加税费用是否足额入库。

2. 税务征管系统与其他相关行政主管部门之间的信息不共享

这方面的典型表现如工商部门与税务部门之间的关系。就目前的工商与税务登记的现状而言,各地普遍存在工商部门登记的工商户数高于税务部门登记的纳税人数,其间的落差即体现了税收征管的不力之处。此外,税务征管系统与银行系统之间的不共享也使得纳税人的税务登记号和银行账号难以相应登录掌握,税务机关难以直接通过网络查询涉税案件企业的银行存款。就实而言,山东省政府及各地市级政府都曾出台过相关的规章或文件,要求各单位及时提供涉税信息,但在实际工作中,绝大部分外部单位不会主动提供相关涉税信息,即使税务部门主动去要,往往也是空手而归。据笔者了解,目前山东各市都设有"综合治税办公室"之类的机构,但没有一个相关的信息采集和报送系统,外部数据交换很少。

(三) 数据向信息、知识的转化能力较欠缺

据实而言,由于受到历届及各层次政府的重视,相对于其他部门而言税务部门的信息化水平应当是相对较高的。但相对于2015年12月两办下发的《深化国税、地税征管体制改革方案》中规定的"到2020年建成与国家治理体系和治理能力现代化相匹配的现代税收征管体制"的目标而言,税务部门目前的数据应用能力还处于一个相对初级水平。以山东地税为例,其信息化发展大体处于集成整合阶段,随着金税三期的上线,加之各种配套软件的开发运用,数据分析、挖掘、大数据概念也是铺天盖地,但在实际运行中往往效果极不理想。比如山东地税新上线了风险管理平台,收集了各纳税人的全部涉税数据按一定的模型和公式进行比对,比对的疑点很多,发到各基层单位落实,但大部分比对不出来税款。至于地税系统利用大数据优势,深刻反映经济运行状况,服务地方经济社会管理和宏观决策的功能,更是远远没有体现出来。

四、《税收征管法》相关条款亟待修改

本书前文所提出的地方税体系的构建思路中,改革之后的消费税及新设计的房地产税将成为未来地方税收征管机构征管的主要对象。就现行的《税收征管法》而言,其征管模式是建立在增值税、营业税、所得税(主要是企业所得税)基础之上,不能完全适应面对广大自然人的消费税与房地产税的征管。大体而言,现行《税收征管法》中的主要缺点体现为如下几个方面:

（一）纳税申报程序中存在的问题

纳税申报是税务管理的核心内容之一，有关纳税申报的相关程序规定主要体现在《税收征管法》第25—27条以及其《实施细则》第30—37条，这些条款较原则性地规定了纳税申报的主体、内容和方式。但随着我国社会经济的持续发展以及网络信息技术的不断更新，加之纳税人的权利保护意识日益增强，现行纳税申报制度的不足之处越来越多地呈现出来。概括而言，纳税申报程序中存在的问题主要包括三个方面：一是纳税申报的法律、法规规定过于原则、简略，缺乏可操作性。《税收征管法》及其《实施细则》有关纳税申报的相关程序共计十一个条文，对于诸多税种及各类纳纳税人的不同情况而言，这些规定过于简略，导致纳税申报缺乏透明度和可操作性。二是纳税申报管控不严，缺乏公平性。根据《税收征管法》，纳税人无论有无应纳税款以及是否享受减免优惠，均应按期报送纳税资料。但是在实务中，由于我国税务登记制度主要以从事生产、经营的纳税人为管理重点，大部分的个人纳税人难以为现行登记制度所管控，自行申报也就缺乏制度制约。近年来，随着我国经济的持续高速发展，在国家经济总量日渐壮大的同时国民的个人收入水平亦大幅度上升，收入来源亦日渐多元化。在全国深化我国税收制度改革的大背景下，如何实现对日趋增加的个体纳税人纳税申报的监督管理，成为立法和实践亟须解决的问题。三是纳税人申报方式的相关规定有瑕疵。根据《税收征管法》，纳税人可以自由选择直接申报、邮寄申报、数据电文申报等方式，但作为下位法的《实施细则》却又规定：经税务机关批准，纳税人方可使用其选择的申报方式。

（二）税款征收程序中存在的问题

《税收征管法》另一个问题突出的领域是关于税款征收程序的相关规定，突出者如有关滞纳金、延期缴纳、税收核定等方面的规定。

1. 税收滞纳金

现行《税收征管法》有多个条款涉及税收滞纳金，本书重点就第32条与第82条之不足给予重点分析。《税收征管法》第32条规定："纳税人未按照规定期限缴纳税款的，扣缴义务人未按照规定期限解缴税款的，税务机关除责令限期缴纳外，从滞纳税款之日起，按日加收滞纳税款万分之五的滞纳金。"第82条规定："税务人员徇私舞弊或玩忽职守，不征或者少征税款，致使国家税收遭受重大损失，构成犯罪的，依法追究刑事责任；尚不构成犯罪的，依法给予行政处分。"上述法律条文存在如下缺陷：其一，滞纳金处罚过重。国家税务总局早在《关于偷税税款加收滞纳金问题的批复》(国税函〔1998〕291号)中就界定:"滞纳金不是罚款,而是纳税人或者扣缴义务人因占用国家税金而应缴纳的一种补偿。"不过,现行每日万分之五的滞纳金加收率折合贷款年利率为18.25%,明显高于银行同期贷款利率,滞纳金的惩罚性不言而喻。此外,上述滞纳金征收额度与《行政强制法》第45条规定的加处罚款或者滞纳金的数额不得超过金钱给付义务的相关规定也明显冲突。其二,有关滞纳金的相关期限的规定有欠缺。如关于起算日期,《税收征管法》第32条的用语为"规定期限",我们认为这一表述是有歧义的,容易与纳税计算期间相混淆。关于截止日期,第32条并未提及加算滞纳金的截止日期。考虑到加收滞纳金会直接影响纳税人的财产权益,因此无论是起算日期还是截止日期都应由法律作出规定。此外,现行征管法还缺乏滞纳金计算期间扣除的相关规定。从制度上分析,滞纳金债务尽管从纳税人滞纳税款之日就已经成立,但当税务机关启动调查程序时,滞纳金的效力处于可争议状态,不具备继续加收的条件。其三,滞纳金征收的归责依据缺乏。第82条似乎与滞纳金关系不大,但是细究的话就会发现明显的法律漏洞。根据该条规定,税务人员如不按规定征税从而给国家造成税收损失的要予以处罚,而不按规定加收滞纳金,依照"处分法定"原则似乎却不能给予任何处分,其结果必然是加收滞纳金主要依靠的不是法律而是行政命令和税务人员的自由裁量。

2. 延期纳税问题

《税收征管法》第31条规定:"纳税人因有特殊困难,不能按期缴纳税款的,经省、自治区、直辖市国家税务局、地方税务局批准,可以延期缴纳税款,但是最长不得超过三个月"。该条款存在两方面的问题,既可能使国家税收利益受损,也可能会侵害纳税人的利益。

就第一方面而言,征管法对"特殊困难"规定不明确,实施细则亦仅作了两项解释性规定:"(一)因不可抗力,导致纳税人发生较大损失,正常生产经营活动受到较大影响的;(二)当期货币资金在扣除应付职工工资、社会保险费后,不足以缴纳税款的。"细则规定的第一种情形没有说明纳税人是时间上不能按期缴纳税款还是因资金匮乏没有能力缴纳税款。毕竟"正常生产经营活动受到较大影响"并不意味着纳税人不能按时缴纳税款。另外,不可抗力,也有多种情况,有些事件如罢工、骚乱等可能只是影响企业短期内不能按期到税务机关申报缴纳税款但不一定直接降低企业的实际纳税能力。所以应当区别对待。

就第二方面而言,该条款规定由省级税务部门审批,其目的是防止部分纳税人利用延期申报的权利逃避税款，保障国家的税收收入。但正如前文所述，考虑到我国现实的征管模式尤其是我国的信息化程度，导致这一制度在执行过程中成本高、效果差，这点在我省经济欠发达地区表现尤为明显。试想，按照一些地税机关的工作效率，纳税人从递交延期纳税申请到省级税务机关批准同意的期限有时是很难预料的，可能会因审批程序超过3个月而无端增加纳税人的违法风险。

3. 税款核定问题

《税收征管法》第61条规定了"核定其应纳税款"10种情形，其中多有不当之处。除第一种"依照法律、行政法规的规定可以不设置账簿的"情形属于事前核定征收之外，其余各项均属于事后的税款核定。事前核定与事后核定有着本质不同，将其混为一个法条甚为不妥。显然的是，事前核定与事后核定完全属于两类行为，前者并不属于对"应纳税额"的核定，而仅仅属于一种预估。何况，此两类行为实施时间及两者的核定方法也都不同。该法条将两类行为列在一起且未加以明确区别，易导致实务中征管机关对此情形的判断模糊不清，影响执行效力。

（三）税务检查程序中存在的问题

为保证国家税收利益，法律赋予了税务机关税务检查权，目的在于通过调查、取证，以确认相关纳税人是否存在纳税义务，是否存在少缴、漏缴税款及其他税收违法行为。一般来说，税务检查包括针对纳税人的税务检查，也包括对扣缴义务人乃至第三人的税务检查，我国现行《税收征管法》对税务机关针对第三人的检查权限规定过窄（仅限于车站、码头、机场、邮政企业和银行）且没有规定第三人拒绝检查的法律责任，税法的强制性得不到保障，不太利于检查工作的展开。

（四）税收复议执行程序中的问题

《税收征管法》作为税法体系中的重要程序法应当进行公平合理的程序设计，在规范、制约与监督税务机关依法文明征税的同时，更应注重对纳税人权利的救济与保障，以充分实现税收的公平正义价值目标，推动我国税收法治化发展。纳税人在税务方面的救济途径主要有行政诉讼与行政复议两种，其中行政复议是行政机关内部的一种纠错机制，也是纳税人行政救济的一个重要途径。我国现行《税收征管法》第88条对税务行政复议的规定为："纳税人、扣缴义务人、纳税担保人同税务机关在纳税上发生争议时，必须先依照税务机关的纳税决定缴纳或解缴税款及滞纳金或者提供相应的担保，然后可以依法申请行政复议；对行政复议决定不服的，可以依法向人民法院起诉。"由此，我国《税收征管法》对纳税人的司法救济设置了双重前置程序：当纳税人与税务机关就是否应缴纳税款及缴纳多少税款发生争议时，要想获得司法救济必须要先纳税、再复议，法院才予以受理。

《税收征管法》上述规定的弊端是显而易见的。纳税争议中的纳税前置对于高收入者及大中型企业来说，通过先缴纳税款，经过复议与诉讼，最终可能得到法律救济。然而，对于低收入弱势群体或广大小微企业而言，却有可能因无力负担税款而被复议机关拒之门外，司法救济更是遥不可及。复议前置的弊端也很明显。在复议前置程序中，纳税人必须经过60天的复议期，才能依法向法院提起诉讼。当复议机关无法客观中立地对待纳税人时，这60天的复议期对纳税人而言只是无意义的拖延，并且会增加纳税人的权利救济成本，客观上阻碍了其权利的行使。"无救济，无权利"，税收司法程序的核心目标是为纳税人提供公平公正、多渠道、高效率的权利救济保障，同时，要尊重纳税人对救济途径的自由选择权。而我国现行《税收征管法》的前述规定显然违背了这一宗旨。

（五）税收强制执行措施的不完善

税收强制执行措施是税收强制性最集中的体现，然而，我国现行《税收征管法》有关税收强制执行措施还存在一些"硬伤"：一方面，有些条文存在没有给予税务机关足够的征管权力的缺陷；另一方面，有些条文又存在制约税务机关权力和保护欠税人知情权的力度明显不够的情况。

1. 税务机关欠缺冻结欠税人银行存款的权力

既然实务中税务机关经常采用冻结纳税人银行存款的方式来追缴税款，但事实上这一权力在《税收征管法》上是找不到根据的。现行《税收征管法》有关税收强制执行措施的规定并没有赋予税务机关可以采取冻结银行存款的措施来清理欠税的权力，采取冻结银行存款的措施清理欠税实际上是违法行为。❶

2. 税务机关没有对非生产、经营纳税人强制执行的权力

《税收征管法》第40条规定："从事生产、经营的纳税人、扣缴义务人未

---

❶ 《税收征管法》第40条规定税务机关行使税收强制执行措施的权力包括以下两种：一是书面通知纳税人的开户银行或其他金融机构从其存款中扣缴税款；二是扣押、查封、依法拍卖或变卖其相当于应纳税款的商品、货物或其他财产。这里只赋予税务机关可以划缴银行存款的权力，并没有赋予税务机关可以采取冻结银行存款来清理欠税的权力。《税收征管法》第42条规定："税务机关采取税收保全措施和强制执行措施必须依照法定权限和法定程序。"因此，根据现行《税收征管法》有关税收强制执行措施的规定，税务机关是不能直接采取冻结欠税人银行存款措施清理欠税的。

按照规定的期限缴纳或者解缴税款，纳税担保人未按照规定的期限缴纳所担保的税款，由税务机关责令限期缴纳，逾期仍未缴纳的……"从这句话我们很难看出法律对税务机关对非从事生产、经营的纳税人、扣缴义务人采取强制执行措施进行了授权。但在实务中，许多税务机关亦经常对非从事生产、经营的纳税人、扣缴义务人直接采取强制执行措施，这里面有巨大的法律风险。我国行政强制的基本精神是：法院执行为原则、行政机关执行为例外。从目前的《税收征管法》的规定来看，税收机关对非从事生产、经营的纳税人、扣缴义务人是不能擅自采取强制执行措施，只能申请人民法院强制执行。

3. 现行规定为税务机关滥用强制执行权提供了可能

强制执行权是行政机关对相对人可行使的最具有"杀伤力"的一种行政权力，为避免对相对人合法权益的侵犯，法律会为行政机关设定许多限制条件。《税收征管法》也体现了这一精神。现行《税收征管法》及其实施细则对税务机关行使税收强制执行措施的限制性规定主要有：不得由法定的税务机关以外的单位和个人行使税收强制执行措施；不得查封、扣押纳税人个人及其所抚养家属维持生活必需的住房和用品；税务机关滥用职权违法采取税收强制执行措施，或采取税收强制执行措施不当，使纳税人、扣缴义务人或纳税担保人的合法权益遭受损失的，应当依法承担赔偿责任；税务机关对单价5000元以下的其他生活用品，不采取税收强制执行措施；纳税人在税务机关采取税收保全措施后，按照税务机关规定的期限缴纳税款的，税务机关应当自收到税款或银行转回的完税凭证之日起1日内解除税收保全；拍卖或变卖所得抵缴税款、滞纳金、罚款以及扣押、查封、保管、拍卖、变卖等费用后，剩余部分应当在3日内退还被执行人。尽管有上述种种限制，但现行《税收征管法》在防止税务机关滥用权力方面至少还存在一个漏洞：对查封、扣押欠税人财产没有期限限制。在税收强制执行中，有的税务机关查封了欠税人房产等财产多年，却一直不进行拍卖，侵害了欠税人的权利。

4. 对欠税人知情权的保护不到位

现行《税收征管法》第40、47条及其实施细则第63条为税务机关对纳税人、扣缴义务人、纳税担保人采取强制执行措施时设定了一系列的程序限制，却仍然存在一个明显的瑕疵，即没有明确规定税务机关在通过银行采取强制措施时应将《扣缴税款通知书》送达纳税人、扣缴义务人、纳税担保人，忽视了对相对人知情权的保护。

第二节 完善地方税征管体系的思路

前文由征管制度总体评价、两套征管机构关系、税收征管信息化水平及现行《税收征管法》等多个方面剖析了我国现行地方税征管体系建设方面的不足。找出不足是为了更好地明确下一步改革完善的方向。根据党的十八届三中、四中、五中全会的系列精神，按照建立现代财政制度及完善地方税体系的要求，尤其是依照中办、国办下发的《深化国税、地税征管体制改革方案》提出的依法治税、便民办税、科学效能、协同共治、有序推进等征管体制改革基本原则，在完善地方税征管体系方面我们应当做如下努力：

一、建立符合国情、地情的税收征管制度

征管制度的完善是一个系列工程，涉及税权的再分配、法律的修改、征管程序的完善及监督机制的健全等诸多方面。这里仅仅就上文所论税收征管制度不足的部分提出我们的一些想法。

（一）结合国情，合理配置地方政府税权

一般而言，完整意义的税权由立法权、征收管理权、收入归属权三方面构成，其中立法权处于核心地位。本书前述章节曾多次对西方典型国家地方税体系及税权在中央（或联邦）与地方的配置情况进行过详细论述，可知西方国家在税权配置方面呈现出不同的模式：由于不同国家对政策目标的侧重点不同，所以对税权模式的选择也不同，且与一国的政治体制具有较大的关联。一般而言，诸如英国、日本等单一制、集权型国家大都采用集权型税权模式，而美国、德国等分权型、联邦制国家多采用分散型税权模式。与本书主题相关，我们还从对西方典型国家研究中发现，地方税权的设定可以作为判断一国财政体制是集权还是分权的重要指标。而且事实上，我国学术界在谈论地方税体系研究问题时，学术争论较多的地方也主要在于地方税权的设定方面。

谈论我国地方税权的配置必须考虑到我国的基本国情。国情特点之一是，我国在政治上是一个高度集权的国家，中央政府拥有较大的财政宏观调控权，这点在短期内不会发生根本改变。国情的特点之二是，中国国土广阔，行政级别较多，各地自然、经济资源以及区位特点、税源类别都有较大的差别，

且各地方政府皆肩负调控区域经济发展、提供地方公共服务的基本职能。我国国情的上述两个特点决定了税权在中央与地方作出合理配置的必要性。事实上，无论是宪法还是党的十八届三中全会所确定实现国家治理现代化的目标追求中，都明确提出要发挥中央与地方两个积极性，而赋予地方一定的税权与宪法及中央决策的要求是完全吻合的。此外，根据本书前文所述地方税体系相关理论，赋予一定的相对独立的税权、扩大地方税收入的规模也是完善我国地方税体系的本质要求。因此，对全国范围内普遍开征但流动性较小的税种，中央政府可原则性规定，如房产税、城镇土地使用税、契税、耕地占用税等。对地方经济调节作用大，不影响中央税和共享税税源的，一定范围内有利于涵养培植地方税收经济的地域性、特殊税收优惠政策及减、缓征管权限，如前章所述"宠物税"等特色税种，与某一地区人口规模和经济发展水平直接相关联，也适合作为省级地方财政的主体税种，其税率调整直接与地区经济发展挂钩，应适当赋予省级地方政府自主权，因地制宜地促进地方经济良性发展。至于赋予地方一定税权与宪法及《立法法》所规定的税收法定主义是否矛盾及如何处理它们之间的关系，本书第八章已经从学术上作出了详细论述。

（二）完善相关制度，加强税收风险预警

针对实务中经常出现的征管不力的情况，进行详细的调研评估、查缺补漏，进一步完善相关制度，修复税收征管中的短板。当前，各级地税尤其是基层地税应统筹部署，重点打击少数纳税人不开票、不入账、做假账和不申报、少申报、假申报、转移利润等行为，并以此为契机逐步建立起对区域性、行业性、集团式等重大税收违法行为的风险防范和预警制度。地方税种分散难征的特点以及部分纳税人守法意识淡薄等原因都会导致地方税征管效果不理想，为此也有必要加大信息对比机制，建立风险预警制度。具体制度设计可从如下两方面展开：一方面，全省统一部署，省、市、县（区）三级联动，建立专门的风险控制部门，形成统一的风险预警制度。良好的风险预警制度的构建及多级联动预警机制的配置将会对降低税收成本、防止税收流失起到关键性作用。另一方面，建立税源综合分析机制，提高征管制度建设的针对性。具体分工为：市级税务机关负责本地区总体税负、行业税负、重点企业税负、税源流动性及其变化规律等方面的信息收集与分析，侧重于宏观。县（区）级基层税务机关则更侧重于微观层面预警机制的完善，主要任务是监测分析主管业户的纳税状况，及时提出税负预警信息，密切监控税务执法质量，预测预防执法风险,及时采取预防或治理的应对措施。

(三) 弥补不足,建立税收征管流程制度

针对地方税征管实务中各程序衔接不洽、流程不畅的问题,完善各级地方税务机关征管结构与运转机制,深入分析各地方税种之特点,优化人员配备,加强分工协作,使税收征收管理业务流程化,是十分必要的。实现税收征管流程化的工作重点在于:其一,按照定岗定责、权责明确的原则,明确各征管环节、各业务岗位的作业标准、作业内容、作业权限、作业流向、作业时限等,明确征收、管理、稽查的配合机制和协作责任,全面规范税收征管活动。其二,对不同环节、不同岗位的征管业务信息和文书资料进行分类管理,专属于本环节或岗位的业务活动信息和资料直接进入电子档案;而对那些其他环节或岗位需要共享的业务信息和文书资料,要建章立制,明确向其他岗位或环节传递的内容、程序、方式、时限等,确保业务处理顺畅,工作协调运作。其三,本着精简、高效、统一等原则,理顺各级税务机关之间以及机关各部门之间的工作关联关系,优化资源配置,科学分职设岗,健全岗责体系,形成分工明确、协调配合的运行机制,以提升征管、服务的程序性、时效性。其四,充分利用现代信息技术,将各项税收征管业务的内容、权限、数量、质量、时限标准等纳入流程控制,全面实施行政质量管理,提高征管综合效能。

(四) 严控严防,完善税收执法监督制度

针对本书前文所论我国地方税权的监控机制不完善、地方税收征管执法法律风险较高的弊端,应当本着从紧从严的原则,依法依规完善相关的执法监督制度。这方面的工作主要包括:其一,明确法律风险,严格责任。通过系统的法律风险评估,明确各机关各部门尤其是各主要执法岗位、环节的法律风险点,在此基础上建立并严格推行执法质量考核和执法责任制考核制度。与此同时,依托税收信息化管理平台,实现行政执法质量内部自动监控,实现对执法风险的"严防死守"以减少乃至杜绝对行政相对人的侵害。其二,勇敢接受纳税人的监督,有效规避法律风险。阳光是最好的防腐剂,群众是最好的监督主体。各级税务机关在完善优化税收服务流程的基础上,要敢于全面推行"一站式"服务,透明化办公:实行一个大厅办税、一个窗口受理、一次性办结、一条龙作业,把税收执法的全过程置于广大纳税人的监督之下。其三,加大外部监督。权力监督不可能完全建立在"自觉"的基础上,只有权力才有可能真正监督、制衡权力。为此,一方面各级尤其较高级的税务机关要建立规范化的对下级机关的监督制度；另一方面，要充分发挥我国的制度优势，各级税务部门还要建立定期接受财政部门、审计部门、纪检检察部门以及社会监督的制度，加强执法执纪监管，防止税务内部渎职犯罪。

二、建立与地方税体系相适应的国、地税关系

整合税收征管资源、完善国地税合作机制为下一步完善地方税征管体系工作的一项重要课题。无论是基于分税制、地方税的本质要求，还是下一步扩大地方税收立法实现国家治理现代化的需要，保留国、地税两套税务机关都是必要的。与此同时，要针对现行征管中的不足，查缺补漏，按照十八届三中全会所提出的"完善国税、地税征管体制"的要求，完善两套机构之间的合作机制。

（一）完善国、地税征管合作机制的必要性

针对前文所述国、地税征管机构分设的弊端及我国征管制度总体不足，完善国、地税征管合作机制的必要性主要体现在如下几个方面：

1. 强化税源监控的需要

在规范、完善的合作机制建立之后，国税、地税部门可以共享数字信息，可以使税收监控工作更加全面有效地完成动态化的转变。只有如此，才能够针对市场中纳税主体进行立体化的管理与服务，而如此严密的网络才能最大限度杜绝个别纳税人偷、逃税的可能性，防患于未然。问题一经发现，即能预警并采取措施解决问题。

2. 推动税务管理科学化的需要

十八届三中全会确定了2020年建立现代财政制度的目标，现代财政制度对税务管理的科学化提出了更高的要求。通过完善国、地税的征管合作机制，扩展了信息收集渠道，增加了涉税容量，可以使纳税人的最新动态得以及时的掌握，通过两部门的积极配合协调，税收征管体系将更加完善，最终能够提升精细化、科学化的税收征管水平。

3. 是建设服务型税务的需要

服务型税务是以服务纳税人为基本导向以区别于传统的单纯以管控纳税人为导向的新型税收征管模式与理念，是适应建设服务型政府的需要而提出的。国、地税的有效合作，通过征管信息共享，一站式办齐相关事宜，能够简化办税流程、提升办税效率，增加纳税人的满意程度。两部门的联动行为很好地反映了和谐社会的内在诉求，和谐税务更加有利于地方经济社会的可

持续发展。

4. 降低纳税成本的需要

征管成本偏高是时下征管机构设置中最为各界所诟病之处。通过建立规范的、现代化的合作机制，两套税务机关可以程序化、制度化的信息互相交换机制、业务沟通机制、税源管理整合机制等可有效地解决双方管辖权的交叠、冲突之处，极大地减少纳税人的奉行成本，实现我国税收征管的便捷化、高效化。

（二）完善国、地税征管合作机制的基本思路

随着我国行政管理水平的整体提升及办理现代化的渐次实现，包括国、地税在内的各级国家机关业务能力、执法能力在近年来都有了大的改观。故而，完善国、地税征管合作机制的关键不在于各种业务能力的再提升，而是如何更好地充分利用和整合好国、地税之间的各种管理资源。本书认为，顺应当前我国财税体制改革的大局，结合本书前文所述构建我国地方税体系的目标，这里所论之完善国、地税征管合作机制的基本思路主要是针对两套机关目前存在的不足，重新确定两者的征管范围，打破国、地税之间的信息壁垒，完善业务流程，通过现代化的技术手段，实现所有涉税事项和税源管理在两家管理流程中的环环相扣，形成国、地税征管合力，全面提升征纳效率，降低征纳成本。具体思路包括：

1. 合理划分共享税及地方税的征管范围

针对现实中长久存在的国、地税交叉管理、重复征收和自由裁量权的不统一的问题，解决思路大体为：由国家税务总局通过规范性文件甚至可以通过国务院的税收征管法实施条例的形式明确界分两套机关的征管范围，从根本上解决双重征收问题。具体方案可做如下设计：其一，对于税源相对集中、收入相对稳定且易于征管的企业所得税而言，改变依照出资人身份划分征管范围的做法，实行依企业业务性质进行征管划分。其二，对于税源相对分散、不易征收但在地方税收入比例不断提升的个人所得税而言，适合全部划归为地方税务部门征收。其三，对于扩围后大部分商品或行为改为零售环节征收并将成为地方主体税之一的消费税应完全或主要归地方税务局征收。其四，对于将来在地方税体系中担当重任的财产税而言，主要由各级地方税务机关负责征收。

2. 整合流程，统一办理涉税事项

充分利用金税三期等信息化平台覆盖国、地税和数据集中的优势，创新管理和服务理念，梳理、整合两套机关重复的税收业务，节约人力、物力；

利用现代化技术手段建立起覆盖所有涉税业务范围的服务网络,实现国、地税之间信息统存、共享。关涉直接服务于广大纳税人的业务,应当实现两套税务机关一个窗口对外,统一办理诸如税务登记、纳税申报等事项,实现一个窗口接单,分别受理,信息两家共享,共同监督纳税人涉税事项。此外,一个窗口对外不仅仅体现在柜台操作层面,国、地税还应当统一税务系统的外部网络办公用户,在网络上也实现"一个窗口对外",方便纳税人办理涉税事项,节约资源。

3. 整合信息系统,提升税收征管社会化程度

如果前两点是征管范围重新分工、国地税业务流程的提升再造的话,这里所谈的整合信息系统、共享信息资源则体现了完善国、地税征管合作机制技术支撑及外围环境的建设。一方面,在技术支撑方面,国、地税要逐渐融合征管信息系统。在融合征管信息系统后,国地税合作更趋向于透明化、紧密化,应在提高共享信息的运用效率上努力,建立数据实时分析处理机制,提升共享征管信息运用质效。❶ 另一方面,外围环境方面国、地税要联合加强提高税收征管的社会化程度,解决税务部门与其他行政主管部门联运机制不完善以及非企业性单位税收管理弱化等问题。两套机关齐心合力提升税法宣传力度,共同营造好的税收环境和执法环境。国、地税统一部署,共同和地方政府就协税护税工作进行统一安排,齐心协力强化对税源的管理。

4. 共享纳税服务平台,共防税收执法风险

正如前文所述,基于整合双方征管业务的需要,国、地税应当共建网上办税网站,为纳税人提供诸如网上登记、申报纳税、文书受理、投诉举报等涉税服务。与此同时,两局还要共建纳税服务辅助系统,以更好地为纳税人服务。正是基于这一硬件基础,国、地税之间可以共同建立起税收执法风险的防范机制。借助共同的纳税平台及相关的信息共享机制,国、地税间搭建纳税信息互换平台,定期分享诸如新办税务登记企业信息、非正常户纳税企业信息、证件失效户纳税企业信息以及注销户企业情况、申报情况等基础数据,交换税务申报类、征管类等重要数据。双方根据交换的信息对比,及时发现问题或风险点进行针对性处理,有效强化税收基础管理,堵塞税收漏洞。

---

❶ 例如,国地税之间互相利用对方的企业基本经营情况、立项、项目投资、纳税、减免退税、欠税等征管综合信息,加强对纳税户的控管,在各类数据健全的基础上,开发税收预警功能,提醒税务机关对其进行检查,为税源管理工作提供分析、稽核、检查依据。

5. 实现干部队伍管理合作，提升人力资源水平

在干部能力提升方面，国、地税之间有着较大的合作空间。双方要实现教育资源和教育平台的共享，加大国、地税之间以及其他部门的干部交流的力度，以培养精通国地税知识的复合型税务干部，提高服务和管理本领。双方可以联动开展廉政教育宣传，建立统一的税务廉政文化，统一聘请特邀监察员，推进惩防体系建设、廉政文化建设；联合开展执法检查，查办涉及共同接收的案件，共同研究和防范查办案件中发现的执法风险。在政务工作上，共同谋划工作思路和安排，高度共享政务资料、会议部署等政务信息，很多工作共同讨论研究、共同部署，形成统一的决定，保持合作的步调充分一致。

三、充分利用信息技术，实现信息化税收

信息化税收是与现代市场经济相适应的，以信息技术为核心，以深度应用和全面提高数据能力为目标，将先进管理理念与现代科学技术融为一体的新型税收管理体制。信息化税收不同于税收信息化：税收信息化是税收管理的技术创新，是与智能化工具相适应的信息化生产力发展在税收管理领域的具体体现，而信息化税收则是建立在现代管理理念和信息技术基础上的新的税收管理体制。与此同时，税收信息化与信息化税收又有着密切的关系，二者既相互制约，又相互促进，并且有着共同的目标：为适应现代市场经济发展和社会进步的要求，提高税务管理水平和服务水平，实现税收管理的现代化、科学化。

作为管理手段的税收信息化我们在前文多处已经论及，这里仅谈谈建立信息化税收的问题。信息化税收是当今信息化时代条件下的新型税务管理体制，是"互联网+"时代特征在税收征管体制方面的体现。大体而言，这种新型税收征管模式构建思路主要体现为如下几个方面：

（一）构建信息化税收的税源管理机制

信息化税收的核心要义在于利用现代信息科技现实税收管理的现代化。税源管理是税收征管的重要领域，亦为传统征管模式的工作难点之一。信息技术手段的引进及信息化税收理念的提出将为我国新一轮税制改革背景下地方税税源管理模式的创新提供新的思路。具体包括：

1. 依凭现代信息技术，构建税源管理核算体系

受制于技术手段及管理观念，地方税征管部门一向重视税收收入完成情况的核算，但一般很少做税源管理的核算。税源管理核算体系可以为征管机

关科学地预测一定时期的税收收入、完善税源涵养措施、提升地方税征管服务水平提供帮助。目前，信息技术日趋发展完善，各级地方税征管机关在利用电子税收平台完善日常业务及优化征管流程的同时，应当在推进税源管理数字化方面作出努力，着力构建适合区情、地情的税源管理核算体系。当然，完善的税源管理核算体系的建立不仅仅需要信息系统的支持，还需要税制改革、税收环境、管理机制等各方面因素的综合配套。

2. 完善信息采集质量把关机制，提升税务信息的增值利用率

信息技术的引进使得税收机关在信息采集的速度及广度方面都有大的提升，但这仅仅是量的积累。信息化税收所要求的信息收集不仅仅是量的堆积，而是对涉税信息在质的方面的提升，相对完整、精准的数据资料是新形势下完善现代税收征管模式的基本前提。为此，需要建立信息采集质量把关机制，实行诸如信息采集质量考评制度及重要数据对账制度等。在税收信息质量提升的基础上，利用现代技术及先进的数理分析方法，进一步提升这些数据的利用价值，以更好地服务于我们的地方税征管。目前征管技术发达的国家及我国较发达的地区一些做法都值得我们借鉴，诸如利用信息平台建立决策子系统、纳税评估（稽查选案）子系统等，通过数学模型，根据设定的指标参数等，可以较准确快捷地实现税收分析、工作考核、稽查选案、纳税监督等目的。

3. 优化征管组织结构，提升税源管理效率

信息技术在很大程度上可以重构税务行政管理模式，它可以在相当程度上压缩各管理主体之间的"空间距离"以及各管理流程之间的"时间距离"，并可实现由传统的分散式管理转向整体化管理。但管理模式的转变又不是单纯依托信息技术就可以实现的，它必须建立具有高灵敏度和适应性的税收行政组织，尽可能减少职能的交叉和重叠，实现组织运行的最优化。为此，征管组织机构的优化成为信息化税源管理模式建立的一个基本前提条件。在组织优化的基础上，还要建立科学的工作绩效评价体系，通过为每个岗位确定税源管理目标、通过信息化技术实时监控税务工作人员工作过程方式保障税源管理目标的实现。

4. 提升网络功能，建立、完善税源监控管理体系

前述税源管理核算体系、信息采集质量把关机制的建立以及征管组织结构的优化等，仅仅是信息化税源管理机制的基本条件，以此为基础，我们要重点建设的是以税收征管质量考核指标为主体的税源监控体系。作为信息化税源管理机制的核心工程，税源监控体系的建设主要工作思路包括：建立重

点税源户的分类管理体系；完善相关行业税控装置；与相关部门实现信息共享以建立税源流失防控体系等。

（二）构建信息化税收的管理流程

信息化税收不仅体现为大数据的收集、整理与利用，也不仅体现为一系列监控、评估等信息系统的建立，它更体现为一种全新的税收征管理念及工作方式、工作流程的再造。质言之，信息化税收要求我们从信息现代化的视角重新审视税收业务流程，以现代化信息管理的原理来解读税收管理，建立符合信息技术要求的统一规范的业务规程、流程。

1. 信息化税收管理流程的基本特点

与现行征管模式相对比，信息化税收征管呈现如下几个特征：其一，征管业务流程化。现代信息技术平台为各征管业务环节之间的"无缝"链接及整个征管体制的"流畅"运转提供了基础条件；信息收集能力及信息收集质量的提升及地税机关征管观念的根本改变为建设现代化、流程化的征管机制提供了可能。其二，征管机构的扁平化。信息化税收征管要求对现行地税征管机构进行重新优化组合，减少管理级次、合并削减机构，提高决策及执行效率。而这一特征，也正是以信息化为基本内涵的现代管理学在税收征管领域的基本体现。其三，征管、服务手段信息化。信息化税收最大的亮点当然还在"信息化"上，现代信息技术的运用才是地方税征管模式整体转型的核心引擎。现代信息化技术的引入，大大拓宽了税务机关获取信息的渠道，提高了数据分析、运用的能力，为各征管环节的流程及给整个征管运用模式的整合、优化提供了可能。其四，纳税服务的高效化。信息化税收不是孤立存在的，它仅是信息化政府乃至信息化社会的其中一环。信息税收是信息社会对地方税征管工作提出的必要要求，从某种意义上讲，信息税收的概念正是适应信息时代纳税人的新要求而逐渐发展出来的。信息时代的纳税人不再满足于传统的纳税辅导、政策咨询等服务措施，而是盼望税务机关能够提供更多的内容丰富且具有实用性、人性化、及时快捷的服务。

2. 税收征管及服务流程再造的基本思路

如前文所述，信息化税收的前提是信息化技术的引进及在此基础上实现的对涉税信息广泛的收集以及对相关数据高质量的监控与管理。我们认为，在技术支持到位的前提下，税收征管服务流程的再造主要从如下两个方面展开：其一，以流程导向代替职能，根本转变征管服务模式。打破现行地方税务征管机构之间职能分工的格局及现行的工作流程，将税收事务整合为咨询、受理、调查、核批、评估、检查、执行等 7 个模块，在此基础上按照税收信息的运转阶段和征纳双方的连接方向重新设计工作流程，根据"受理服务→调查核实→评估检查"的工作流向整合各类管理要素和服务资源。初步设想为：凡由纳税人一方启动的工作程序，集中在咨询受理核批机构办理；凡税务机关一方启动的工作程序，归并在调查执行机构办理；其他涉及纳税人与税务机关交互联系的工作程序，分设评估检查机构。新的信息化的税收征管服务模式一改过去任务式分项处理事务的路径为流程式集中处理事务的路径，变纳税人与税务机关一点对多点的单一管理服务方式为点对点的个性管理服务方式。尤为重要的是，新工作流程改变了信息的传递流向及业务控制模式，由过去的部门间传递信息变为在流程的环节间传递信息，由层级间纵向控制模式变为环节间横向过程控制。其二，优化征管服务机构。与业务流程相伴的是税务征管机构的优化、重构。为适应上述工作流程，必须上收专业机构的行政事务处理权以实现以县（区）为单位的集中办公。新流程下的征管机构要发生大的调整，例如，县（区）局税政、征管等职能部门将不再保留，相关专业机构分别承担其业务功能；再如，取消县（区）局直属机构内股室的设置，扩大了管理幅度，增强了组织的快速响应能力和弹性。与之相关的是人力资源管理。随着征管机构的扁平化再造，相关工作人员不再是简单地按机构级次进行分配，而是完全服从新征管模式，按流程安排人员，实施团队式管理。其三，建立征管服务流程控制系统。信息化征管服务的流程再造最终还要回到信息化本身，上述流程规范运作必须依赖于一系列信息系统控制体系的建立与完善，其中主要包括标准控制系统、流程控制系统、分析控制系统等。这些控制系统的功用在于，它可以事先具体设定各项业务、各个环节的作业内容、作业标准、作业时限、作业流向等，为每个岗位、每个环节上的工作人员设定任务，并即时记录、监控各环节、各岗位办理时间、办理质量等绩效评价指标，从而实现对整个征管业务流程和岗位人员工作状态的自动化控制和全过程监控。

（三）完善信息化税收时代的新型的征纳关系

党的十八届三中全会提出建立国家治理现代化的改革目标，其中财政领域的改革则体现为建立现代财政制度。现代财政制度可以从多个方面给予解读，由法学而言，现代财政制度的另一种称呼就是法治财政。法治财政是法治国家、法治社会、法治政府在财政领域的重要体现，它的突出特征就是政府财政权力的法律规制与纳税人权利的法治保障。由本书的主题而言，充分尊重纳税人权利,构建新型税收征纳关系亦为信息化税收必须关注的一个重要方面。在信息化税收的背景下谈纳税人权利意义在于,信息手段一方面可以使征管机关获得先进的征管手段,它同样可以为纳税人权利的实现提供更强大的技术支持,提高纳税人权利的实现程度。

1. 提高税收应用系统的开放性,更好地服务于纳税人

信息化时代至少在两个方面可以更好地保障纳税人的权利:其一,系统的开放性可以进一步满足纳税人的知情权;其二,信息技术的便捷性可以极大程度上节约纳税人的成本。在信息化税收较先进的国家,如美国,税务机关普遍通过互联网搭建起了与纳税人及其他相对人之间的涉税信息通道。在美国,纳税人通过税务局相关网站可以非常方便地查询税收信息,且一般也能较方便、高效地办理纳税申报。西方先进国家的经验值得我们借鉴,通过信息服务技术平台为纳税人提供各类税收信息、进行税法宣传、涉税综合服务等都是我们努力的方向。

2. 利用信息资源优势,完善纳税人信息评级制度

信息化税收使得征管机关全面掌握纳税人信息以及建立系统化的信用评估机制成为可能。利用现代化的信息平台,通过与税务代理等社会中介机构的合作,国、地税可联合建立纳税人信用评级制度。该制度针对不同类型的纳税人实行不同的评级方式和方法。在征管服务中,要区分不同信用等级的纳税人提供差别的税收待遇,强化奖惩机制,为纳税信用好的纳税人开通办税绿色通道,让广大纳税人在经营过程中获得诚信所带来的好处,体会不诚信所引发的负面影响,促进社会诚信纳税氛围的形成。

3. 加强人力资源建设,更好地适应信息税收背景下的纳税服务工作

为纳税人服务、保障纳税人权利是征管机关依法治税的题中之意。保障纳税人权利既有征管人员法律意识、服务意识的问题,也有征管人员服务能力及服务技术的问题。信息化税收为广大税收工作者提出了更高的要求,尤其对那些工作年限相对较长的税务工作者以及相当一部分领导来说,通过深入学习、了解计算机或网络知识显得尤为重要。要切实改变某些领导存在的对信息化"喊得多,运用少;学习多,操作少"的状况,真正实现由群众使用向领导带头使用,由注重开发向与应用并举的转变。

四、调整修订现行《税收征管法》相关条款

《税收征管法》的修订工作一直是近年来我国税收法治工作一个热点问题,并在近期已经取得重大进展。2015年1月5日,国务院法制办公开了由

国家税务总局、财政部起草的《中华人民共和国税收征收管理法修订草案（征求意见稿）》（以下简称"征求意见稿"），广泛接受社会各界意见与建议。2015年12月27日全国人大常委会更是明确将《税收征管法》的修改列为十二届全国人大常委会立法规划的一类项目。在新的《税收征管法》出台之际，结合前文所论现行法律之不足，本书就新法应当解决的问题提出我们的一些想法。

（一）完善纳税申报程序

纳税申报为税收征管诸环节的核心之一，为税收征管的源头。完善纳税申报程序对于加强税务管理，培养纳税人的主动申报纳税意识以及税务机关及时掌握分析税源情况都有着积极的意义。针对现行《税收征管法》有关纳税申报程序的不足，我们提出如下完善建议：

1. 将纳税人申报义务具体化

针对现行纳税申报的法律规定过于简略、缺乏可操作性的弊端，应当对申报的关键环节作出更具体化、人性化的规定，进一步明确纳税申报的相关要素。应当明确区分申报主体、申报内容、申报方式、申报时限以及法律责任界定，便于征纳双方的理解和操作，提高纳税人的主动如实申报意识，进而提高纳税遵从度。例如，可以根据税种的性质或纳税人的经营特点对纳税人进行分类，并从方便纳税人的角度合理调整申报期限，以改进目前纳税人在同一时间集中申报的做法。以本书所关注的地方税为例。地方税中的税种大体都与土地、房产、资源有关，这些税种与消费税、增值税等商品税不同，完全可以采取按年或半年乃至季度来申报，且申报缴纳期限可设置在一定时间范围内。

2. 加强纳税申报管理，堵、防申报漏洞

针对征管中的一些盲区、软肋，目前不建议简单通过扩大税务登记对象的方式解决。建议税务机关创新思路，丰富形式，加强税收宣传和政策服务，大倡诚信纳税之风，推行分类管理，提高纳税人自觉纳税意识。将申报与服务、管理、监控有机结合起来，更好地发挥申报体系的综合效应。

3. 赋予纳税人申报方式的自由选择权

取消实施细则中纳税人选择申报方式必须经税务机关批准的规定，最大限度便利纳税人，保障纳税人合法权益。让纳税人以最低的成本纳税，这样才能最大限度地提高纳税遵从度。至于担心申报不实等问题，则应当通过评估、稽查等手段的强化予以解决。

4. 增加申报修正的相关规定

任何纳税人都可能在计算其应税收益时出错,许多国家建立了修正申报制度。从保护纳税人合法权益的角度来看,《税收征管法》应当引入纳税申报修正制度,规定纳税人在申报之后可以修正。纳税人、扣缴义务人在法律、法规规定或者税务机关按照法律、行政法规确定的期限内,发现纳税申报内容有误的,可以进行更正申报或补充申报。

(二) 完善税款征收制度

针对现行征管法有关税收滞纳金、税款延期缴纳以及税款核定等方面的不足,本书的相关建议为:

1. 改革税收滞纳金制度,更好地保护纳税人的利益

一是进一步下调滞纳金的征收比例,与银行同期的存款利率挂钩,同时考虑到与《行政强制法》的衔接。二是对于滞纳金的期限可修订为:在法律、行政法规规定的税款缴纳期限内,纳税人未缴纳应纳税款、扣缴义务人未解缴已代收、已代扣的税款的,税务机关除责令缴纳外,对滞纳部分从缴纳期届满的次日起按日加收滞纳金。除法律、行政法规另有规定外,滞纳金连续计算至纳税人、扣缴义务人实际缴纳或者解缴所欠税款的当日,但实际加收滞纳金的天数不得超过 180 天。此外,税收征管法还要明确将下列情况排除在滞纳金计算期限之外:税务机关查证欠税事实的时间;纳税人依法提起的行政复议、行政诉讼期间。三是在相关条文中补充规定:税务人员徇私舞弊或玩忽职守,不征收滞纳金,致使国家税收遭受重大损失,构成犯罪的,依法追究刑事责任;尚不构成犯罪的,依法给予行政处分。四是在相关条文中规定:加收滞纳金应当考虑纳税人是否有过错,如果纳税人滞纳税款既非故意也无过错,则不应加收滞纳金。

2. 修补法律漏洞,完善延期缴纳税款程序

针对本书前文所论《税收征管法》及其实施细则有关延期纳税的不足,建议如下:其一,《税收征管法实施细则》第 41 条修改为:"纳税人有下列情形之一的,属于《税收征管法》第三十一条所称特殊困难:(一)因不可抗力,导致纳税人不能缴纳税款,或者发生较大损失不足以缴纳税款的;(二)当期货币资金在扣除应付职工工资、社会保险费后不足以缴纳税款的"。其二,如果前述修改之建议是为了避免纳税人滥用"延期缴纳税款"之权侵害国家利益的话,这里要提出的第二条修改建议则为帮助那些确实有困难的企业真正实现这一权利。为了方便纳税人,使他们能真正享受到法律赋予的

这项权利，我们建议将延期缴纳税款的审批权下放。延期缴纳税款不同于减免税，不涉及国家财政收入的实质性减少，所以没有必要规定由省级审批，完全可以将审批权限下放到市级税务机关甚至基层主管税务机关。省级税务机关通过督查，加强延期缴纳税款审批的管理。对于经税务机关审查不符合延期缴纳税款条件的纳税人，要承担相应的法律责任，从而增强纳税人税法遵从度。

3. 准确界定核定征收税款的概念

相关建议包括：一是在新修订的《税收征管法》中进一步明确相关概念，制定具体的认定标准和工作程序，避免给予执法人员过大的裁量空间。二是在核定征收环节引入听证制度。尤其是那些税额调整幅度较大的案例，听证制度可以通过征、纳方面对面的交流，让纳税人全面了解税务机关核定征收的依据和事实是否充分、正当，所运用的核定方法是否合理，实现对纳税人合法权益全面的保障。

（三）完善税务检查程序

税务检查是征管机关有效实现税务管理、服务，维护税收秩序，实现国家税收利益的基本行政手段。基于现行法律的不足，我们主张应当在《税收征管法》中对纳税人以外的第三方（诸如纳税人的交易对象或其他管理者）的协助检查义务加以明确规定，从而达到扩大税务检查对象范围的目的。为确保税务机关的这项权力能够落实，《税收征管法》应当同时规定拒绝税务检查的第三方应当承担的法律责任。扩大税收检查权限是基于下一步完善地方税体系的现实需要。地方税的一些重要税种，诸如个人所得税、房产税、城镇土地使用税、车船税等都在一定程度上有征管难度大的特点，只有给税务机关"扩权"，形成社会联合协助的合力，方可达到优化地方税体系，为地方治理的现代化提供基本的保障。

（四）废止税收复议前置制度

针对前述对税收复议前置之弊端的分析，我们建议取消《税收征管法》第88条第1款有关复议前置的规定，赋予纳税人在其权利受到税务机关的侵害时可以自由选择救济途径的权利。我们的主张是基于如下理由：

1. 有助于规范税收机关的执法权行使

税务机关的征税行为原本就是具体行政行为的一种，如果相对人对其不服，有选择申请行政复议或提起行政诉讼以维护自身合法权益的自由，这样才能规范、控制税务机关的征税权力，防止其权力滥用，保护处于弱者地位的纳税人。

2. 有助于树立纳税人的主体地位、提高纳税人的守法意识

取消复议前置，实现对纳税人合法权益更切实的保护，有助于维护纳税人的主体地位，符合现代税收征管体制改革的趋势和现代税法的精神。权利是履行义务的基础与前提，只有纳税人的合法权利在立法与司法层面都得以体现与维护，才能确保纳税人依法履行纳税义务、配合税务机关开展税务检查、协助税务机关税款入库等。提高纳税人的守法意识，这对于从根本上改变当前我国纳税人在税收征管中的被动地位、弱势地位具有重要意义。

3. 取消复议前置，有助于避免纳税人可能的直接损失

取消复议前置，及时解决税务争议，可以避免"迟来的正义非正义"这种恶果。同时，取消复议前置不会对国家税款征收带来不利影响，因为根据我国《行政复议法》和《行政诉讼法》，除了法律规定的几种例外情形外，行政复议、诉讼期间，具体行政行为不停止执行。况且，税务机关违法征收的税款最终还是要从国库退出返还给纳税人。

（五）完善税收强制执行措施的相关条款

针对现行《税收征管法》中一方面对税务机关的授权不足另一方面又控权不力的现状，我们建议对其作如下修改：

1. 授予税务机关冻结欠税人银行存款的权力

为了保障国家的税收利益，在税收征管实践中，税务机关往往需要采取冻结银行存款的措施来清理欠税，这是税务执法部门应当具备的基本权力。为此我们建议，立法部门在修订《税收征管法》时，应赋予税务机关冻结欠税人银行存款的权力以清理欠税。具体而言，可将现行第40条"书面通知其开户银行或者其他金融机构从其存款中扣缴税款"的部分修改为"书面通知纳税人、扣缴义务人、纳税担保人开户银行或者其他金融机构冻结、划缴金额相当于应纳或者应解缴税款的存款。"

2. 扩大税收强制执行措施的适用范围

随着新型地方税体系的建立，地方税务机关在个税、财产税等征收管理中与非从事生产、经营的纳税人之间的业务联系将日渐频繁。如果税务机关无法直接行使强制执行权，将难以发挥非从事生产、经营纳税人自行履行纳税义务的积极性。因此，需要从立法上扩大税务机关对非从事生产、经营纳税人、扣缴义务人的强制执行权。这对消除地方税征管的死角，进一步强化税务机关的执行力度，保障财政利益关系重大。

3. 明确税务行政强制措施的期限

对税务行政强制措施期限作出限制性规定是防止税收执法权被滥用的重要制度保障，无论从化解征纳争议角度还是从保护纳税人权益角度看，都应顺应立法趋势，在新一轮修改《税收征管法》时对期限限制作出明确规定。这方面，《行政强制法》的相关条款可供参考。如其第 25 条规定：查封、扣押的期限不得超过 30 日；情况复杂的，经行政机关负责人批准，可以延长，但是延期期限不得超过 30 日。第 32 条规定：自冻结存款、汇款之日起 30 日内，行政机关应当作出处理决定或者作出解除冻结决定；情况复杂的，经行政机关负责人批准，可以延长，但是延长期限不得超过 30 日。

4. 保护税收相对人的知情权

《税收征管法》第 8 条明确规定："纳税人，扣缴义务人对税务机关所作出的决定，享有陈述权、申辩权。"陈述权、申辩权行使的前提是相对人的知情权，而相对人的知情权所对应的正是税务机关应依法履行的告知义务。为了完善税收立法，保障欠税人的知情权，我们建议在《税收征管法》中补充税务机关在通过银行采取强制措施时送达《扣缴税款通知书》给欠税人的规定。

五、更新征管理念，创建服务型税务征管体制

服务型税务是与管制型税务相对应的一个概念，是服务型政府的重要组成部分，也即，树立"在服务中实施管理，在管理中贯穿服务"的理念，提供优质高效的税收服务，既是打造服务型税务机关，建立服务型政府的重要组成部分，也是建立服务型政府的必然要求。当前，纳税服务中"运动式"的服务、"救火式"的服务、"静态式"的服务、"主观式"的服务依然存在。为此，建立与地方税体系相适应的税收服务，必须要解决好这些问题。

（一）服务型税务基本内涵与特征

与管制型或曰管理型税务不同，服务型税务是指税务机关根据现代税收的本质，顺应发展经济、服务社会的基本要求，契合建设服务型政府的实际需要，从征管模式上彻底转变原来那种以监督、管控为主的管理思维，确立以顾客为导向的服务型理念、服务型机制和服务型方式，从而更好更有效率地履行税收管理的职责。❶ 服务型税务的核心是转变税务机关的管理理念，构

---

❶ 服务型税务的理念源自西方发达国家。在西方一些发达国家把"纳税人"称为"dient"（顾客），把税务局称为"service office"（服务办公室）。

建一种以"服务"替代"监督""管控"的税收征收管理模式。这种模式既是党的群众路线在税收征管领域的基本体现,也是以人为本建立和谐社会的基本要求,更是建立现代财政制度、实现国家治理现代化的这一新一轮税制改革及地方税体系构建目标在税收征管模式领域的呈现。

大体而言,服务型税务有如下几个重要特征:

1. 寓管理于服务之中

服务型税务不是不要管理,而是寓管理于服务之中,以服务作为管理的主要手段和基本方式,通过服务来达到管理的目的。为此,税收征管流程每个环节、每个岗位的工作人员都要牢固地树立起服务理念,积极开拓工作思路,完善服务措施,丰富服务手段,为纳税人及其他相对人提供周到、全面、优质、高效的服务。此外,要创新思路,积极搭建民众积极参与的机制,实现税务机关与税务相对人双向互动、多方共赢。

2. 服务呈全方位、系统化

服务型税务不是某些环节或者某些工作流程提高服务意识与标准的问题,而是要建立全方位、多角度、系统化的税收服务体系。这一体系应当是内容丰富、形式多样的,呈现规模化、效率化、差异化、有形化等特点。系统化、体系化的税务服务既要有明确的服务对象,又要有明确的服务内容、服务项目、服务时间和服务承诺,还要有明确的法律服务救济及过错责任追究制度等。

3. 与税收的法治化目标相契合

完善地方税的征管体系是国家治理现代化系列工程的一环,而法治又是国家治理现代化的基本方式,建设服务型税务必然要契合于税收法治化的目标。

4. 与建设高效行政目标相统一

服务型、高效型体现了建设现代政府的两个基本方面,节约行政成本、提高行政效率、方便广大纳税人及相对人当为服务型税务的题中之意。具体而言服务型税务的高效性体现为:其一,提高税务行政机关整体运作效率,简化办税手续,降低办税成本,提高办税效率;其二,实现税政现代化、科学化,全面实施并完善电子政务;其三,加强税务部门干部队伍建设,塑造一支廉洁奉公、高素质高效率的公务员队伍。

(二)创建服务型税务的必要性分析

本书之所以强调服务型税务的理念并倡导创建服务型的税务征管机制,是因为这是时代发展的需要,是现实国情、地情及税制改革及建设新型地方税体系的需要。具体而言，创建服务型税务的必要性主要体现为如下几个方面：

1. 是更好地服务于各类纳税主体的需要

随着我国市场经济的深入发展，尤其是随着我国发展方式的转轨及产业结构的调整，近年来我国新生经济体增长迅速。经济主体、纳税对象不仅在数量上迅速膨胀，结构上亦日渐呈现出多元化、复杂化的特点，从客观上要求税务部门在税收服务方式、方法及工作流程等诸方面与时俱进，以适应纳税主体多元化的客观要求。

2. 是新一轮税制改革的需要

地方税征管体系是地方税体系的一部分，亦为整个国家税制改革的重要部分，从这个意义上讲，新一轮税制的改革与完善必然包括税收征管与服务机制的完善。征管模式不创新，税制改革及税法的完善就不可能彻底，因为税制、税法是要通过征管模式的创新去贯彻与落实的。税收服务既是形式又是内容，没了税收服务的保障，任何税制的优化与税法的完善都是无从谈起的。

3. 是契合信息化时代的需要

新一届政府特别重视信息化建设，我国经济将逐渐过渡到"互联网+"时代。"互联网+"不是互联网与传统行业的简单叠加，而是利用信息通信技术以及互联网平台，让互联网与传统行业进行深度融合，创造新的发展生态。它代表一种新的社会形态，即充分发挥互联网在社会资源配置中的优化和集成作用，将互联网的创新成果深度融合于经济、社会各领域之中，提升全社会的创新力和生产力，形成更广泛的以互联网为基础设施和实现工具的经济发展新形态。经济形态的变化必然对税收服务提出合乎互联网时代的创新要求，同时，信息现代化也为建设服务型税务提供了现代化的载体和手段。

4. 是优化征管机制、降低征纳成本的需要

税收征纳成本居高不下是新形势下改革完善我国税收征管服务体制的重要动力之一，也是国、地税合并呼声较高的原因之一。而今，中央全面深化改革领导小组已经明确两套征管机构合作不合并的思路，这使得税务部门创新税收服务方式以提高征管效率的任务来得更为迫切。此外，新一届领导集体大力反腐倡廉，已经取得卓然成效，而建设服务型税务可以减少公权力寻租的机会，客观上也契合了反腐倡廉的时代需要。

（三）创建服务型税务的思路与措施

结合建立现代财政制度与构建新型地方税体系的需要，根据当前纳税服务

工作的现状以及存在的问题，本书对如何创建服务型税务提出如下政策建议：

1. 着力提升税务机关的纳税服务意识

为人民服务是中国共产党的根本宗旨，也是包括税务机关在内的我国各级政府机关的基本工作原则。但长期以来，我们的政府机关的服务水平大体主要停留于诸如"微笑服务"等较低的层次，税务机关亦然。广大税务机关及税务工作者没有树立制度性的税收服务观念，仅是从狭义的概念去理解和从事纳税服务，故而纳税服务也未能发挥其应有的效应和作用。如前文所述，纳税服务不等于服务型税务，后者代表一种全新的理念与征管机制，是一种全方位且系统性的服务模式。但目前的情况是，税务各职能部门囿于各自的分工，形成"各扫自家门前雪"的局面。比如征收服务大厅只专注于为上门办理涉税事务的纳税人或相对人提供服务，纳税服务部门则具体负责纳税人培训辅导、上门走访、"五送"服务、纳税人维权等工作，政策法规部门则专门负责政策解答，这在很大程度上限制了纳税服务质量的提升。因此，要使纳税服务取得更大的效应，必须按照服务型税务的高标准，促进部门职能向全系统履行职责转变。服务型税务强调的是：所有税务征管人员都要树立"人人恪尽服务之责、人人都是服务主体"税收服务意识，形成整体服务的强大合力。广大税务工作者要树立起为"客户"服务的理念，树立起征纳平等的理念，高度重视纳税人的纳税主体地位，充分认识权利与义务的对称性、管理与服务的共容性，将税收服务作为行政执法的有机组成部分和税务人员的基本行政行为规范，牢固树立服务就是责任、服务就是宗旨的税收服务意识。

2. 创建服务型的税务机关

如果第一项主要是针对税务工作人员的要求的话，这一项主要针对机关建设而言的。我们认为，为了实现服务型税收，税务机关建设应当从如下几个方面实现突破：其一，充实完善各税务机关尤其是基层税务机关的服务机关。要根据建设服务型税收的要求，充实、完善基层税务机关的服务机构，将那些年富力强、熟悉业务与政策、掌握现代办公手段的高素质干部充实到服务机构的第一线去。其二，转变机关职能。无论是调查研究、政策制定、税政宣传、解释辅导抑或办税流程和操作办法的设置、协税护税、税务检查等方面都要加进去服务的职责内容，切实实现机关职能由"管控型税务"向"服务型税务"的转变。其三，专门建立服务培训机构以负责税务服务的培训和管理，即对税务机关工作人员的税务服务技能和业务素质进行培训，以切实提高整个机关的服务意识与水平。其四，建立专门的评估机构，专司负责对工作人员服务水平的考评，奖优罚劣，不断提升税收服务水平。

3. 丰富完善纳税服务制度

在前述加强人员建设、机关建设的基础上，接下来需要跟进的工作是制度建设。服务型税务能否实现的一个关键环节是相关制度的完善，在前述推进纳税服务全员化的基础上，还应建立与税收管理相配套的纳税服务管理制度。按照定岗定责、定期考核、严格奖惩的原则，以"小机关、大基层"的税收管理模式，确定基层税务分局和征收服务大厅纳税服务岗位及人员配备，细化纳税服务岗位职责，制定服务标准、工作流程以及考核管理办法等内容，逐步形成科学、规范、系统的纳税服务岗位责任体系，做到以制度管人、以制度管事，为纳税服务工作的正常有序运转提供有力保障。在制度建设层面还有一个重要的领域，即信息公开制度。各地税务部门要通过信息公开制度向纳税人公开岗位职责、办税程序、服务标准、税务违章处罚、公开工作纪律等。做到"四个凡是"，即凡是可以公开的税收权力一律公开操作，凡是与纳税人权益相关的事情一律公开去办，凡是应该接受纳税人监督的事宜一律公开到位，凡是纳税人最关心最敏感的事情一律花气力解决。

4. 创建服务平台，拓宽服务范围

人的能力的发挥及制度的运行都需要一定的平台，创建服务平台亦为建立服务型税务的重要一环。具体工作可由如下几方面展开：其一，加强基础设施建设。进一步加强12366纳税服务热线的管理；进一步丰富各级地税网站的内容，提升其服务功能；开通、完善短信、微信、QQ群等服务渠道；完善办税服务厅设施，规范服务功能；深化一站式服务向一窗式办税服务的转变；如此等等。其二，丰富服务内容。利用前述现代化信息工具帮助广大纳税人更多地了解、熟悉税收知识，及时收到最新信息；定期派发诸如《法规公告》等宣传文件，使相关纳税人能及时了解最新税收政策、法规公布的情况等。其三，充分发挥社会协税护税作用。积极发挥社会中介的作用，扩大服务渠道，帮助提高服务纳税人的能力；组织纳税服务志愿者组织，关心弱势群体，弥补政府服务缺位。其四，利用前述先进平台为纳税人提供个性化服务。利用纳税人学校、短信平台、QQ群等互动形式，积极了解纳税人正当要求，及时提供帮助；建立规范化的走访制度，建立与纳税人当面沟通机制，有针对性地开展纳税服务；利用大数据技术，对纳税人进行合理分类，最大限度地满足纳税人多层次、多元化的需求；对重大项目、重点税源户提供"一对一""点对点"的全方位纳税服务。

主要参考文献

[1]【美】罗伊·鲍尔著,许善达、王裕康等译:《中国的财政政策——税制与中央及地方的财政关系》,中国税务出版社2000年版。
[2] 王维国:《中国地方税研究》,中国财政经济出版社2002年版。
[3] 许善达等:《中国税权研究》,中国税务出版社2003年版。
[4] 葛克昌:《税法基本问题:财政宪法篇》,北京大学出版社2004年版。
[5]【日】金子宏著,战宪斌、郑林根等译:《日本税法》,法律出版社2004年版。
[6] 周刚志:《论公共财政与宪政国家——作为财政宪法学的一种理论前言》,北京大学出版社2005年版。
[7] 戎生灵:《中外地方税收比较》,中国经济出版社2005年版。
[8] 白彦锋:《税权配置论——中国税权纵向划分问题研究》,中国财政经济出版社2006年版。
[9] 刘丽:《税权的宪法控制》,法律出版社2006年版。
[10] 邓子基等:《地方税系研究》,经济科学出版社2007年版。
[11]【日】北野弘久著,郭美松、陈刚译:《税法说原论》(第5版),中国检察出版社2008年版。
[12] 靳万军、付广军:《外国州际税收调查》,中国税务出版社2009年版。
[13] 刘剑文等:《中央与地方财政分权法律问题研究》,人民出版社2009年版。
[14] 陈少英:《税法基本理论专题研究》,北京大学出版社2009年版。
[15] 吕冰洋:《税收分权研究》,中国人民大学出版社2011年版。
[16] 谷成:《财政分权与中国税制改革研究》,北京师范大学出版社2012年版。
[17] 高亚军:《中国地方税研究》,中国社会科学出版社2012年版。
[18] 汤玉刚:《"中国式"分权的一个理论探索——横向与纵向间财政互动及其经济后果》,经济管理出版社2012年版。
[19] 姚莲芳:《地方税体系研究》,武汉出版社2012年版。
[20] 张怡:《衡平税法研究》,中国人民大学出版社2012年版。
[21] 陈刚:《中国财政分权制度的法律经济学分析》,经济科学出版社2013年版。
[22] 汪昊:《经济结构调整与税制改革研究》,中国税务出版社2013年版。
[23] 姜孟亚:《我国地方税权的确立及其运行机制研究》,中国人民大学出版社2013

年版。

[24] 张青、林颖、魏涛：《中国税权划分改革研究》，经济科学出版社2013年版。
[25] 楼继伟主编：《财政改革发展若干重大问题研究》，经济科学出版社2014年版。
[26] 霍军：《当代中国税收管理体制研究》，中国税务出版社2014年版。
[27] 谭波：《我国中央与地方权限争议法律解决机制研究》，法律出版社2014年版。
[28] 尹守香：《我国税收立法权配置问题研究》，经济管理出版社2014年版。
[29] 许建国主编：《中国地方税体系研究》，中国财政经济出版社2014年版。
[30] 中央财经大学税务学院编：《中国税收发展报告——中国地方税改革研究》，中国税务出版社2014年版。
[31] 解学智、张志勇：《世界税制现状与趋势（2014）》，中国税务出版社2014年版。
[32] 胥力伟：《中国税收立法问题研究》，经济科学出版社2014年版。
[33] 葛静：《联动改革框架下构建以现代房地产税为核心的地方税体系研究》，经济科学出版社2015年版。
[34] 刘济勇：《地方税体系研究》，武汉理工大学出版社2015年版。
[35] 陈国堂、童伟：《完善我国地方税体系研究》，中国发展出版社2015年版。
[36] 王乔、席卫群等：《现代国家治理体系下的地方税体系构建研究》，经济科学出版社2015年版。
[37] 魏建国：《中央与地方关系法治化研究——财政维度》，北京大学出版社2015年版。
[38] 彭艳芳：《中央与地方税权配置的法经济学研究》，经济科学出版社2016年版。
[39] 张林海编：《税收现代化目标体系建设研究》，中国税务出版社2016年版。
[40] 胡耕通：《循环经济视野下税收制度创新研究》，法律出版社2016年版。
[41] 曹静韬：《中国税收立法研究》，经济科学出版社2016年版。

后　记

　　本书主要内容源自两位作者近年来教学、工作、科研的一些心得。书中部分内容由山东社会科学院财税金融研究所副研究员张念明博士、山东中医药大学管理学院副教授宫春博博士、山东财经大学财政税务学院范辰辰博士及山东财经大学法学院2017年硕士研究生张召君提供初稿，由本书作者将其进一步修改、完善，整合到本书的体系之中。对于各位学者的前期付出，在此表示深深谢意！

作者　于济南

2017年8月